Die erbvertragliche Bindungswirkung
in der Rechtsprechung des 20. Jahrhunderts

Europäische Hochschulschriften
Publications Universitaires Européennes
European University Studies

Reihe II
Rechtswissenschaft

Série II Series II
Droit
Law

Bd./Vol. 3949

PETER LANG
Frankfurt am Main · Berlin · Bern · Bruxelles · New York · Oxford · Wien

Torge Christiansen

Die erbvertragliche Bindungswirkung in der Rechtsprechung des 20. Jahrhunderts

PETER LANG
Europäischer Verlag der Wissenschaften

Bibliografische Information Der Deutschen Bibliothek
Die Deutsche Bibliothek verzeichnet diese Publikation in der Deutschen Nationalbibliografie; detaillierte bibliografische Daten sind im Internet über <http://dnb.ddb.de> abrufbar.

Zugl.: Kiel, Univ., Diss., 2003

D 8
ISSN 0531-7312
ISBN 3-631-52369-6

www.peterlang.de

Meinen Eltern
und meinem Bruder Björn

Vorwort

Die vorliegende Arbeit lag der Rechtswissenschaftlichen Fakultät der Christian-Albrechts-Universität zu Kiel im Wintersemester 2002/2003 als Dissertation vor.

Herrn Prof. Dr. Jörn Eckert danke ich für die Aufnahme als Doktoranden und die stets angenehme Betreuung. Bei Herrn Prof. Dr. Werner Schubert möchte ich mich für die zügige Erstellung des Zweitgutachtens bedanken.

Ein weiterer Dank gilt meinem Freund und Studienkollegen Torsten Volkholz, der mir in der Endphase der Arbeit wertvolle Hilfe geleistet hat. Besonders bedanken möchte ich mich bei meiner Freundin Sabine Hoffmann, die mir während der Promotion eine große Stütze war und durch mühevolles Korrekturlesen die Fertigstellung dieser Arbeit gefördert hat.

Meinen Eltern und meinem Bruder Björn danke ich für die Unterstützung während meiner gesamten Ausbildung. Ihnen ist die Arbeit in Liebe und Dankbarkeit gewidmet.

Hannover, im Frühjahr 2004 Torge Christiansen

Inhaltsverzeichnis

Abkürzungsverzeichnis

ABGB	Allgemeines bürgerliches Gesetzbuch (Österreich)
AblKR.	Amtsblatt des Kontrollrats in Deutschland
BadRPrax.	Badische Rechtspraxis
BT-DS	Bundestags-Drucksache
BWNotZ	Zeitschrift für das Notariat in Baden-Württemberg
c.	Codex
Cod. Just.	Codex Justinianus
DJ	Deutsche Justiz
DJT	Deutscher Juristentag
DStR	Deutsches Steuerrecht
DVBl.	Deutsches Verwaltungsblatt
E 1	Entwurf eines Bürgerlichen Gesetzbuches für das deutsche Reich, Erste Lesung. 1888 (1. Entwurf)
E 2	Entwurf eines Bürgerlichen Gesetzbuches für das deutsche Reich. Nach den Beschlüssen der Reichskommission, Zweite Lesung, 1895 (2. Entwurf)
Erl.	Erläuterung
EwiR	Entscheidungen zum Wirtschaftsrecht
FuR	Familie und Recht
Gb	Gesetzbuch
GesEinhG	Gesetz zur Wiederherstellung der Gesetzeseinheit auf dem Gebiet des Bürgerlichen Rechts
Hk	Handkommentar

HRR	Höchstrichterliche Rechtsprechung
JbDR	Jahrbuch des Deutschen Rechtes
JFG	Jahrbuch für Entscheidungen in Angelegenheiten der freiwilligen Gerichtsbarkeit und des Grundbuchrechts
JW	Juristische Wochenschrift
LS	Leitsatz
LZ	Leipziger Zeitschrift für Deutsches Recht
Max. Bav.	Maximilianeus Bavaricus
MittBayNot	Mitteilungen des Bayerischen Notarvereins
MittRhNotK	Mitteilungen der Rheinischen Notarkammer
Mot.	Motive zum Bürgerlichen Gesetzbuch
OAG	Oberamtsgericht
OG	Obergericht
OGH	Oberster Gerichtshof für die Britische Zone
OGHZ	Entscheidungen des OGH in Zivilsachen
OLGR	OLG-Report
OLGRsp.	Die Rechtsprechung der Oberlandesgerichte auf dem Gebiet des Zivilrechts
OLGZ	Entscheidungen der Oberlandesgerichte in Zivilsachen einschließlich der freiwilligen Gerichtsbarkeit
RJA	Reichsjustizamt, Entscheidungen in Angelegenheiten der freiwilligen Gerichtsbarkeit
SchlHolstAnz	Schleswig-Holsteinische Anzeigen
SeuffA	Seufferts Archiv für Entscheidungen der obersten Gerichte in den deutschen Staaten
TestG	Testamentsgesetz

WarnRspr.	Warneyer, Rechtsprechung des Reichsgerichts oder des Bundesgerichtshofs in Zivilsachen
ZAkDR	Zeitschrift der Akademie für Deutsches Recht
ZEV	Zeitschrift für Erbrecht und Vermögensnachfolge
ZGB	Schweizerisches Zivilgesetzbuch
ZIP	Zeitschrift für Wirtschafts-recht und Insolvenzpraxis
ZNR	Zeitschrift für neuere Rechtsgeschichte
ZRG	Zeitschrift der Savigny-Stiftung für Rechtsgeschichte

Einleitung

I. Einführung und Zielsetzung

Bestimmendes Element der durch Art. 14 Abs. 1 S. 1 GG grundrechtlich gewährleisteten Erbrechtsgarantie ist die Testierfreiheit[1]. Diese gibt dem Erblasser das Recht, über das Schicksal seines Vermögens ohne Bindung an die gesetzliche Erbfolge zu verfügen. In formeller Hinsicht eröffnet das Bürgerliche Gesetzbuch dem Erblasser die Möglichkeit, von der Testierfreiheit entweder durch Testament oder durch Erbvertrag Gebrauch zu machen.

Diese Arbeit richtet ihr Augenmerk auf den Erbvertrag. Durch die Anerkennung des Erbvertrages als Verfügung von Todes wegen nimmt das deutsche Privatrecht in Europa eine Ausnahmestellung ein. Die meisten europäischen Staaten entschieden sich gegen die Aufnahme des Erbvertrages in ihre Zivilgesetzbücher. Dazu gehören Griechenland[2], England[3], Irland[4], Italien[5], Niederlande[6], Polen[7] und Schweden[8]. Unter engen Voraussetzungen gestatten Österreich[9], Frankreich[10], Belgien[11] und Luxemburg[12] den Erbvertrag. An der

---

1 Ständige Rechtsprechung des Bundesverfassungsgerichts, vgl. u.a. BVerfGE 91, 346, 358; 99, 341, 350.

2 Vgl. Art. 368 des griechischen Zivilgesetzbuchs.

3 Einen Erbvertrag im Sinne einer vertraglichen Erbeinsetzung kennt das englische Recht nicht. Zulässig sind aber Abreden, ein Testament nicht zu widerrufen, Ferid/Firsching-Heinrich, Internationales Erbrecht, Band III, Grdz. F X Großbritannien, Rn. 160, 190.

4 Wie im englischen Recht sollen aber vertragliche Abreden zulässig sein, nach denen der Widerruf eines Testaments ausgeschlossen ist. Ein dennoch erfolgter Widerruf bleibt wirksam. Er führt aber unter Umständen zu einem Schadensersatzanspruch, vgl. Ferid/Firsching-Coester-Waltjen, Internationales Erbrecht, Band III, Grdz. F I Irland.

5 Vgl. Art. 458 S. 1 Codice Civile.

6 Vgl. Art. 977, 921 Abs. 2 Burgerlijk Wetbock.

7 Umkehrschluss aus Art. 941 Kodeks cywilny.

8 Vgl. 17. Kap. § 3 Ärvdabalk.

9 Das ABGB gestattet den Erbvertrag nur unter Ehegatten, vgl. §§ 602, 1249 ABGB. Gemäß § 1253 ABGB verbleibt dem Vertragsschließenden immer das Recht, über ¼ des nach Abzug der Passiva und des Pflichtteils verbleibenden Nachlasses zu verfügen

10 Eine Ausnahme vom Verbot der Erbverträge wird im französischen Recht durch die *„institutiones contractuelles"* gemacht. Die *„institution contractuelle"* ist nach Art. 1082 Code civil ein Vertrag, durch welchen eine Person einer anderen verspricht, ihr auf den Todesfall das gesamte Vermögen oder Vermögensteile zu überlassen. Voraussetzung der

ablehnenden Haltung vieler Privatrechtsordnungen gegenüber dem Erbvertrag wird die Brisanz des Rechtsinstituts deutlich.

Das Eigentümliche des Erbvertrages liegt in seiner Doppelnatur. Der Erbvertrag ist einerseits eine Verfügung von Todes wegen, andererseits ein wirklicher Vertrag. Als Verfügung von Todes wegen ermöglicht er dem Erblasser Anordnungen über das Schicksal seines Vermögens nach dem Tod zu treffen. Als Vertrag entfaltet er Bindungswirkung. Diese besteht in erster Linie darin, dass der Erbvertrag dem Erblasser die Möglichkeit nimmt, ohne Rücksicht auf die Interessen der vertragsmäßig Bedachten anderweitig zu testieren. Bindend sind die einzelnen vertragsmäßigen Verfügungen bereits mit Abschluss des Erbvertrages.

Aufgrund der weitreichenden Auswirkungen auf die Testierfreiheit verwundert es nicht, dass die erbvertragliche Bindung bereits mehrfach Gegenstand von wissenschaftlichen Abhandlungen gewesen ist[13]. Eine umfassende Untersuchung der höchstrichterlichen und obergerichtlichen Rechtsprechung zu dieser Thematik existiert dagegen nicht. Die vorliegende Arbeit soll diese Lücke schließen. Ziel ist es, herauszuarbeiten, welche Grundsätze die Rechtsprechung zu den Problemkreisen „Eintritt und Umfang erbvertraglicher Bindung" und „Schutz der vertragsmäßig Bedachten vor lebzeitigen Verfügungen und Verfügungen von Todes wegen" im Laufe des 20. Jahrhunderts

---

Zulässigkeit ist, dass es sich bei den versprochenen Zuwendungen um Verfügungen an Brautleute oder an einen der künftigen Ehepartner aus Anlass der Ehe oder um Zuwendungen unter Ehegatten durch Ehevertrag oder während der Ehe handelt, s. im Einzelnen: Ferid in: Ferid/Firsching, Internationales Erbrecht, Band II, Grdz. F § 1 III Frankreich, Rn. 167.

11 Art. 1130 Abs. 2 des belgischen Code civil spricht zwar die Unzulässigkeit von Erbverträgen aus. In Art. 1082 des belgischen Code civil wird aber zugunsten von Ehegatten und ihrer Kinder in Eheverträgen eine Ausnahme gestattet, vgl. Fn. 10.

12 Vgl. Art. 1082 des luxemburgischen Code civil, vgl. Fn. 10.

13 Vgl. C. Nolting, Inhalt, Ermittlung und Grenzen der Bindung beim Erbvertrag (1985); Hülsmeier, Die bindende Wirkung des Erbvertrages (1985); Strunz, Der Anspruch des Vertrags- und Schlusserben wegen beeinträchtigender Schenkungen - § 2287 BGB (1989); D. Nolting, Der Änderungsvorbehalt beim Erbvertrag (1994); Loritz, Freiheit des gebundenen Erblassers und Schutz des Vertrags- und Schlusserben vor Zweitverfügungen (1992).

entwickelt hat. Bei der Analyse der einzelnen Entscheidungen wird ein besonderes Gewicht auf die Vereinbarkeit der Urteile und Beschlüsse mit den Normvorstellungen des historischen Gesetzgebers gelegt. Neben der Darstellung der Entwicklung der Rechtsprechung gibt der Verfasser auch einen Überblick über die Entwicklung der Problemkreise in der Literatur. Hierdurch soll die Frage geklärt werden, ob die Literatur eine ordnende Funktion einnahm, oder ob sie die Rechtsprechung in wesentlichen Fragen inspiriert hat.

II. Gang der Untersuchung

Im ersten Teil dieser Arbeit wird die Entwicklung des Erbvertrages vom römischen Recht bis in die Gegenwart dargestellt. Ein Schwerpunkt wird in diesem Teil auf der Untersuchung der Frage liegen, aus welchen Gründen sich der Erbvertrag in Deutschland im Gegensatz zu den meisten anderen europäischen Erbrechtsordnungen als Gestaltungsmittel für die Regelung der Vermögensnachfolge durchsetzen konnte.

Der zweite Teil der Arbeit widmet sich der Rechtsprechung zur erbvertraglichen Bindungswirkung. Dieser Teil ist in die Kapitel *„Eintritt und Umfang erbvertraglicher Bindung"*, *„Die Wirkung der erbvertraglichen Bindung auf Verfügungen von Todes wegen"* und *„Die Wirkung der erbvertraglichen Bindung auf lebzeitige Verfügungen"* aufgliedert. Alle Kapitel beginnen mit einer Einführung in die untersuchte Problematik. Jedes einzelne Kapitel unterteilt die Rechtsprechung des 20. Jahrhundert in vier Zeitphasen. Die erste Phase wird die Jahre 1900 bis 1918, die zweite Phase die Jahre 1919 bis 1945, die dritte Phase die Jahre 1946 bis 1970 und die vierte Phase die Jahre 1971 bis 2000 behandeln. Im Anschluss an jede Phase erfolgt eine Zusammenfassung und ein Vergleich mit der zeitgenössischen Literatur.

1.Teil: Die geschichtliche Entwicklung des Erbvertrages

A. Der Erbvertrag im römischen Recht

Die Frage nach der Zulässigkeit einer vertraglichen neben der testamentarischen Erbeinsetzung stellte sich bereits im römischen Recht. Bedeutende Entscheidungen über die Vereinbarkeit von vertraglicher Bindung und Testierfreiheit wurden während der Regentschaft der Kaiser Diocletian und Maximian gefällt. Hierbei sprechen zahlreiche Digestenstellen die Ungültigkeit solcher Erbeinsetzungsverträge aus.

In c. 4. C. de inutil. stipulat. (Impp. Diocletianus et Maximianus) [14] wurde eine stipulatio (lat. Gelöbnis)[15] über die Erbfolge als sittenwidrig missbilligt und für ungültig erklärt. Dass das Testament zu dieser Zeit als die einzige gesetzlich anerkannte Form der Erbeinsetzung auf *extraneis* galt, spricht c. 5. C. de. pactis conv. tam super dote. (Impp. Diocletianus et Maximianus)[16] aus. In dem der Entscheidung c. 34. C. de transaet. (Impp. Diocletianus et Maximianus) zugrunde liegenden Sachverhalt haben zwei Geschwister ihrem Bruder Verbindlichkeiten erlassen, da er ihnen im Gegenzug eine Erbeinsetzung versprach. Die Tatsache, dass in der betreffenden Entscheidung der Verbindlichkeitserlass für rechtswirksam erklärt wurde, legt auf den ersten Blick die Vermutung nahe, diese Digestenstelle dulde erstmals vertragliche Erbeinsetzungen. Bei genauerer Betrachtung ergeben sich zwei voneinander getrennte Geschäfte: Der Erlassvertrag wurde von den Kaisern als Schenkung angesehen, während das Versprechen des Bruders in der Linie der angeführten Digestenstellen für ungültig erklärt worden ist[17].

---

[14] Zitiert nach Beseler, Erbverträge, 2. Teil, 1. Band, S. 103.

[15] Bei der *stipulatio* handelte es sich um einen aus einer formelhaften Frage des Gläubigers (*spondesne?* gelobst du?) und der bejahenden Antwort des Schuldners (*spondeo* ich gelobe) bestehenden abstrakten Vertrag, Köbler in: Deutsches Rechtslexikon, Band 3, 3. Auflage, S. 4003; vgl. Kaser, Römisches Privatrecht, Band I, 2. Auflage, § 128.

[16] Zitiert nach Beseler, Erbverträge, 2. Teil, 1. Band, S. 103 mit der einleitenden Formulierung: „Hereditas extraneis testamento datur".

[17] Beseler, Erbverträge, 2. Teil, 1. Band, S. 105.

In c. 19. C. de pactis. (Impp. Diocletianus et Maximianus Victoriano militi) vereinbarten zwei Brüder, falls einer von ihnen aus der Schlacht nicht zurückkehren würde, dass der Überlebende das Vermögen des Gefallenen erhalten sollte. Entgegen anders lautenden Interpretationen aus dem 16. und 17. Jahrhundert enthielt diese Entscheidung jedoch nicht das Fundament für die Begründung des allgemeingültigen Erbvertrages im römischen Recht[18]. Zwar erklärten die Kaiser die gewillkürte Erbeinsetzung des Überlebenden für bestandskräftig. Dem lag jedoch zugrunde, dass sie die Willenserklärung des Verstorbenen aus dem Vertrag rechtlich isoliert betrachteten. Sie konstruierten ein sogenanntes Soldatentestament, an welches nicht die strengen Formalien des *testamentum per aes et libram* geknüpft waren[19]. Die Kaiser erkannten an dieser Stelle keine wechselseitige Vereinbarung an[20], die zu einer vertraglichen Erbeinsetzung und damit zu einer Bindungswirkung geführt hätte.

Im römischen Recht in der Zeit nach Diocletian und Maximian sind keine Entscheidungen über Erbverträge auffindbar. Somit liegt der Schluss Beselers[21] nahe, der annahm, es habe zu der Zeit jener Kaiser einen Versuch gegeben, das Prinzip des Erbvertrages ins römische Recht einzuführen, „was aber durch eine consequente Abwehr von den Kaisern auf die Dauer verhindert ward".

Das römische Recht missbilligte nicht nur den Erbeinsetzungsvertrag[22], sondern auch den Vertrag über die Erbschaft eines lebenden Dritten[23] und den

---

[18] Vgl. S. 33 f.

[19] Jörs/Kunkel/Wenger, Römisches Privatrecht, 3. Auflage, § 203; Mayer-Maly, Römisches Privatrecht, S. 165; Hausmaninger/Selb, Römisches Privatrecht, 7. Auflage, S. 432.

[20] Beseler, Erbverträge, 2. Teil, 1. Band, S. 107.

[21] Beseler, Erbverträge, 2. Teil, 1. Band, S. 108.

[22] In dieser Linie Beseler, Erbverträge, 2. Teil, 1. Band, S. 106; Hasse, Rheinisches Museum für Jurisprudenz, Band II, S. 154-165; Windscheid/Kipp, Lehrbuch des Pandektenrechtes, Dritter Band, 8. Auflage, § 529 Fn. 2; Eichhorn, Deutsches Privatrecht mit Einfluß des Lehensrechts, 5. Ausgabe, S. 805; Runde, Grundsätze des allgemeinen deutschen Privatrechtes, § 659; Bluntschli, Deutsches Privatrecht, 3. Auflage, S. 712; a.A. Hartmann, Erbverträge und gemeinschaftliche Testamente, S. 18. Nach seiner

Erbverzicht[24]. Zwar gab es im römischen Recht mit der *donatio mortis causa* eine Rechtsfigur, die in ihren Wirkungen dem Erbeinsetzungsvertrag nahe stand. Bei diesem Institut durfte der Schenkende unter Umständen auf den Widerruf wirksam verzichten. Jedoch war zum einen die Unwiderruflichkeit seltene Ausnahme und zum anderen Gegenstand des Geschäftes das zum Zeitpunkt des Todes vorhandene Vermögen und nicht die Beerbung selbst[25].

B. Der Erbvertrag im deutschen Recht

I. Das älteste deutsche Recht

1. Affatomie

Im Gegensatz zum römischen entschied im ältesten deutschen Recht nicht der Wille des Erblassers über den Verbleib seines Vermögens nach dem Tod, sondern es galten die Grundsätze des objektiven Rechts[26]. Hinsichtlich der unbeweglichen Habe fehlte es in der frühen germanischen Zeit an einem Erbrecht im heutigen Sinne[27]. Es herrschte der Grundsatz der Anwachsung des Gesamthandeigentums zugunsten der Blutsverwandten[28]. Dieses System rührte von der Vermögensgemeinschaft der Hausgenossen her, deren Träger

---

Ansicht lässt sich nicht einmal mit völliger Sicherheit aus den Digestenstellen schließen, dass der Erbeinsetzungsvertrag kein Bestandteil des Römischen Rechtes gewesen sei.

23 Für den Vertrag über die Erbschaft eines noch lebenden Dritten machte eine Konstitution Justinians aus dem Jahre 531 (Cod. Just. 2, 3, 30, 3 f.) eine Ausnahme für den Fall, dass der Dritte zustimmte und diese Zustimmung bis zu seinem Tod nicht widerrief, s. Kaser, Römisches Privatrecht, Band II, 2. Auflage, S. 476 Fn. 11; Wesener, Festschrift zum 60. Geburtstag von Kroeschell (1987), 607, 608.

24 Kaser, Römisches Privatrecht, Band II, 2. Auflage, S. 475 m. w. N. in Fn. 8; Wesener, Festschrift zum 60. Geburtstag von Kroeschell (1987), 607; Hausmaninger/Selb, Römisches Privatrecht, 7. Auflage, S. 452.

25 Kaser, Römisches Privatrecht, Band II, 2. Auflage, § 300; vgl. v. Schmitt, Vorentwürfe Erbrecht 1, S. 487; Ubbelohde, AcP 75, 36, 56.

26 Stobbe, Privatrecht, Band V, S. 170 f.

27 Olzen, Vorweggenommene Erbfolge in historischer Sicht, S. 49; Hagemann in: Handwörterbuch zur deutschen Rechtsgeschichte, Band 1, Sp. 971; Conrad, Rechtsgeschichte, Band I, 2. Auflage, S. 41; Hattenhauer, Grundbegriffe des bürgerlichen Rechtes, S. 184 f.

28 Olzen, Vorweggenommene Erbfolge in historischer Sicht, S. 50 f; Hagemann in: Handwörterbuch zur deutschen Rechtsgeschichte, Band 1, Sp. 971 ff.

der Hausvater war. Die Hausgenossen hatten schon zu Lebzeiten des Hausherrn Anwartschaftsrechte (Warterechte) an dem Gut, die seine Verfügungsmacht einschränkten[29]. Starb ein Hausgenosse, wuchs den übrigen Mitgliedern der Gemeinschaft sein Anteil zu[30].

Das germanische Recht lehnte Verfügungen von Todes wegen in Gestalt von Testament oder Erbvertrag ab[31]. Der Grund hierfür lag in der Ablehnung eines individualistischen Eigentumsbegriffs nach römischer Art. Während die römischen Rechtsanschauungen den *pater familias* als unbeschränkten Eigentümer von Haus und Hof ansahen, war im ältesten germanischen Recht die Sippe das entscheidende Rechtssubjekt. Ihr stand die *Gewere* zu, während das Familienoberhaupt dieses Recht nur stellvertretend ausübte[32], so dass ein Mensch über seinen Tod hinaus nicht über die *Gewere* der Sippe verfügen und „sich keinen anderen Erben setzen" konnte[33]. Die Familie als Personalverband und ihre Familienhabe waren also unzertrennlich miteinander verbunden und der menschlichen Verfügung nicht unterworfen[34].

Probleme ergaben sich in dem germanischen Genossenschaftssystem für die Fälle des familien- und verwandtschaftslosen Erblassers. Diesen Personen eröffnete das germanische Recht schon in sehr früher Zeit die Möglichkeit, sich durch Rechtsgeschäft einen Rechtsnachfolger zu schaffen, da keine Sippeninteressen entgegenstehen konnten[35]. Im fränkischen Recht wurde

---

29 Eckert, Der Kampf um die Familienfideikommisse in Deutschland, S. 39; Conrad, Rechtsgeschichte, Band I, 2. Auflage, S. 41.

30 Heusler, Institutionen, Band II, S. 526; Hagemann in: Handwörterbuch zur deutschen Rechtsgeschichte, Band 1, Sp. 971 .

31 Tacitus (lebte ca. 55-116) berichtete über das germanische Recht: „Heredes tamen successoresque cuique liberi et nullum testamentum", Germanica c. 20; Piper, Testament und Vergabung im braunschweigischen Stadtrecht, S. 30; Olzen, Vorweggenommene Erbfolge in historischer Sicht, S. 4; Heusler, Institutionen, Band II, S. 621.

32 Hattenhauer, Jura 1983, 9, 11.

33 Heusler, Institutionen, Band II, S. 621.

34 Hattenhauer, Grundbegriffe des bürgerlichen Rechtes, S. 185; ders., Die Entdeckung der Verfügungsmacht, S. 1 ff.

35 Unklar ist wann sich solche Rechtsfiguren in Deutschland entwickelten. Die frühesten Kodifizierungen solcher Institute lassen sich im 6. und 7. Jahrhundert in den Volksrechten der Franken und Langobarden finden.

diese Rechtsfigur *Affatomie* genannt, während sich im langobardischen Recht ein ähnliches Institut als *Thinx* oder *Gairethinx* entwickelte.

Bei der *Affatomie* handelte es sich um ein Rechtsgeschäft unter Lebenden. Der Begriff *Affatomie* stammt von *adfatimire* und deutet durch Übersetzungen wie „mit ausgestreckten Armen umfangen" und „an den Busen drücken"[36] auf ein familienrechtliches Verhältnis hin. Ziel dieses Rechtsinstitutes war ursprünglich die Verhinderung des Heimfalls des Vermögens als erbloses Gut an das Volk oder später den König[37] als Heimfallberechtigte. Der Verwandtenlose[38] übertrug demjenigen, welchen er bedenken wollte - dem *adfatimus* -, einen Teil oder sein ganzes Vermögen[39] und behielt sich gleichzeitig den lebenslänglichen Besitz und Genuss vor. Voraussetzungen und Form der *Affatomie* waren in den einzelnen Volksrechten unterschiedlich gestaltet[40].

Nach salischem Recht zerfiel das ursprünglich einheitlich vorgenommene Geschäft in drei zeitlich getrennte, öffentlich vollzogene Akte[41]:

Gemäß Lex Salica[42] tit. 46 musste derjenige, der einem anderen sein ganzes Vermögen oder einen Teil zuwenden wollte, das betreffende Objekt im *gebotenen Ding* unter symbolischen Formen zunächst an eine Mittelsperson in

---

36 Heusler, Institutionen, Band II, S. 621; vgl. Schröder in: Deutsches Rechtswörterbuch, Band I, Sp. 441 ff.

37 Heusler, Institutionen, Band II, S. 622.

38 Nach überwiegender Ansicht konnte nur derjenige durch die *Affatomie* einen Rechtsnachfolger schaffen, der selbst über keine gesetzlichen Erben verfügte. Nur Schmidt vertrat eine abweichende Auffassung, Die Affatomie der Lex Salica, S. 80. Nach seiner Ansicht konnte die *Affatomie* trotz Existenz gesetzlicher Erben vollzogen werden. Die Interessen der gesetzlichen Erben wurden nach Schmidt dadurch gewahrt, dass diese durch ihren Widerspruch das Geschäft ungültig machen konnten.

39 Beseler, Erbverträge, 1. Teil, S. 99 f.; Stobbe, Privatrecht, Band V, S. 171 f.

40 Sellert in: Handwörterbuch zur deutschen Rechtsgeschichte, Band 1, Sp. 982.

41 Hübner, Deutsches Privatrecht, 5. Auflage, S. 782.

42 Die älteste erhaltene Handschrift der „Lex Salica“ wird auf 751-68 datiert, Köbler, Lexikon der europäischen Rechtsgeschichte, S. 340.

getreue Hände übergeben[43]. Dabei wurden zugleich die Person des Bedachten und der Umfang der ihm bestimmten Zuwendung bezeichnet[44]. In einem zweiten Schritt zeigte diese Mittelsperson - der Salmann - durch Einzug in das Haus und Vornahme feierlicher Handlungen die Herrschaft über das ihr anfallende Gut an[45]. Um eine Bereicherung des Mittelsmannes durch die Zuwendung zu vermeiden, war zum Vollzug der *Affatomie* eine weitere Handlung notwendig[46]. Diese bestand in der Auflassung des Guts durch den Treuhänder gegenüber dem Bedachten innerhalb von 12 Monaten nach dem Tod des Erblassers vor dem König oder im echten Ding in symbolischer Weise[47].

Nach ribuarischem Recht konnte die *Affatomie* ohne eine Mittelsperson durchgeführt werden. Die Lex Ribuaria[48] gestattete die Vermögenszuwendung durch Übergabe einer Urkunde (L. Rib. tit. 48)[49]. Dieser Akt wurde vor dem König vollzogen[50].

In beiden Volksrechten war für den Rechtsübergang zwischen dem Zuwendenden bzw. dem Salmann und dem *adfatimus* also ein selbständiger Übertragungsvorgang notwendig. Über diesen Umweg schaffte sich der Erblose einen Rechtsnachfolger, der rechtlich wie ein blutsverwandtes Sippenmitglied behandelt wurde[51]. Damit widersprach die *Affatomie* nicht dem

---

43 Stobbe, Privatrecht, Band V, S. 172; Beseler, Erbverträge, 1. Teil, S. 99 f.; Heusler, Institutionen, Band II, S. 622.

44 Hübner, Deutsches Privatrecht, 5. Auflage, S. 782.

45 Beseler, Erbverträge, 1. Teil, S. 100; Hübner, Deutsches Privatrecht, 5. Auflage, S. 782.

46 Beseler, Erbverträge, 1. Teil, S. 100.

47 Schröder, Deutsche Rechtsgeschichte, 6. Auflage, S. 368; Hübner, Deutsches Privatrecht, 5. Auflage, S. 782; Beseler, Erbverträge, 1. Teil, S. 100; Heusler, Institutionen, Band II, S. 622.

48 Das Gesetz stammt vermutlich aus dem 7. Jahrhundert, Conrad, Rechtgeschichte, Band 1, 2. Auflage, S. 132. Überlieferte Aufzeichnungen gibt es seit 763/764, Köbler, Lexikon der europäischen Rechtsgeschichte, S. 340.

49 Hübner, Deutsches Privatrecht, 5. Auflage, S. 782.

50 Stobbe, Privatrecht, Band V, S. 172.

51 Hübner, Deutsches Privatrecht, 5. Auflage, S. 782.

germanischen Grundsatz, dass der Nachlass eines Verstorbenen nur auf seine „rechten Erben" übergehen durfte.

2. Thinx

Das *Thinx* oder *Gairethinx* des langobardischen Rechts war ein in der Regel unwiderrufliches Rechtsgeschäft zwischen dem Erblasser und einem Dritten. Ebenso wie die *Affatomie* diente das *Thinx* der Schaffung eines Rechtsnachfolgers. Im Gegensatz zur *Affatomie* der Lex Salica widersprach die Existenz von Verwandten bzw. Erben nicht notwendigerweise dem Abschluss eines *Thinx*. Ausgeschlossen war das Rechtsgeschäft nur, wenn männliche eheliche Nachkommen vorhanden waren und diese nicht enterbt wurden[52]. Gemäß der Schilderung in c.172 des edictus Rothari genügte in formeller Hinsicht die Vornahme vor freien Männern als Zeugen[53].

Das *Thinx* bewirkte mehr als eine bloße Vermögensübertragung, denn aus zahlreichen Textstellen des edictus Rothari ergibt sich die Gleichstellung des Bedachten mit dem erbberechtigten Sohn[54]. Das Recht des Bedachten konnte auf die gleiche Weise wie das Erbrecht des Sohnes entzogen werden. Ein Widerruf des *Thinx* war nur in den Fällen möglich, in denen die Voraussetzungen für eine Enterbung des Sohnes vorlagen (edictus Rothari c.174)[55]. Darüber hinaus übernahm der Bedachte nicht nur das vorhandene Vermögen des Thingierenden, sondern haftete gleich dem natürlichen Erben für Schulden des Erblassers[56]. Aufgrund der weitgehenden Gleichstellung[57] desjenigen, der durch ein *Thinx* bedacht wurde, und der erbberechtigten Verwand-

---

52 Olzen, Vorweggenommene Erbfolge in historischer Sicht, S. 53.

53 Beseler, Erbverträge, 1. Teil, S. 111; Kugelmann, Gemeinrechtliche Begründung des partikulären Erbvertrages, S. 5; Schwind, Deutsches Privatrecht, S. 464.

54 Olzen, Vorweggenommene Erbfolge in historischer Sicht, S. 55; Eichhorn, Staats- und Rechtsgeschichte, 1. Teil, 2. Auflage, § 59 Fn. 1.

55 Stobbe, Privatrecht, Band V, S. 173.

56 Pappenheim, Launegild und Garethinx, S. 74 f.; Sellert in: Handwörterbuch zur deutschen Rechtsgeschichte, Band 1, Sp. 982; Heusler, Institutionen, Band II, S. 624.

57 Pappenheim sprach von einer völligen Gleichstellung, Launegild und Garethinx, S. 66.

ten, insbesondere des Sohnes, wurde vereinzelt die Auffassung[58] vertreten, das langobardische *Thinx* sei ein Vertrag, der erstmalig die Erbeinsetzung zum Gegenstand habe und damit ein „wirklicher" Erbvertrag sei. Der überwiegende Teil der älteren Literatur[59] hingegen sah in dem *Thinx* ein sachenrechtliches Rechtsgeschäft, welches ein sofort wirksames dingliches Recht begründete.

II. Übergang zur Vergabung von Todes wegen

Am Ende der fränkischen Zeit verlor die *Affatomie* an Bedeutung[60]. Der Grund für diese Entwicklung lag zum einen in der Erweiterung des Anwendungsgebietes der *Affatomie*[61]: Während zur Zeit der Lex Salica Verwandtenlosigkeit vermutlich noch Voraussetzung für eine *Affatomie* gewesen ist, wurde nach tit. 48 der Lex Ribuaria nur die Kinderlosigkeit des Zuwendenden vorausgesetzt[62]. Neben dieser Vergrößerung des Kreises der Zuwendungsberechtigten führte die Formerleichterung der Lex Ribuaria zu einer Schwächung dieses Rechtsinstituts, so dass die feierlichen und symbolischen Formen der Lex Salica verkümmerten. Schließlich kam der Wunsch auf, ganze Vermögen oder Vermögensteile zu vergeben, ohne dadurch einen Rechtsnachfolger zu schaffen. Während die *Affatomie* ihren ursprünglichen Charakter verlor, näherte sie sich dem Rechtsinstitut der *vertragsmäßigen Vergabungen* an[63], so dass beide Rechtsinstitute schließlich zusammen die *Vergabungen von Todes wegen* im eigentlichen Sinne bildeten. Die *ver-*

---

[58] Stobbe, Privatrecht, Band V, S. 173; Pappenheim, Launegild und Garethinx, S. 47 f., 65; Sellert in: Handwörterbuch zur deutschen Rechtsgeschichte, Band 1, Sp. 982; unklar Schwind, Deutsches Privatrecht, S. 466.

[59] Beseler, Erbverträge, 1. Teil, S. 108 f., insb. S. 122 f.; Kugelmann, Gemeinrechtliche Begründung des partikulären Erbvertrages, S. 4; Miller, ZRG, Band XIII, 38, 91 f., 96; Zorn, Beweisverfahren nach langobardischem Recht, S. 63; Kayser, ZRG, Band VIII, 466, 477.

[60] Sellert in: Handwörterbuch zur deutschen Rechtsgeschichte, Band 1, Sp. 982.

[61] Heusler, Institutionen, Band II, S. 624.

[62] Heusler, Institutionen, Band II, S. 625 f.; Hübner, donationes, S. 2; Stobbe, Privatrecht, Band V, S. 172 f.

[63] Heusler, Institutionen, Band II, S. 625 ff.; Sellert in: Handwörterbuch zur deutschen Rechtsgeschichte, Band 1, Sp. 982-983.

tragsmäßigen Vergabungen stellten gegenüber der *Affatomie* insofern eine Erweiterung dar, als sie dem Erblasser die Übertragung des Vermögens oder einzelner Vermögensstücke ermöglichten, ohne hierbei einen künstlichen Erben zu schaffen.

Der Übergang von der *Affatomie* zur *Vergabung von Todes wegen* war anfänglich von dem in dem alten Gedanken des Hausvermögens begründeten Warterecht der nächsten Erben maßgeblich beeinflusst. Dieses Warterecht machte sowohl Schenkungen unter Lebenden als auch *Vergabungen von Todes wegen* unmöglich, sofern hierdurch die Gefahr bestand, dass „dem Warteberechtigten Stücke des Nachlasses hätten entfremdet werden können"[64]. Nach der Christianisierung der Germanen wurde das Warterecht erstmalig angetastet, indem man dem Erblasser freistellte, einen gewissen Teil seines Vermögens als gutes Werk der Kirche zuzuwenden, ohne hierbei seine gesetzlichen Erben zu berücksichtigen[65]. Später wurden solche *Vergabungen* auch an Privatpersonen zugelassen. Das Warterecht der Erben trat dadurch zunehmend hinter den Erblasserwillen zurück.

Bei den *Vergabungen von Todes wegen* unterschied man zwischen den *donationes reservato usufructu* und *donationes post obitum*[66]. Den *donationes reservato usufructu* war eigen, dass das Eigentum unmittelbar durch den Vertragsschluss auf den Bedachten unwiderruflich übertragen wurde, der Zuwendende sich jedoch den lebenslänglichen Nießbrauch vorbehielt[67]. Bei den *donationes post obitum* wurde gleichfalls durch Abschluss des Rechtsgeschäftes Eigentum übertragen, allerdings war diese Übertragung durch den Tod des Bedenkenden aufschiebend bedingt[68]. War der Zuwendungsempfän-

---

64 Hübner, Deutsches Privatrecht, 5. Auflage, S. 783.

65 Olzen, Vorweggenommene Erbfolge in historischer Sicht, S. 51 Fn. 15; Hübner, Deutsches Privatrecht, 5.Auflage, S. 783 f.; Piper, Testament und Vergabung im braunschweigischen Stadtrecht, S. 32.

66 Hübner, donationes, S. 3.

67 Schultze, Die langobardische Treuhand und ihre Umbildung zur Testamentsvollstreckung, S. 11; Piper, Testament und Vergabung im braunschweigischen Stadtrecht, S. 32.

68 Hübner, donationes, S. 17; Piper, Testament und Vergabung im braunschweigischen Stadtrecht, S. 32.

ger eine kirchliche Anstalt, wurde das zukünftige ungewisse Ereignis zu einem gewissen, denn es war hier nicht denkbar, dass der Schenkende den Beschenkten überlebt[69], so dass aus der Bedingung eine Befristung wurde. Im wesentlichen unterschieden sich beide Rechtsgeschäfte darin, dass bei der *donatio reservato usufructu* der Beschenkte sofortiges Eigentum erlangte, während bei der *donatio post obitum* der Schenker bis zu seinem Tod Eigentümer blieb. Bei beiden Rechtsgeschäften endete die Veräußerungs- und Verfügungsbefugnis des Zuwendenden mit Abschluss der *Vergabung*[70].

Den Gegenstand der *Vergabungen von Todes wegen* bildeten zunächst hauptsächlich Immobilien, in Form von einzelnen Grundstücken oder zusammenhängenden Güterkomplexen[71]. In späterer Zeit traten *Vergabungen* von fahrender Habe und Geldsummen hinzu[72]. Die *Vergabung* wurde zunächst durch die feierliche Auflassung vollzogen[73]. Der Sachsenspiegel (II, 30) schrieb später die gerichtliche Fertigung vor. Nach Schwabenspiegel 22 konnte die *Vergabung* auch durch Brief und Siegel vollzogen werden.

Ebenso wie schon die rechtliche Natur des *Thinx* Uneinigkeit bei den Rechtsgelehrten des 19. Jahrhunderts hervorrief, war die Frage umstritten, ob es sich bei den *Vergabungen* des Mittelalters um Erbverträge oder um Eigentumsübertragungen ohne erbrechtliches Element handelte[74]. Für einen Erbvertrag führte Stobbe an, dass man den Bedachten den Gläubigern des Erblassers nachstehen ließ, so dass der Bedachte wie ein Erbe nur erhalte,

---

69 Hübner, donationes, S. 17; Harder, Zuwendungen unter Lebenden auf den Todesfall, S. 66 f.

70 Hübner, donationes, S. 150; Piper, Testament und Vergabung im braunschweigischen Stadtrecht, S. 32.

71 Hübner, donationes, S. 83; Stobbe, Privatrecht, Band V, S. 394 Fn. 2.

72 Olzen, Vorweggenommene Erbfolge in historischer Sicht, S. 56; Stobbe, Privatrecht, Band V, S. 184 ff.

73 Mittermaier, Grundzüge des gemeinen Privatrechts, 2. Band, 7. Auflage, S. 564.

74 Zustimmend Stobbe, Privatrecht, Band V, S. 191; Beseler, Erbverträge, 1. Teil, S. 224; Kugelmann, Gemeinrechtliche Begründung des partikulären Erbvertrages, S. 36 f.; Heusler, Institutionen, Band II, S. 634; Schröder, Deutsche Rechtsgeschichte, 6. Auflage, S. 828; Sengteller, Gemeinschaftliches Testament und gemeinschaftlicher Erbvertrag, S. 29.

was nach Abzug der Passiva bleibe[75]. Dagegen wandte die überwiegende Ansicht zu Recht ein, dass jenes durch die *Vergabung* begründete Recht im Gegensatz zu dem Warterecht des Erben auf die Erben des Bedachten nach dessen Tod überging, wenn dieser vor dem Bedenkenden starb[76]. Dadurch wurde ein dingliches Recht schon zu Lebzeiten des Bedenkenden begründet und nicht wie bei der Erbeinsetzung erst mit dem Tod des Bedenkenden.

III. Von der Vergabung zum Erbvertrag

1. Literatur

Die *Vergabungen* des Mittelalters blickten zur Zeit der Rezeption auf eine in mehreren Jahrhunderten gefestigte Geschichte zurück. Aufgrund dieser Tradition konnte das einfließende römische Recht die sachenrechtlichen *Vergabungen* nur allmählich verdrängen. Dieser Prozess begann aller Wahrscheinlichkeit nach Ende des 13. Jahrhunderts. In den Gebieten, in denen die Rezeption des römischen Rechtes langsam erfolgte, kam die *Vergabung von Todes wegen* noch bis in das 16. Jahrhundert vor[77].

Über den genauen Zeitpunkt, in dem die *Vergabungen von Todes wegen* durch die aufkommenden Erbeinsetzungsverträge abgelöst wurden, ist vieles im Unklaren. Fest steht nur, dass die erste wissenschaftliche Systematik vertraglicher Erbeinsetzungen von den italienischen Kommentatoren im 14. Jahrhundert geschaffen wurde. Die ersten Untersuchungen deutscher Rechtsgelehrter stammen aus dem 15. Jahrhundert.

Grundlegend für die mittelalterliche und die neuzeitliche Doktrin der Erbverträge sind die Lehren des Bartolus (1313-1357). Bartolus unterschied Verträge, durch die eine Erbanwartschaft geschaffen wurde, vom vertraglichen Verzicht auf eine gegebene Erbberechtigung[78]. Er erklärte den beschworenen Erbverzicht in vertraglicher Form für gültig. Bartolus stützte

---

[75] Stobbe, Privatrecht, Band V, S. 188.

[76] Schröder, Deutsche Rechtsgeschichte, 6. Auflage, S. 828; Heusler, Institutionen, Band II, S. 634.

[77] Olzen, Vorweggenommene Erbfolge in historischer Sicht, S. 62 m. w. N. in Fn. 1.

[78] Kipp/Coing, Erbrecht, 13. Auflage, § 36.

sich dabei auf das kanonische Recht[79], welches einen solchen Vertrag als gültig ansah, wenn er durch Eid bekräftigt wurde[80]. Gleichzeitig sah er den Erbeinsetzungsvertrag ausnahmsweise in *vim ultimae voluntatis* und für Soldaten als zulässig an[81]. Bartolus berief sich dabei auf die Digestenstelle c. 19. C. de pactis. (Impp. Diocletianus et Maximianus Victoriano militi)[82]. Zusammenfassend lässt sich sagen, dass er Erbverträge nur dann für zulässig erachtete, wenn sich hierfür im römischen oder kanonischen Recht Anhaltspunkte finden ließen.

Ebenso behandelte Zasius (1461-1535) als erster deutscher Rechtsgelehrter die Erbverträge überwiegend nach den Prinzipien des römischen Rechtes, wobei er teilweise auf die besonderen deutschen Verhältnisse Rücksicht nahm. Zasius ging grundsätzlich von dem römischen Verbot der Erbverträge aus[83]. Ausnahmen von diesem Grundsatz hielt er nur dann für gerechtfertigt, wenn sich hierfür im römischen Recht selbst oder in dem ihm gleichstehenden kanonischen Recht zumindest eine vermeintliche Begründung finden ließ[84].

Im weiteren Verlauf des 16. und 17. Jahrhunderts versuchten die Rechtsgelehrten, sich von der Doktrin von dem römischen Verbot der Erbverträge allmählich loszusagen und die gemeinrechtliche Gültigkeit der Erbverträge zu begründen[85]. Zu Beginn des 17. Jahrhunderts kam die Wissenschaft zwar noch nicht zur allgemeinen Gültigkeit des Erbvertrages, doch ist in dieser Zeit die Tendenz zu beobachten, großzügige Ausnahmen vom römischen

---

79 C. 2 in VI^to I, 18; c. 2 in VI^to II, 11, zitiert nach Wesener, Festschrift zum 60. Geburtstag von Kroeschell, 607, 610.

80 Wesener, Festschrift zum 60. Geburtstag von Kroeschell (1987), 607, 610.

81 Beseler, Erbverträge, 2. Teil, 1. Band, S. 124 Fn. 15; Wesener, Festschrift zum 60. Geburtstag von Kroeschell (1987), 607, 609.

82 Siehe S. 24 f.

83 Beseler, Erbverträge, 2. Teil, 1. Band, S. 128; Wesener, Festschrift zum 60. Geburtstag von Kroeschell (1987), 607, 611.

84 Wesener, Festschrift zum 60. Geburtstag von Kroeschell (1987), 607, 612.

85 Stobbe, Privatrecht, Band V, S. 278; Beseler, Erbverträge, 2. Teil, 1. Band, § 6; Gengler, Deutsches Privatrecht, 4. Auflage, S. 736 f.

Verbot auf die deutsche Gewohnheit zurückzuführen[86]. Dennoch herrschte unter den Rechtsgelehrten zu diesem Zeitpunkt noch immer Einigkeit darüber, dass der Erbvertrag grundsätzlich keine gemeinrechtliche Gültigkeit besitze.

Dieser Grundsatz wurde erstmalig von Mevius (1609-1660) Mitte des 17. Jahrhunderts aufgegeben[87]. Mevius ließ grundsätzlich das Prinzip der vertraglichen Erbfolge als ein in der deutschen Gewohnheit begründetes Recht gelten. Eine Ausnahme machte er nur für die Fälle, in denen die Geltung des fremden, insbesondere des römischen Rechtes ausdrücklich nachgewiesen werden konnte[88]. Ähnliche Standpunkte vertraten Georg Adam Struve (1619-1692) und Johan Schilter (1632-1705)[89].

Im 18. Jahrhunderts schlossen sich viele Juristen der neuen Auffassung an, wobei deren Begründungen unterschiedlich waren. Eine Ansicht begründete die gemeinrechtliche Zulässigkeit mit einer das römische Verbot sanktionierenden deutschen Sitte[90], teilweise wurde die unbeschränkte Gültigkeit aller Verträge von der „deutschen Treue" hergeleitet, welche auch für Erbverträge gelten müsse[91]. Andere[92] stellten auf die *communis opinio* der Juristen und

---

86 Gengler, Deutsches Privatrecht, 4. Auflage, S. 736; Beseler, Erbverträge, 2. Teil, 1. Band, S. 150 f.

87 D. Mevius, decisiones p III. dec. 270, zitiert nach Beseler, Erbverträge, 2. Teil, 1. Band, S. 152 Fn. 10.

88 Beseler, Erbverträge, 2. Teil, 1. Band, S. 152. Zu einem anderen Ergebnis kam Hartmann, der die von Mevius in den decisiones geäußerten Bemerkungen in einer anderen von Mevius früher im Kommentar zum lübschen Recht geäußerten Linie auslegte, welche von der des Zasius kaum abwich, Erbverträge und gemeinschaftliche Testamente, S. 26 f. Jedenfalls glaubte Hartmann, dass mit Schilter, der von Beseler als Nachfolger der Mevischen Thesen genannt wurde, eine solche neue Richtung in der Behandlung der Erbverträge eingeschlagen worden sei.

89 Wesener, Festschrift zum 60. Geburtstag von Kroeschell (1987), 607, 615 ff.

90 Vgl. Wesel, Tract. de connubiali bonorum societe et pactis dotal. (1720) Tr. II cap. V nr. 1 p. 187, zitiert nach Gengler, Deutsches Privatrecht, 4. Auflage, S. 736, Fn. 22.

91 Schilter prax. jur. Rom. in foro Germanico Jenae 1675 exerc. VIII ad. tit. D. de pactis 2, 14 § 35-40, zitiert nach Hartmann, Erbverträge und gemeinschaftliche Testamente, S. 26 Fn. 5.

92 J. H. Böhmer und Kreittmayr, vgl. Beseler, Erbverträge, 2. Band, 1. Teil, S. 156 Fn. 21 und 23.

allgemein des deutschen Rechtes ab, und schließlich wurden die *Vergabungen von Todes wegen* zur Begründung der Gültigkeit herangezogen[93].

2. Gesetzgebungen

Die Frankfurter Reformation von 1611 gestattete keine Erbverträge (III. Theil 2. tit. § 4). Die Rechtsfolgen eines unter Ehegatten geschlossenen Vertrages bzgl. der Erbeinsetzung traten aber ein, wenn ein kinderloser Ehegatte, ohne ein Testament errichtet zu haben, starb und der Vertrag zu Lebzeiten nicht widerrufen wurde (III. Theil 2. tit § 5). Ähnliche Normierungen lassen sich auch in neueren Gesetzgebungen, insbesondere im Code civil von 1804 und im Österreichischen Allgemeinen Bürgerlichen Gesetzbuch von 1811 finden. Während der Code civil einerseits ein Verbot verzichtender Erbverträge konstituierte (Art. 791, 1130, 1600), wurden in Art. 1091-1094 die Erbverträge unter Ehegatten gestattet. Ebenso gestattete das ABGB die Erbeinsetzungen nur unter Ehegatten (§§ 602, 1249). § 1253 enthielt ein Verbot, durch Erbvertrag auf das Testierrecht zu verzichten. Diesen Gesetzgebungen standen andere Kodifikationen gegenüber, die die Erbeinsetzungsverträge unbeschränkt für gültig hielten. Hierzu zählten der Codex Maximilianeus Bavaricus civilis von 1756, das preußische ALR von 1794 und das Sächsische Bürgerliche Gesetzbuch von 1863[94]. Die drei Gesetzbücher sprachen dabei nicht nur die Zulässigkeit der Erbverträge aus, sondern enthielten zudem allgemeine Grundsätze für deren Anwendung.

Die Mehrzahl der Gesetzgebungen ließ die Verfügungsfreiheit des Erblassers unter Lebenden auch nach Abschluss eines Erbvertrages unberührt[95]. Unterschiedlich wurden die den Erben beeinträchtigenden Schenkungen durch den Erblasser behandelt. Während der Code civil in den Art. 1083 und 1093 nur

---

93 So z.B. Oldradus und Angelus, vgl. Beseler, Erbverträge, 2. Band, S. 160 ff.

94 Codex Max. Bav. 3. Theil 11. Kap. § 1; Sächsisches Gb §§ 2542 ff; ALR 1. Theil 12. tit.§§ 617-640.

95 ALR I. Theil 12. tit. § 624; ABGB §§ 1252, 1255; Sächsisches Gb § 2548; Zürcher Gb §§ 2129, 2130. Eine Ausnahme bildete der Codex Max. Bav. 3. Theil 11. Kap. § 1 11 mo.

Verfügungen über geringe Summen erlaubte[96], enthielt das Sächsische Bürgerliche Gesetzbuch weder für übermäßige noch *dolose* Schenkungen des Erblassers Regelungen. Auch das ABGB hinderte den Erblasser nicht, mit seinem Vermögen, so lange er lebt, nach Belieben zu verfahren[97]. Der Codex Maximilianeus Bavaricus civilis bestimmte, dass „ohne Einstimmung aller Paciscenten einseitiger Weise nichts mehr verfügt" werden darf[98]. Nach preußischem Landrecht konnte der Vertragserbe bei verschwenderischen Ausgaben des Erblassers „auf Prodigalitätserklärung wider ihn antragen" und innerhalb bestimmter Frist nach dessen Tod seine übermäßigen Schenkungen widerrufen[99].

Die Gesetzgebungen, die den Erbvertrag ganz oder ausnahmsweise zuließen, bestimmten, dass der Erblasser nach Abschluss des Erbvertrages weder durch Testament noch durch Erbvertrag über seinen Nachlass verfügen durfte[100]. Einige Gesetzesbücher ließen für bestimmte Nachlassteile Ausnahmen von dieser Regel zu. Das preußische Landrecht gestattete dem Erblasser, Vermächtnisse in Höhe des zwanzigsten Teiles seines Nachlasses zu errichten, sofern er nicht auf dieses Recht erbvertraglich verzichtet hatte[101]. Nach bayerischem Recht konnte der Erblasser bis zum Betrag des zehnten Teiles der Erbschaft durch Vermächtnisse oder Schenkungen auf den Todesfall ver-

---

96 Stobbe, Privatrecht, Band V, S. 290.

97 ABGB § 1252.

98 Codex Max. Bav. 3. Theil 11. Kap. § 1 11 mo. Der Revidirte Codex Max. Bav. Civilis aus dem Jahre 1811 stellte dem Erblasser frei, über den zehnten Teil seines Vermögens unter Lebenden zu verfügen, 3. Theil 9. Kap. § 4 4.) f. Bei leichtsinnigen oder mutwilligen Verschwendungen war der Vertragserbe befugt, „auf Prodigalitätserklärung wider den Erblasser anzutragen", d.h. er konnte einen Antrag auf Entmündigung des Erblassers wegen Verschwendung stellen.

99 ALR I. Theil 12. tit. §§ 625, 626.

100 Sächsisches Gb § 2542; ABGB § 1253; Zürcher Gb § 2129; Revidirter Codex Max. Bav. 3. Theil 9. Kap. § 4 1.); ALR I. Theil 12. tit. § 627.

101 ALR I. Theil 12. tit. § 628.

fügen[102]. Das AGBG nahm sogar einen Viertel des Nachlasses von der Bindungswirkung aus[103].

Alle Kodifikationen, die erbvertragliche Regelungen aufgenommen hatten, forderten eine schriftliche Fixierung, teilweise eine notarielle Beurkundung und häufig den Abschluss vor Gericht[104]. Umstritten war unter den Juristen des 19. Jahrhunderts der Fall, dass das Partikularrecht keine Formvorschrift für den Erbvertrag enthielt. Während die Rechtsprechung[105] von einem Formbedürfnis absah und Teile der Literatur[106] die Formfreiheit der Erbverträge feststellte, war es insbesondere Stobbe, der diese Ansicht kritisierte und die Beachtung der Testamentsform für die Gültigkeit des Erbvertrages forderte[107].

Uneinheitlich wurde die Frage geregelt, was mit dem Erblasservermögen passierte, wenn der Erblasser den vertraglich zum Erben Eingesetzten überlebte. Nach der überwiegenden Anzahl der Gesetzbücher entstand durch den Abschluss des Vertrages allein noch kein dingliches Recht des Eingesetzten am Vermögen des Erblassers, so dass dieses Warterecht auch nicht vererbt wurde[108]. Das bayerische Recht wich von dieser Linie ab, indem es bei einem

---

[102] Revidirter Codex Max. Bav. 3. Theil 9. Kap. § 4 2.).

[103] ABGB § 1253.

[104] ABGB § 1249: schriftliche Fixierung unter Beachtung der Testamentsform; Zürcher Gb § 2546: Form des ordentlichen Testaments oder notarielle Beurkundung; Codex Max. Bav. 3. Theil 11. Kap. § 1 10 mo: schriftliche und respektive obrigkeitliche Errichtung; Sächsisches Gb § 2546: Form des gerichtlichen Testaments; ALR I. Theil 12. tit. § 621: gerichtlicher Abschluss oder persönliche Übergabe an die Gerichte.

[105] Nachweise bei Stobbe, Privatrecht, Band V, S. 287 Fn. 21.

[106] Hasse, Rheinisches Museum für Jurisprudenz, Band II, S. 196 ff.; Beseler, Erbverträge, 2. Teil, 1. Band, S. 233 f.; Gerber, System des Deutschen Privatrechts, 16. Auflage, § 258.

[107] Stobbe, Privatrecht, Band V, S. 287.

[108] ALR I. Theil 12. tit. § 631; Sächsisches Gb § 2551; ABGB § 1252; Code civil Art. 1089; Zürcher Gb § 2124.

einseitigen Erbvertrag das Recht des Bedachten auf dessen Erben übergehen ließ[109].

Nach römischem Recht war auch der Vertrag über die Erbschaft eines lebenden Dritten ungültig[110]. Zwischen neueren Gesetzgebungen herrschte in dieser Frage Uneinigkeit. Das ABGB (§ 879) sowie der Code civil (Art. 791 und 1130) erklärten solche Verträge grundsätzlich für ungültig, während das Zürcher Gesetzbuch (§§ 2143 f.) Verträge über die Erbschaft eines noch lebenden Dritten allgemein anerkannte. Das ALR (§ 650) und das Sächsische Bürgerliche Gesetzbuch (§ 2563) machten die Wirksamkeit dieses Vertrages von der Billigung und dem Beitritt der dritten Person zu dem Vertrag abhängig. Der Vermächtnisvertrag hat hingegen in den meisten Gesetzgebungen Anerkennung gefunden[111].

3. Hasse, Beseler und Hartmann

Als erster Gelehrter des 19. Jahrhunderts widmete Hasse in seinen Abhandlungen im „Rheinischen Museum für Jurisprudenz“ dem Erbvertrag und dem gemeinschaftlichen Testament verstärkte Aufmerksamkeit. Hasse untersuchte in seiner Abhandlung „Über Erbvertrag, Vertrag über eine fremde Erbschaft, Schenkung todeshalber und wechselseitiges Testament“ aus dem Jahre 1828 zunächst die geschichtlichen Grundlagen der vertraglichen Erbeinsetzung, um dann erstmalig die Struktur des Erbvertrages und dessen Verhältnis zu den „gemeinen" Verträgen herauszustellen. Dafür erhielt Hasse von seinen Nachfolgern höchste Anerkennung[112]. Was war nun das Besondere an den Ergebnissen von Hasse? Ein neuer Gedanke lag darin, dass Hasse von der

---

109 Vgl. Kreittmayr Anm. 14 c zu Codex Max. Bav. 3. Theil, 1. Kap. §§ II-VIII und Anm. 7 e zu Codex Max. Bav. 3. Theil, 11. Kap. § 1; vgl. Entscheidungen des BayObLG in Zivilsachen, Band 12, 626, 630.

110 Zur Ausnahme von dieser Regel s. Fn. 9.

111 ALR I. Theil 12. tit. §§ 617, 620, insb. 628; Sächsisches Gb § 2542; Codex Max. Bav. 3. Theil 11. Kap. § 1 6 to; Zürcher Gb §§ 2120, 2126, 2136; str. für ABGB §§ 1255-1258 i. V. m. §§ 603, 956, 1217.

112 Hartmann, Erbverträge und gemeinschaftliche Testamente, S. 30; Beseler, Erbverträge, 2. Teil, 1. Band, S. 1, 18; Gerber, System des Deutschen Privatrechts, 16. Auflage, S. 706 Fn. 8.

Doktrin des 18. Jahrhunderts abwich und sich gegen die Auffassung aussprach, der Erbvertrag sei ein „gemeiner Kontrakt", der eine *obligatio* erzeuge[113]. Hasse war der Ansicht, dass durch den Erbvertrag „das Erbrecht unwiderruflich ertheilt wird"[114]. Es gelange jedoch nur unter der Bedingung des vorzeitigen Ablebens des Erblassers zur Entstehung, so dass der Vertragspartner lediglich eine „Hoffnung" erwerbe. Hasse klärte den Unterschied zwischen Erbeinsetzungs- bzw. Beerbungsvertrag und dem Vermächtnisvertrag. Er erkannte, dass nur durch letzteren eine *obligatio* entstand, wohingegen bei ersterem die Leistung des Erblassers durch die unwiderrufliche Benennung des Erben vollendet war, so dass dem Erblasser nichts mehr übrig blieb, was Gegenstand einer *obligatio* sein könnte[115].

Weiter beschäftigte sich Hasse mit der Frage, ob es sich bei dem Erbvertrag um ein Geschäft unter Lebenden oder um ein Geschäft auf den Todesfall hin handelt. In diesem Zusammenhang stellte er fest, dass Erbvertrag und römische Schenkung verschiedene Rechtsinstitute darstellten, und begründete dies vor allem mit der Notwendigkeit sachenrechtlicher Übertragungsformen bei der Schenkung[116]. Hasse gelangte zu dem Ergebnis, dass es sich bei dem Erbeinsetzungsvertrag um ein Geschäft von Todes wegen handelt[117]. Denn unter einem *negotium mortis causa* sei nach römischem Recht nur ein solches zu verstehen, bei welchem die dadurch intendierte Vermögensverschiebung „erst durch den Tod jemandes eine feste Bestimmung und eine entschiedene Dauer" erhalte[118].

Nach Hasse beschäftigte sich Beseler in seinem Werk „Die Lehre von den Erbverträgen" (1835-1840) mit der Dogmatik des Erbvertrages. Besselers Gedanken fanden zum einen in Urteilsbegründungen Eingang[119], zum anderen

---

[113] Vgl. Hasse, Rheinisches Museum für Jurisprudenz, Band II, S. 200 f.

[114] Hasse, Rheinisches Museum für Jurisprudenz, Band II, S. 200.

[115] Hasse, Rheinisches Museum für Jurisprudenz, Band II, S. 201, 204 f.

[116] Hasse, Rheinisches Museum für Jurisprudenz, Band II, S. 214, 310 f.

[117] Hasse, Rheinisches Museum für Jurisprudenz, Band II, S. 217.

[118] Hasse, Rheinisches Museum für Jurisprudenz, Band II, S. 216 f.

[119] Fundstellen bei Battes, Gemeinschaftliches Testament und Ehegattenerbvertrag, S. 31.

wurden seine „Erbverträge" in vielen Rezensionen gelobt[120]. Schließlich enthalten die Motive Hinweise, dass Beselers Vorstellungen die Verfasser des BGB nicht unwesentlich beeinflusst haben[121]. Beselers Monographie gliedert sich formal in zwei Teile, wobei der zweite Teil wiederum aus zwei Bänden besteht. Für diese Untersuchung soll der erste Band des zweiten Teiles die größte Beachtung finden. In diesem Abschnitt machte Beseler Ausführungen zum „Erbvertrag im allgemeinen".

Beseler qualifizierte den Erbvertrag als Geschäft von Todes wegen[122]. Ebenso wie Hasse verneinte er eine schuldrechtliche Wirkung des Erbvertrages[123]. Beseler konkretisierte aber als erster, dass sich der Erbeinsetzungsvertrag nicht auf den Nachlass oder einzelne Nachlassgegenstände bezog, sondern auf die Beerbung selbst, d.h. die formelle Erbenposition[124]. Seiner Ansicht nach bedeute das in der Regel eine Universalsukzession[125]. Gleich Hasse erkannte Beseler, dass der Vertragserbe bei Vertragsschluss keine gesicherte Rechtsposition erhielt, sondern nur eine Hoffnung. Damit erwarb der Vertragspartner erst dann Rechte, wenn er die Erbschaft, sofern dies nach römischem Recht erforderlich war, angetreten hatte[126]. Die von Hasse aufgefundene Unwiderruflichkeit des Erbvertrages und die sich hieraus ergebende Bindung bezogen sich laut Beseler nur auf das, was der Universalsukzession unterworfen war. Die lebzeitige Verfügungsfreiheit schränkte er nur durch ein Protestrecht des Vertragserben zur Beweissicherung „des Dolus" ein[127]. Nach dem Tod des Erblassers sollten von den Verfügungen des Erblassers

---

120 Albrecht, Kritische Jahrbücher für deutsche Rechtswissenschaft, Jahrgang 6, 321, 333; Battes, Gemeinschaftliches Testament und Ehegattenerbvertrag, S. 34; Bluntschli, Hallische Jahrbücher, Band II, Sp. 1309, 1310; v. Duhn, Neue Jenaische allgemeine Literatur-Zeitung, 2. Jahrgang, 1057, 1058.

121 Motive, S. 312 Fn. 2, 3; S. 314 Fn. 4; S. 326 Fn. 1; S. 327 Fn. 1; S. 328 Fn. 1; S. 332 Fn. 2.

122 Beseler, Erbverträge, 2. Teil, 1. Band, S. 212.

123 Beseler, Erbverträge, 2. Teil, 1. Band, S. 207, 248, 266.

124 Beseler, Erbverträge, 2. Teil, 1. Band, S. 224, 247, 261.

125 Beseler, Erbverträge, 2. Teil, 1. Band, S. 214, 224.

126 Beseler, Erbverträge, 2. Teil, 1. Band, S. 272.

127 Beseler, Erbverträge, 2. Teil, 1. Band, S. 266.

aber die *dolosen* Schenkungen anfechtbar sein, ungeachtet der Frage, ob es sich um solche unter Lebenden oder von Todes wegen handelte[128]. Entgegen der damaligen herrschenden Ansicht ordnete Beseler den Vertrag über den Nachlass eines Dritten nicht als Erbvertrag ein[129]. Geleitet durch seine historische Betrachtungsweise der Erbverträge lehnte er eine solche Einordnung wegen fehlender gewohnheitsrechtlicher Geltung in der Praxis und unter den Rechtsgelehrten ab[130]. Auch beim Vermächtnisvertrag vertrat er einen von Hasse abweichenden Standpunkt, indem er ihn als nicht vorhanden ablehnte[131]. Seiner Ansicht nach gab es eine „Beerbung" nach gemeinem Recht nur in der Form der Universalsukzession. Ein Vermächtnisvertrag ohne Erbeinsetzung sei nicht möglich[132]. Dafür stützte Beseler sich sowohl auf den Code civil als auch auf das ABGB. Beide Gesetzgebungen hätten keine Verträge über einzelne Sachen gekannt[133]. Schließlich sah er den entgeltlichen Erbvertrag[134] als eine gegen die guten Sitten verstoßende Spekulation an[135]. Zur Begründung der Sittenwidrigkeit führte er aus :

> „Denn wer für eine künftige Erbschaft Geld gegeben hat, wird sich schon leichter zu einer verbrecherischen That entschließen, um drohende Veräußerungen zu hindern, oder den zu lange lebenden Erblasser bei Seite zu schaffen".

---

[128] Beseler, Erbverträge, 2. Teil, 1. Band, S. 261 f.

[129] Beseler, Erbverträge, 2. Teil, 2. Band, S. 328.

[130] Beseler, Erbverträge, 2. Teil, 2. Band, S. 335 f.

[131] Beseler, Erbverträge, 2. Teil, 1. Band, S. 23.

[132] Beseler, Erbverträge, 2. Teil, 1. Band, S. 214 f. Er schloss nicht aus, dass „ein singulärer Erbvertrag seinen natürlichen Platz in unserm Rechtssystem finden" und „niemand an seiner Existenz zweifeln" werde, S. 224.

[133] Beseler, Erbverträge, 2. Teil, 1. Band, S. 224.

[134] Gemeint ist nur der Verkauf bei dem die Gegenleistung in einer einmaligen Geldsumme zu sehen ist, nicht der Fall bei dem die Gegenleistung in lebenslänglichem Unterhalt bestand.

[135] Beseler, Erbverträge, 2. Teil, 1. Band, S. 209.

Die Schwäche dieser Argumentation anscheinend erkennend, führte Beseler ferner die fehlende Erwähnung entgeltlicher Erbverträge in der Praxis an[136].

Beseler sah sein Werk als Vorarbeit für einen künftigen Gesetzgeber[137]. In diesem Sinne verfasste er das Kapitel über die Form des Erbeinsetzungsvertrages, in dem er zunächst die Formlosigkeit nach gemeinem Recht feststellte, um sich dann für die gerichtliche Auflassung nach preußischem Vorbild auszusprechen[138].

In dem zweiten Band des zweiten Teiles untersuchte Beseler den „Erbeinsetzungsvertrag unter dem Adel", „Ehestiftungen", die „Einkindschaft" und den „Erbeinsetzungsvertrag im Bauernstand" als besondere Arten der „Erbeinsetzungs- oder verwandter Verträge" sowie den Erbverzicht. Dieser Bereich wird aus heutiger Sicht als zum Teil zu lückenhaft betrachtet[139] und hat weder in Werken nachfolgender Autoren noch in der Rechtsprechung Zuspruch erhalten. Auch Beselers Zweiteilung der Erbverträge in allgemeine und besondere hat sich zu keiner Zeit durchgesetzt.

Nach Hasse und Beseler beschäftigte sich schließlich Gustav Hartmann in seinem Werk „Zur Lehre von den Erbverträgen und von den gemeinschaftlichen Testamenten" aus dem Jahre 1860 eingehend mit der Dogmatik des Erbvertrages. Hartmann sah in dem Erbvertrag keinen dritten Delationsgrund neben Testament und Gesetz. Als Anhänger der sogenannten Testamentstheorie ordnete er den Erbvertrag vielmehr in das testamentarische Erbrecht ein, indem er ihn nicht als einheitliches Rechtsgeschäft, sondern als einfaches Testament, verbunden mit einem Widerrufsverzicht, qualifizierte[140]. Nach Hartmann waren die beiden Geschäfte aber insofern miteinander verbunden, als dass die Gültigkeit des einen durch die des anderen bedingt sei. Diese Zweiteilung des Vertrages hat bei späteren Autoren wenig Zuspruch erhal-

---

136 Beseler, Erbverträge, 2. Teil, 1. Band, S. 210.

137 Kern , Georg Beseler - Leben und Werk, S. 316.

138 Beseler, Erbverträge, 2. Teil, 1. Band, S. 243.

139 Battes, Gemeinschaftliches Testament und Ehegattenerbvertrag, S. 32.

140 Hartmann, Erbverträge und gemeinschaftliche Testamente, S. 10.

ten[141]. Die Gegner Hartmanns bezogen sich auf Stobbes Argumentation, der die Konstruktion eines Testaments mit Widerrufsverzicht grundsätzlich für möglich hielt, die Einordnung jenes Gebildes als Erbvertrag aber ablehnte. Denn bei diesem einige sich der spätere Erbe mit dem Erblasser nicht über die Unwiderruflichkeit der Erbeinsetzung. Beide Vertragspartner würden „lediglich einen Vertrag über die künftige Delation des Erbrechts" miteinander abschließen[142]. Weiter führte Stobbe aus:

> „Die bekämpfte Auffassung würde in ihrer Consequenz dahin führen, dass Verträge überhaupt in einseitige Erklärungen aufzulösen seien, denen ein weiterer Vertrag des Inhalts hinzuträte, dass kein Contrahent seine einseitige Erklärung ohne Genehmigung des Andern zurückziehen dürfe"[143].

Festzuhalten bleibt, dass sich die Theorie Hartmanns in den neueren Gesetzgebungen nicht durchgesetzt hat und auch von der ersten BGB-Kommission verworfen wurde[144].

4. Die gemeinrechtliche Judikatur

Die gemeinrechtliche Judikatur des 19. Jahrhunderts schloss sich im Wesentlichen den von diesen Rechtsgelehrten aufgestellten Thesen an. Wenn auch der Zeitpunkt umstritten war, in welchem der Erbvertrag in Deutschland gewohnheitsrechtliche Geltung erlangte, so zeigt doch die Vielzahl von Entscheidungen im 19. Jahrhundert[145], dass sich der Erbvertrag nicht nur unter den Juristen als Rechtsinstitut etabliert hatte, sondern die Menschen sich desselben in der Praxis immer häufiger bedienten.

---

[141] Sich ihm anschließend: Unger, Das oesterreichische Erbrecht, 2. Auflage, § 26. Ablehnend erklärten sich: Windscheid/Kipp, Lehrbuch des Pandektenrechtes, Dritter Band, 8. Auflage, § 529 Fn. 3; Gengler, Deutsches Privatrecht, 4. Auflage, S. 738; Beseler, Erbverträge, 2. Teil, 1. Band, S. 252; Bluntschli, Deutsches Privatrecht, 3. Auflage, § 341.

[142] Stobbe, Privatrecht, Band V, S. 283.

[143] Privatrecht, Band V, S. 283.

[144] Motive V, S. 311.

[145] Allein in Seufferts Archiv lassen sich weit über 100 veröffentlichte Entscheidungen zum Erbvertrag finden.

Das Augenmerk vieler Entscheidungen war anfänglich auf den Gegenstand des Erbvertrages gerichtet. Entgegen den Erkenntnissen von Hasse und Beseler findet sich in einer Entscheidung des Cassationshofs Wolfenbüttel von 1859 die Aussage, dem Vertragserben erwachse durch Abschluss des Vertrages bereits ein Erbrecht[146]. Im Gegensatz dazu formulierte das OAG Oldenburg nur fünf Jahre später, „daß ein Erbeinsetzungsvertrag nur ein Recht giebt auf einen künftigen Nachlaß... bedarf keiner weiteren Ausführung"[147]. Auch wenn die Bestimmtheit dieser Aussage überrascht, so wird sie doch durch alle folgenden Entscheidungen bestätigt[148]. Durch den Erbvertrag werde nicht die Erbschaft übertragen, „sondern nur das Recht auf Beerbung"[149], so dass dem Vertragserben „insbesondere ein Eigenthumsrecht oder Recht auf Eigenthumsübertragung nicht, auch nicht bedingt, gegenüber dem Erblasser zusteht"[150]. Darüber hinaus gab es rechtliche Ausführungen zur Bindungswirkung. Einigkeit herrschte darüber, dass die Verfügungsfreiheit unter Lebenden durch den Erbvertrag unberührt bleibe[151]. Viele Entscheidungen befassten sich mit den lebzeitigen Schenkungen des Erblassers. Bei den Schenkungen unter Lebenden wurde überwiegend die Verfügungsfreiheit des Erblassers in den Vordergrund gestellt und die Vermögensübertragungen für wirksam erachtet[152]. Der Schutz des Vertragserben wurde in der Praxis dadurch erreicht, dass sie ihm ein Anfechtungsrecht bezüglich solcher Schenkungen zubilligte, die eine Vereitelung „seiner Successionsansprüche ganz oder zum Theil" bezweckten[153] und damit *dolos* waren[154]. Denn der „Erbver-

---

146 SeuffA 14, 131 II.

147 SeuffA 17, 264.

148 OAG München, SeuffA 30, 42; OAG Oldenburg, SeuffA 18, 80; OAG Jena, SeuffA 22, 247; RG, SeuffA 36, 45; RG, SeuffA 54, 31.

149 RG, SeuffA 36, 45.

150 RG, SeuffA 54, 31.

151 OAG Oldenburg, SeuffA 17, 264; Obertribunal Berlin, SeuffA 32, 58; AG Celle, SeuffA 32, 255; OAG Celle, SeuffA 40, 216; OAG Oldenburg, SeuffA 18, 80; OAG Celle, SeuffA 47, 266; RG, SeuffA 54, 31.

152 OAG Celle, SeuffA 47, 266; OAG Berlin, SeuffA 22, 45; AG Celle, SeuffA 32, 255; OLG Oldenburg, SeuffA 40, 296; einschränkend AG Celle, SeuffA 29, 44.

153 AG Celle, SeuffA 29, 44.

trag verlangt wie jeder Vertrag die Berücksichtigung der bona fides"[155]. Anfechtungsgegner war dann der Zuwendungsempfänger.

Die Fragen der Zulässigkeit eines Erbvertrages über die Erbschaft eines noch lebenden Dritten und die Zulässigkeit eines Vermächtnisvertrages wurden in der Praxis nicht einheitlich behandelt. In der Mehrzahl der Entscheidungen galten die Verträge über die Erbschaft eines lebenden Dritten als zulässig, wenn dieser zugestimmt hatte[156]. Im Übrigen handelte es sich nach Auffassung des Reichsgerichts bei dieser Vertragsart nicht um einen Erbvertrag im klassischen Sinne, sondern um die *obligatio* der Übertragung des Nachlasses[157], denn das Erbrecht selbst war nicht Gegenstand des Vertrages. Entgegen Beseler und einer Entscheidung des OAG Celle[158] wurde vielfach auch die Zulässigkeit des Vermächtnisvertrages ausgesprochen[159].

Auffällig ist, dass nahezu alle in Seufferts Archiv im 19. Jahrhundert veröffentlichten Entscheidungen, welche den Erbeinsetzungsvertrag im engeren Sinne zum Gegenstand hatten, vertragliche Erbvereinbarungen zwischen Ehegatten behandelten[160]. Diese Erkenntnis bildete später bei der Diskussion um die Einführung des Erbvertrages in das BGB den Ansatzpunkt für die kritischen Stimmen, welche die gewohnheitsrechtliche Anerkennung des Erbvertrages über Ehegattenvereinbarungen hinaus bezweifelten.

---

154 OAG Oldenburg, SeuffA 17, 264 und SeuffA 18, 80; Obertribunal Berlin, SeuffA 32, 58; AG Celle, SeuffA 32, 255; OAG Berlin, SeuffA 22, 45; OG Wolfenbüttel, SeuffA 23, 198.

155 OAG Oldenburg, SeuffA 17, 264.

156 OAG Lübeck, SeuffA 2, 313; OAG Celle, SeuffA 8, 153; Oberster Gerichtshof für Bayern, SeuffA 31, 249; Obertribunal Berlin, SeuffA 32, 256; RG, SeuffA 36, 44. Stimmt der Dritte dem Vertrag nicht zu, so bejahte nur das Obertribunal Stuttgart die Zulässigkeit für die Fälle, in denen der Dritte verschollen oder nicht dispositionsbefugt war, SeuffA 1, 252.

157 RG, SeuffA 36, 44.

158 SeuffA 23, 41.

159 OAG Celle, SeuffA 12, 279 ; OAG Celle, SeuffA 24, 48; OAG Darmstadt, SeuffA 27, 41; Obertribunal Stuttgart, SeuffA 31, 154; AG Celle, SeuffA 32, 255; OLG Oldenburg, SeuffA 40, 296; OLG Celle, SeuffA 47, 266.

160 Vgl. Pfizer, Deutsche Notariatszeitung 1889, 41, 64; v. Schmitt, Vorentwürfe Erbrecht 1, S. 487.

IV. Der Erbvertrag und dessen Einführung in das BGB

1. Die Kontroverse

Trotz der Verankerung des Erbvertrages in den verschiedenen Partikulargesetzgebungen sowie der Anerkennung durch bedeutende Rechtsgelehrte und deren judikativer Bestätigung vollzog sich die Einführung des Erbvertrages in das BGB schleppend. Die Bedenken gingen über die „bestrittene juristische Konstruktion"[161], Vertrag oder doch nur Testament mit einseitigem Widerrufsverzicht, hinaus. Gegner des Erbvertrages bezweifelten die Zulässigkeit des Rechtsinstitutes. Sie hoben die Gefahren hervor, welche sie für die Vertragsparteien aufgrund des Abschlusses eines Erbvertrages sahen: Dem Erblasser werde die Möglichkeit entzogen, seine Verfügung an veränderte Umstände anzupassen. Der Vertragserbe würde sich im Gegenzug der Gefahr der Aushöhlung der Erbschaft durch Verfügungen des Einsetzenden unter Lebenden gegenübersehen, wobei im Gegensatz zum Testament der Vertragspartner das sich aus dem Erbvertrag ergebende Recht nicht selten durch eine Gegenleistung erworben habe[162]. Dadurch „widerstreite die Zulassung des Erbvertrages dem Grundgedanken der gewillkürten Erbfolge, welche ... geschaffen sei, um dem Einzelnen die Möglichkeit zu eröffnen, gegenüber ... Vorschriften des Gesetzes über seinen Nachlaß Bestimmungen zu treffen, die den besonderen Verhältnissen entsprechen, in welchen er lebt"[163]. Im Übrigen „sei die allgemeine Zulassung des Erbvertrages schwer zu vereinen mit der beibehaltenen Vorschrift des § 1754, des Inhalts, daß ein Vertrag, durch welchen Jemand sich verpflichtet, eine letztwillige Verfügung zu errichten oder nicht zu errichten, aufzuheben oder nicht aufzuheben, nichtig sei"[164]. Die Zulassung widerstreite „dem gesunden Rechtsgefühl des Volkes", welches „eine

---

[161] Motive V, S. 311.

[162] Motive V, S. 311; Ubbelohde, AcP 75, 36, 56; Petersen, Beiträge zur Erläuterung, 16. Heft, 64, 73.

[163] Protokolle II, S. 7241; Ubbelohde, AcP 75, 36, 56.

[164] Protokolle II, S. 7242; Pfizer, Deutsche Notariatszeitung 1889, 41, 65.

Bindung des letzten Willens" zurückweise[165]. Schließlich bezweifelte Mommsen in den Motiven zu seinem Erbrechtsentwurf die gewohnheitsrechtliche Anerkennung des Erbvertrages. Nach Mommsen war Voraussetzung für die Anerkennung eines Rechtsinstitutes, dass sich das Gewohnheitsrecht aus einem Rechtsbewusstsein des Volkes und nicht aus einer *communis opinio* der Juristen entwickelt habe. Mommsen führte aus, dass abgesehen von Erbverträgen unter Ehegatten nur sehr selten Erbverträge geschlossen worden seien. Dies verdeutliche ein mangelndes Bedürfnis für ein solches Institut. Da somit die Erbverträge nicht ins allgemeine Rechtsbewusstsein aufgenommen worden seien, sprach er den Erbverträgen „im Allgemeinen die Gültigkeit" ab[166], ließ sie aber unter Ehegatten zu.

Auch wenn die erste Kommission diese Bedenken teilweise teilte[167], hat sie sich in der Sitzung vom 26. September 1877 einstimmig dafür entschieden, dass „eine Erbeinsetzung durch Vertrag zwischen dem Erblasser und dem Eingesetzten erfolgen kann“[168]. In dem ersten Entwurf wurde der Erbvertrag in den §§ 1940-1963 geregelt, wobei im Gegensatz hierzu das gemeinschaftliche Testament in § 1913 verboten wurde. Der zweite Entwurf fasste die erbvertraglichen Regelungen in den §§ 2141-2167 zusammen.

Was waren nun die Gründe für die Aufnahme des Erbvertrages in die verschiedenen Entwürfe? Auffällig erscheint zunächst, dass trotz der kritischen Stimmen sich bis auf Ubbelohde[169] niemand für ein Verbot der Erbverträge einsetzte. Untersucht man die Motive der ersten Kommission, so findet sich im Hinblick auf die dem Erbvertrag immanenten Gefahren die Aussage:

---

165 Pfizer, Deutsche Notariatszeitung 1889, 41, 64 f.

166 Mommsen, Erbrechtsentwurf, Motive zu § 189, S. 263; vgl. zum gesamten Entwurf: Andres, Der Erbrechtsentwurf von Friedrich Mommsen.

167 Vgl. Motive V, S. 253 f.

168 Vorberatung, Sechste Sitzung von 1877, abgedruckt bei: Jakobs/Schubert, Die Beratung des Bürgerlichen Gesetzbuchs, Erbrecht, 1. Teilband, S. 34 ff.

169 AcP 75, 36, 65.

„Diese durch ein Verbot fernzuhalten, ist nicht Aufgabe des Gesetzes, vielmehr hat sie ein Jeder, welcher einen Erbeinsetzungsvertrag schließt, für sich zu prüfen"[170].

Ebenso knapp begründete Bähr die Zulassung. Ihm schien „zu einer Abweichung von dem Entwurf kein durchschlagender Grund vorzuliegen"[171], obwohl er zuvor von „erheblichen Gründen" der Gegner berichtete. Aufschlussreicher sind dagegen die Protokolle zu dem zweiten Entwurf. Sie gehen auf den Vorwurf ein, der Erbvertrag sei eine Schaffung der Jurisprudenz und entstamme nicht dem allgemeinen Rechtsbewusstsein. Dagegen spreche, dass die gewohnheitsrechtliche Anerkennung auch mit dem Anschluss an die Eheverträge verbunden sei. Für diese Anerkennung müsse in der Volksauffassung oder in den wirtschaftlichen Verhältnissen ein tieferer Grund bestehen, da die Jurisprudenz allein eine solche Wirkung nicht erzeugen könne[172]. Der wahre Grund für die Aufnahme des Rechtsinstitutes dürfte sich aber aus einer anderen Tatsache ergeben: Zur Zeit der Kontroverse um das BGB hatte der Erbvertrag in der Rechtsordnung von vier Fünfteln des Reiches (gemeines Recht, ALR und Sächsisches Bürgerliches Gesetzbuch) unbeschränkte Geltung erlangt, so „daß endlich, um ein für den größten Theil Deutschlands bestehendes Institut zu beseitigen, ganz überwiegende Gründe erforderlich wären"[173]. Um den Erblasser vor den aufgezeigten Gefahren zumindest in gewissem Maße zu schützen[174], gestattete ihm bereits der erste Entwurf in § 1958, sich den freien beliebigen Rücktritt vorzubehalten[175].

Die Einführung des Institutes in das BGB war somit entschieden. Nunmehr hatten die Kommissionen zu klären, ob der Abschluss eines Erbvertrages nur bestimmten Personen offen stehen sollte. Die erste Kommission sprach sich

---

170 Motive V, S. 311; kritisch hierzu Ubbelohde, AcP 75, 36, 63.

171 Bähr, Gegenentwurf, S. 378.

172 Protokolle II, S. 7247.

173 V. Schmitt, Vorentwürfe Erbrecht 1, S. 490.

174 Motive V, S. 342 f.; vgl. Protokolle I, S. 9973 ff, abgedruckt bei: Jakobs/Schubert, Die Beratung des Bürgerlichen Gesetzbuchs, Erbrecht, 2. Teilband, S. 1797 ff.

175 Ähnliche Vorschriften enthielten der Gegenentwurf von Bähr, § 1755, der Erbrechtsentwurf von Mommsen, § 206, und der Erbrechtsentwurf von v. Schmitt, § 207.

gegen eine Beschränkung des Erbvertrages auf Ehegatten und Verlobte aus. Die Gefahren seien in allen Fällen für die Vertragsschließenden die gleichen[176]. Zudem kämen Erbeinsetzungsverträge auch zwischen anderen Personen als Ehegatten und Verlobten vor, wie z.B. zwischen Angehörigen gewisser Stände, des Adels und des Bauernstandes[177]. In den Protokollen zu dem zweiten Entwurf finden sich fünf Anträge zur Änderung des § 1940 des ersten Entwurfs, die überwiegend eine Beschränkung auf gewisse Personen zum Gegenstand hatten[178]. Dabei zielten die Anträge 2-4 auf eine Beschränkung auf Ehegatten und Verlobte ab, nach Antrag 6 sollten auch vertragsmäßige Festsetzungen über das Erbrecht eines angenommenen Kindes zugelassen werden, während Antrag 5 Erbverträge zwischen Ehegatten, Verlobten untereinander und einem Dritten sowie zwischen dem angenommenen Kind und dem Annehmenden vorsah. Zur Begründung der Beschränkung wurde unter anderem auf andere europäische Rechtsordnungen verwiesen. Im österreichischen, französischen und in der Mehrzahl der schweizerischen Rechte finde man den Erbvertrag nur zwischen gewissen Personen[179]. Einigkeit herrschte darüber, dass jedenfalls für Ehegatten ein Bedürfnis für das Rechtsinstitut bestehe. Erbverträge würden den Ehegatten die Möglichkeit geben, noch über den Tod des Längstlebenden hinaus die Zukunft der Kinder zu sichern. In den Protokollen zu dem zweiten Entwurf heißt es hierzu:

> „Solche Verträge, mittels deren auch zugleich für das Wohl der Kinder im Falle der Wiederverheirathung eines Elterntheiles am besten gesorgt werde, seien daher von der allgemeinen Unstatthaftigkeit des Erbvertrages auszunehmen. Im Uebrigen bestehe vielleicht noch abgesehen von dem Falle der Annahme an Kindesstatt, für die Zulassung des Erbvertrages kein Bedürfniß"[180].

---

[176] Motive V, S. 311.

[177] Motive V, S. 311.

[178] Protokolle II, S. 7238 ff.

[179] Protokolle II, S. 7244.

[180] Protokolle II, S. 7245.

Die Zweifel der zweiten Kommission über die Frage der Beschränkung des Institutes wurden dadurch verdeutlicht, dass sie zunächst den zweiten Antrag annahm, um dann doch bei der Unbeschränktheit des Entwurfs zu bleiben[181]. Es bestehe auch in Fällen der Einkindschaft, der Verpfründungsverträge, zur Versorgung älterer Menschen sowie aus anderen Gründen in bäuerlichen Verhältnissen ein Bedürfnis für die Schaffung erbvertraglicher Regeln[182]. Um aber allen Fällen gerecht zu werden, die erbvertragliche Regelungen erfordern, sah man von der Aufzählung einzelner Fälle und der Beschränkung des Erbvertrages auf dieselben ab[183].

Gemäß § 1962 Abs. 1 E 1 konnte unabhängig von einer Erbeinsetzung auch eine Vermächtnisanordnung alleiniger Inhalt einer vertraglichen Verfügung von Todes wegen sein[184]. § 1962 Abs. 2 E 1 bestimmte, dass für die Errichtung und Aufhebung eines Vermächtnisvertrages die Vorschriften über den Erbeinsetzungsvertrag entsprechend anzuwenden sind. Die Aufnahme des Vermächtnisvertrages wurde mit der praktischen Notwendigkeit vor allem für bäuerliche Verhältnisse begründet[185]. Damit folgte die erste Kommission der gemeinrechtlich herrschenden Auffassung und den Gesetzesbüchern Preußens, Sachsens und Bayerns[186]. Die Redaktionskommission hob die Zweiteilung von Erbeinsetzungs- und Vermächtnisvertrag auf und verwendete für beide Institute den Begriff „Erbvertrag"[187].

---

[181] Protokolle II, S. 7246.

[182] Protokolle II, S. 7247.

[183] Protokolle II, S. 7249.

[184] Ebenso der Gegenentwurf von Bähr, § 1758, der Erbrechtsentwurf von Mommsen, § 191, und der Erbrechtsentwurf von v. Schmitt, § 217.

[185] Motive V, S. 312; Denkschrift, S. 282; Protokolle I, S. 9920, abgedruckt bei: Jakobs/Schubert, Die Beratung des Bürgerlichen Gesetzbuchs, Erbrecht, 2. Teilband, S.1693.

[186] Vgl. S. 36 f.; Motive V, S. 312; Denkschrift, S. 282. In den Protokollen der ersten Kommission, S. 10043 f., heißt es ferner: „... ohne dessen Zulassung die Anerkennung der Zwitterbildung der *donatio mortis causa* kaum zu umgehen sein würde", abgedruckt bei: Jakobs/Schubert, Die Beratung des Bürgerlichen Gesetzbuchs, Erbrecht, 2. Teilband, S. 1724.

[187] § 1818 Abs. 1 E 2, welcher der Legaldefinition in § 1941 Abs. 1 BGB entspricht; vgl. zur Terminologie auch die Protokolle der ersten Kommission, S. 9918 ff.; abgedruckt bei:

Die Verpflichtung, eine Verfügung von Todes wegen zu errichten, darf nach § 2302 BGB nicht Gegenstand eines Vertrages sein. § 1754 des ersten Entwurfs enthielt anstelle des Begriffes „Verfügung von Todes wegen" nur den der „letztwilligen Verfügung". Diese Ungleichbehandlung von Testament und Erbvertrag schien den Redaktoren der zweiten Kommission bedenklich. Daher wählte die zweite Kommission die beide Institute umfassende Formulierung „Verfügung von Todes wegen". Über die Gründe, welche die Kommissionen zur Schaffung einer solchen Regelung überhaupt bewogen haben, lässt sich weder in den Protokollen noch in den Motiven ein Anhaltspunkt finden[188]. Dies verwundert, da sich sowohl in der gemeinrechtlichen Judikatur[189] als auch in der Literatur[190] des 19. Jahrhunderts Ansätze finden, welche die Verpflichtung, eine Verfügung von Todes wegen zu errichten, zulassen. Teilweise wurde auch dogmatisch kein Unterschied zwischen Erbverträgen und solchen Vereinbarungen gesehen, in denen sich jemand zur Aufrechterhaltung oder Nichterrichtung eines Testamentes verpflichtete[191].

2. Begriff, Form, Rechtsnatur

Das BGB fasst den Erbvertrag und das Testament unter den Oberbegriff „Verfügung von Todes wegen" zusammen (§§ 1937, 1944, 1948, 1951 Abs. 3, 2302) und bringt dadurch zum Ausdruck, dass beide Institute sich zumindest in ihren Wirkungen ähneln. Dagegen wurde der Erbverzicht nicht in diesen Abschnitt aufgenommen, obwohl er seit den Abhandlungen von Bartolus und Baldus überwiegend in den Bereich des Erbvertrages eingegliedert

---

Jakobs/Schubert, Die Beratung des Bürgerlichen Gesetzbuchs, Erbrecht, 2. Teilband, S. 1692 f.

188 In den Protokollen der ersten Kommission findet sich nur die Formulierung „Ueber die Richtigkeit der beschlossenen Vorschrift bestand kein Zweifel", S. 8891, abgedruckt bei: Jakobs/Schubert, Die Beratung des Bürgerlichen Gesetzbuchs, Erbrecht, 2. Teilband, S. 1815.

189 RG, SeuffA 43, 278; vgl. OAG Berlin, SeuffA 23, 121.

190 Windscheid/Kipp, Lehrbuch des Pandektenrechtes, 8. Auflage, Dritter Band, § 529 Fn. 4. Stobbe verlangte für die Gültigkeit solcher Verpflichtungen die Form des Erbvertrages, Privatrecht, Band V, S. 221 f., so auch das Sächsische Gb § 2213.

191 Mühlenbruch, Glücks Pandekten, Band 38, S. 209 ff.

war[192]. Die Behandlung des Erbverzichts in einem eigenen Abschnitt schien den Redaktoren passender, weil „infolge des Erbverzichts die Delation" wegfalle, „so daß der Abschnitt auch für die gesetzliche Erbfolge eine besondere Bedeutung" habe und „nicht vor dieser seine Stelle finden" könne[193].

§ 1954 des ersten Entwurfs folgte der gemeinrechtlich herrschenden Auffassung, wonach es sich bei dem Recht aus dem Erbeinsetzungsvertrag lediglich um eine Hoffnung oder Aussicht handele und die Wirkung des Erbvertrages erst mit dem Tod des Erblassers eintrete. § 1954 E 1 lautete:

> „Wenn der Vertragserbe den Erblasser nicht überlebt, so geht das Recht aus der Erbeinsetzung nicht auf den Erben des Vertragserben über".

Diese Formulierung schien den Verfassern des BGB jedoch so offensichtlich gewesen zu sein, dass diese Norm des ersten Entwurfs gestrichen wurde.

Kaum Ausführungen finden sich in den Beratungen zum BGB über die Rechtsnatur des Erbvertrages - einheitliches Rechtsgeschäft oder Testament mit Widerrufsverzicht. Zwar wird in den Motiven die „bestrittene juristische Konstruktion" erwähnt und die sogenannte Testamentstheorie abgelehnt, auf die Argumentation von Hartmann wird aber nur am Rande eingegangen und insofern die Begründung der Wissenschaft zugewiesen[194].

---

192 Vgl. Beseler, der sich im 2. Band des 2. Teiles seiner „Lehre von den Erbverträgen" dem Erbverzicht widmete; ferner behandelten Hartmann, Hasse und Stobbe den Erbverzicht im Abschnitt „Erbvertrag".

193 Motive V, S. 470.

194 Motive V, S. 311 f. In der Vorberatung vom 26. September 1877 heißt es: „Der Vorschlag in Absatz 2 der Thesis III, welcher lautet: „Er (scil. der Erbvertrag) enthält nicht zwei selbständige Geschäfte, die einseitige Einsetzung und den vertragsmäßig zugefügten Widerrufsverzicht, sondern ein Geschäft, bestehend in der Kraft der Annahme des Bedachten unwiderruflichen Einsetzung", und gerichtet ist gegen die bekannte Hartmannsche Auffassung, der Vertrag bestehe aus zwei selbständigen Elementen, der Berufung des Erben und dem Widerrufsverzichte, wurde angenommen", abgedruckt bei: Jakobs/Schubert, Die Beratung des Bürgerlichen Gesetzbuchs, Erbrecht, 1. Teilband, S. 36. Eine Auseinandersetzung mit der Testamentstheorie findet sich in den Begründungen der Erbrechtsrechtsentwürfe von Mommsen, S. 264, und v. Schmitt, Vorentwürfe Erbrecht 1, S. 492.

Ebenso wie die Gesetzbücher Preußens[195] und Sachsens[196] schließt das BGB in § 2274 die Stellvertretung bei der Errichtung des Erbvertrages aus. Mit Ausnahme für Erbverträge unter Ehegatten fordert es die volle Geschäftsfähigkeit des als Erblasser Verfügenden, § 2275 BGB[197]. Diese Regelungen über die persönlichen Voraussetzungen der Vertragsschließenden waren durch das bis dato geltende Recht vorgeprägt. Problematischer gestaltete sich die Aufgabe der Kommissionen, Regelungen für die formellen Voraussetzungen des Erbvertrages zu schaffen. Die Verfasser des BGB begnügten sich nicht mit der für Verträge notwendigen Form, sondern entschieden sich entgegen der herrschenden Meinung des gemeinen Rechtes für die auch für das ordentliche Testament notwendige Form, § 2276 Abs. 1 Satz 1 BGB[198]. Eine Formerleichterung sieht der § 2276 Abs. 2 BGB für den Fall vor, dass ein Erbvertrag zwischen Ehegatten oder Verlobten mit einem Ehevertrage in derselben Urkunde verbunden wird. Da hier beide Verträge in der Regel „ein untrennbares Ganzes" bilden würden, soll die Form des Ehevertrages genügen[199].

3. Bindungswirkung

Das wesentliche Merkmal des Erbvertrages ist in der Bindungswirkung der vertragsmäßigen Verfügungen zu sehen. Diese Eigenschaft wird in den §§ 2274 ff. BGB zwar nicht ausdrücklich definiert[200], aber in § 2289 Abs. 1 BGB als bestehend vorausgesetzt. § 2299 BGB stellt klar, dass in einem

---

[195] ALR I. Theil 12. tit. § 621.

[196] Sächsisches Gb § 2545.

[197] Vgl. Mommsen, Erbrechtsentwurf, § 193; v. Schmitt, Erbrechtsentwurf, § 206; Bähr, Gegenentwurf, § 1744.

[198] Motive V, S. 317. Die erste Kommission verwies auf die Gründe, die für das strenge Formerfordernis bei der Testamentserrichtung angeführt wurden, vgl. Protokolle I, S. 9951, abgedruckt bei: Jakobs/Schubert, Die Beratung des Bürgerlichen Gesetzbuchs, Erbrecht, 2. Teilband, S. 1697. Ähnliche Anforderungen an die Form des Erbvertrages finden sich bei: Bähr, Gegenentwurf, § 1745; v. Schmitt, Erbrechtsentwurf, § 205; Mommsen, Erbrechtsentwurf § 195.

[199] Denkschrift, S. 283.

[200] Auch die Erbrechtsentwürfe von Mommsen, Bähr und von v. Schmitt enthielten keine Definition der Bindungswirkung, selbst in den zugehörigen Motiven dieser Entwürfe wurden keine Ausführungen zu diesem Wesensmerkmal gemacht.

Erbvertrag neben vertragsmäßigen Verfügungen auch einseitig jede Verfügung getroffen werden kann, welche Gegenstand eines Testamentes sein kann. Der erste Entwurf beruhte auf der Annahme, dass „die Zulässigkeit einer vertragsmäßigen Verfügung von Todeswegen die Ausnahme zu bilden habe“, so dass eine vertragliche Bindung nur im Rahmen des praktischen Bedürfnisses zuzulassen sei[201]. Aus diesem Grunde sah der Entwurf nur Erbeinsetzungen und Vermächtnisse als Möglichkeiten bindender Verfügungen vor (§ 1956 Abs. 4 E 1) und nahm die Einsetzung eines Testamentsvollstreckers[202] und die Verfügung in Form einer Auflage von der Bindungswirkung aus[203]. § 1956 Abs. 2 des ersten Entwurfs enthielt eine Auslegungsregel, wonach eine in dem „Erbeinsetzungsvertrage" enthaltene Erbeinsetzung im Zweifel als bindende anzusehen sei. § 1956 Abs. 3 E 1 bestimmte gleiches für die Verfügung in Form eines Vermächtnisses. Zur Begründung heißt es in den Protokollen der ersten Kommission:

> „Die Entscheidung lediglich der Würdigung des einzelnen Falles anheimzustellen, sei bei der praktischen Bedeutung der Frage nicht räthlich. Der Standpunkt des Entwurfs und des ihm nahestehenden Antrages ..., daß Bindungswille im Zweifel nicht anzunehmen sei, entspreche dem Vorbeschlusse vom 28. September 1877[204] und habe das bestehende Recht zu einem nicht geringen Theile sowie eine verbreitete Theorie für sich. Die

---

201 Protokolle I, S. 9920, abgedruckt bei: Jakobs/Schubert, Die Beratung des Bürgerlichen Gesetzbuchs, Erbrecht, 2. Teilband, S. 1693; Motive V, S. 312 f.

202 Zur Begründung wurde auf die Vertrauensstellung des Testamentsvollstreckers und auf einen diesbezüglichen Gesinnungswechsel des Ernennenden verwiesen, Protokolle I, S. 10017, abgedruckt bei: Jakobs/Schubert, Die Beratung des Bürgerlichen Gesetzbuchs, Erbrecht, 2. Teilband, S. 1714; vgl. auch Motive V, S. 334.

203 Motive V, S. 335 f; vgl. Protokolle I, S. 10020 f, abgedruckt bei: Jakobs/Schubert, Die Beratung des Bürgerlichen Gesetzbuchs, Erbrecht, 2. Teilband, S.1715 f.

204 Vorberatung, Siebente Sitzung von 1877. Unter Beschlusspunkt 4) hatten die Mitglieder der Kommission festgehalten: „Dasselbe gilt von einer Verfügung anderer Art, sofern nicht aus dem Vertrage bezw. den Umständen erhellt, daß deren Unwiderruflichkeit bezweckt sei. Im Zweifel wird vermuthet, daß nicht die Unwiderruflichkeit bezweckt sei“, abgedruckt bei: Jakobs/Schubert, Die Beratung des Bürgerlichen Gesetzbuchs, Erbrecht, 1. Teilband, S. 37.

Sachlage sei gegenüber der Vorberathung jedoch insofern eine andere, als gegenwärtig beschlossen sei, daß nur bei der Erbeinsetzung und bei einem Vermächtnisse Bindung statthaft sein solle. In Ansehnung dieser beiden Verfügungsarten werde man richtiger mit den Anträgen ... davon auszugehen haben, daß die Vertragsschließenden, wenn sie solche Anordnungen in den Vertrag aufgenommen und, des durch die Vertragsform gebotenen Anlasses ungeachtet, nicht kenntlich gemacht haben, daß dieselben widerruflich sein sollen, beabsichtigt haben, daß Bindung eintrete. Die Fassung der Bestimmung als Auslegungsregel lasse daneben dem richterlichen Ermessen für die Berücksichtigung der anders liegenden Fälle genügenden Spielraum"[205].

Die zweite Kommission sprach sich mit einer Mehrheit für die Entbehrlichkeit derartiger Auslegungsregeln aus. Wenn sich die Verfügung äußerlich als Erbvertrag darstelle, ergebe der äußere Anschein, dass alle Bestimmungen als vertragsmäßige anzusehen seien, weil sie eben Bestandteil des Vertrages seien[206]. Die Mitglieder der zweiten Kommission erwogen eine Auslegungsregel zu normieren, dass die Erbeinsetzung eines Dritten und die Anordnung von Vermächtnissen im Zweifel nicht als bindende Verfügung anzusehen seien, wenn anzunehmen sei, dass nur der Erblasser an der Einsetzung des Dritten und der Anordnung der Vermächtnisse ein Interesse habe. Diese Überlegung wurde verworfen, da nach Streichung der Auslegungsregeln des ersten Entwurfs kein zwingender Grund gesehen wurde, eine andere Auslegungsregel zu normieren[207].

Auch bezüglich der Möglichkeit, eine Auflage mit bindender Wirkung anzuordnen, wich der zweite Entwurf von den Vorgaben des ersten Entwurfs ab[208]. § 2145 Abs. 2 des zweiten Entwurfs bestimmte entsprechend dem heutigen § 2278 Abs. 2 BGB:

---

205 Protokolle I, S. 10022, abgedruckt bei: Jakobs/Schubert, Die Beratung des Bürgerlichen Gesetzbuchs, Erbrecht, 2. Teilband, S. 1716.

206 Protokolle II, S. 7299.

207 Protokolle II, S. 7298 ff.

208 Protokolle II, S. 7303.

„Andere Verfügungen als Erbeinsetzungen, Vermächtnisse und Auflagen können vertragsmäßig nicht getroffen werden."

Gegenstand vertragsmäßiger Verfügungen kann folglich auch die Anordnung einer Auflage sein[209]. Nicht durchsetzen konnte sich der in der zweiten Kommission geäußerte Vorschlag, die Anordnung einer Testamentsvollstreckung mit bindender Wirkung zuzulassen. Zur Begründung wurde auf die Vertrauensstellung eines Testamentsvollstreckers verwiesen, welche einer vertragsmäßigen Bindung widerspreche[210].

4. Aufhebung, Anfechtung und Rücktritt vom Vertrag

Der erste Entwurf enthielt zwei Möglichkeiten, die Rechtsfolgen des Erbeinsetzungsvertrages zu beseitigen: Zum einen konnten die Vertragsparteien nach § 1957 die Bindungswirkung durch einen Aufhebungsvertrag beseitigen, zum anderen konnte sich der Erblasser nach § 1958 den Rücktritt vorbehalten. Dass ein Vertrag, auch wenn dieser eine Erbeinsetzung zum Gegenstand hatte, durch beiderseitige Übereinkunft aufgehoben werden kann, wurde weder in den Beratungen der zweiten Kommission noch in den Gegenentwürfen beanstandet. Unterschiedlicher Ansicht waren die Kommissionen und Alternativentwürfe über die formellen Voraussetzungen dieser vertraglichen Aufhebung. Während der Gegenentwurf von Bähr[211] die persönliche Erklärung des Erblassers in einer öffentlich beglaubigten Urkunde verlangte, schrieb Mommsen überhaupt keine formellen Voraussetzungen vor[212]. Die erste und zweite Kommission[213] und v. Schmitt[214] forderten anlehnend an das preußische Landrecht[215] die Erklärung vor Gericht oder einem Notar. Dies

---

209 Eine Begründung dafür, dass auch eine Auflage durch Vertrag mit bindender Wirkung angeordnet werden kann, gab die zweite Kommission nicht. Sie beließ es vielmehr bei der Feststellung „Sachlich war man mit dem Entw. und der Erweiterung der Anträge 2 und 3 einverstanden", Protokolle II, S. 7303.

210 Protokolle II, S. 7304; so auch die Begründung der ersten Kommission, siehe Fn. 202.

211 § 1754 Abs. 1.

212 § 204 des Erbrechtsentwurfs.

213 § 1957 Abs. 2, 4 E 1; § 2156 Abs. 2 E 2.

214 § 205 des Erbrechtsentwurfs.

215 ALR II. Theil 1. tit. § 442 und I. Theil 5. tit. § 339.

begründeten sie damit, dass ein Geschäft auf dieselbe Art aufzuheben sei, wie es errichtet worden sei[216].

Der Rücktrittsvorbehalt wurde in § 2293 BGB aufgenommen[217]. Gesetzgebung und Literatur des 19. Jahrhunderts sprachen teilweise vom Vorbehalte des Widerrufs[218]. Dieser Terminologie hatte sich nur Mommsen angeschlossen[219]. Die §§ 2294[220] und 2295[221] BGB, welche die Befugnis zum Rücktritt über den Vorbehalt hinaus regeln, gehen auf Anträge aus der zweiten Kommission zurück. Es herrschte die Überzeugung, durch den Erbvertrag trete der Erbe in eine Art Familienverhältnis zum Erblasser. Daher schien es den Redaktoren angemessen, diesen wie einen Pflichtteilsberechtigten zu behandeln, indem man dem Erblasser bei Verfehlungen des Erben in § 2294 BGB das Recht zum Rücktritt zubilligte[222]. Der Inhalt des heutigen § 2295 BGB wurde zwar von der zweiten Kommission nicht für notwendig erachtet, da der dort geregelte Fall auch über einen Kondiktionsanspruch des Erblassers gegen den Vertragserben auf Einwilligung in die Vertragsaufhebung zu einem ähnlichen Ergebnis führen würde[223]. Dennoch fiel die Entscheidung für die Einführung der Vorschrift - anscheinend um Rechtsklarheit zu schaffen.

---

[216] Vgl. v. Schmitt, Vorentwürfe Erbrecht 1, S. 509; Motive V, S. 341.

[217] Ähnliche Regelungen finden sich bei: Mommsen, Erbrechtsentwurf, § 206; v. Schmitt, Erbrechtsentwurf, § 207; Bähr, Gegenentwurf, § 1756 Abs.1; § 1958 E 1; § 2159 E 2.

[218] Vgl. ALR I. Theil 12. tit. §§ 635 f., 639; Stobbe, Privatrecht, Band V, § 311 IX; Sächsisches Gb § 2556. Zur Begründung des Begriffs heißt es in den Protokollen der ersten Kommission, S. 9975: „Man beschloß statt des Ausdruckes „Widerruf" den Ausdruck „Rücktritt" ... zu wählen, weil einestheils von einem bloßen Widerruf nur bei einem nicht auf gegenseitige Erbeinsetzung gerichteten und mit irgend welcher Gegenleistung nicht verbundenen Erbeinsetzungsvertrage gesprochen werden könnte und anderntheils es sich empfehle, den Rücktritt von dem Widerrufe mit einem solchen Vertrage etwa verbundenen einseitigen letztwilligen Verfügungen auch in der Bezeichnung getrennt zu halten", abgedruckt bei: Jakobs/Schubert, Die Beratung des Bürgerlichen Gesetzbuchs, Erbrecht, 2. Teilband, S. 1798 f.

[219] Erbrechtsentwurf, § 206.

[220] Vgl. Protokolle II, S. 7288 f.

[221] Vgl. Protokolle II, S. 7313.

[222] Protokolle II, S. 7289.

[223] Protokolle II, S. 7312 f.

Bei der Ausgestaltung der erbvertraglichen Anfechtungsregeln musste sich der Gesetzgeber mit der Frage auseinandersetzen, ob für den Erbvertrag die Grundsätze über die Anfechtung von letztwilligen Verfügungen oder jene über die Anfechtung von Verträgen Anwendung finden sollten. Diese Problematik versuchte die erste Kommission zu lösen, indem sie weder die Vorschriften über Verträge noch die über letztwillige Verfügungen ausschließlich für anwendbar erklärte[224]. § 1947 E 1 verwies für das Auseinanderfallen von wirklichem und erklärtem Willen des Erblassers auf die für Rechtsgeschäfte maßgebenden Regeln des allgemeinen Teiles. In § 1948 Abs. 1 S. 1 E 1 wurden dem Erblasser die speziellen Anfechtungsgründe der Testamentsvorschriften zugebilligt. Man sah beim Erbvertrag die Notwendigkeit, auch dem Erblasser ein eigenes Anfechtungsrecht einzuräumen, da ihm im Gegensatz zu den Vorschriften über letztwillige Verfügungen kein freies Widerrufsrecht zustand[225].

Der erste Entwurf wurde hinsichtlich der erbvertraglichen Anfechtungsregeln in zwei Punkten kritisiert. Gegenstand der Diskussion waren §§ 1947 und § 1948 Abs. 1 S. 1 E 1. Die zweite Kommission strich sowohl § 1947 E 1 als auch die Einschränkungen des § 1948 Abs. 1 S. 1 a.E. E 1. Der Inhalt des § 1947 E 1 ergebe sich schon aus den allgemeinen Grundsätzen in Verbindung mit § 1946 E 1. Demnach sollen die allgemeinen Vorschriften über Willensmängel auf den Erbvertrag Anwendung finden, es sei denn aus den Anfechtungsgründen der §§ 1779 f. E 1 ergebe sich etwas Anderes[226]. § 1948 Abs. 1 S. 1 a.E. E 1 bestimmte, der von einem Dritten verübte Betrug solle nur dann ein Anfechtungsrecht begründen, wenn der Empfänger der Willenserklärung den Betrug kannte oder kennen musste. Diese Einschränkung erachtete man

---

[224] Motive V, S. 322. In den Protokollen der ersten Kommission heißt es hierzu: „Darüber war man einverstanden, daß es ebenso wenig gerechtfertigt sein würde, lediglich die Vorschriften über Vertrag als lediglich die Vorschriften über Testament zur Anwendung zu bringen", S. 9929, abgedruckt bei: Jakobs/Schubert, Die Beratung des Bürgerlichen Gesetzbuchs, Erbrecht, 2. Teilband, S. 1760.

[225] Motive V, S. 322; vgl. auch die Bemerkungen zu den VorlZust zu § 1897, abgedruckt bei: Jakobs/Schubert, Die Beratung des Bürgerlichen Gesetzbuchs, Erbrecht, 2. Teilband, S. 1769.

[226] Protokolle II, S. 7268.

mit dem in § 1779 E 1 aufgestellten Grundsatz der allgemeinen Berücksichtigung des Motivirrtums als nicht vereinbar[227]. Diese Änderungen bewirkten[228], dass die Anfechtungsgründe des Testaments ohne Änderungen auf den Erbvertrag übertragen wurden. Warum eine solche Gleichstellung gewählt wurde, ist nicht erklärt. Dies überrascht, da das Vertrauen des Partners aufgrund des Vertragscharakters ein anderes ist als beim Testament. Aus diesem Grunde hatten Mommsen[229], Bähr[230] und v. Schmitt[231] in ihren Entwürfen eine Fassung der erbvertraglichen Anfechtungsregeln nach allgemeinem Vertragsrecht vorgeschlagen, ebenso wie im Sächsischen Gesetzbuch, § 2544. Das BGB hielt sich hinsichtlich der Anfechtungsregeln an das ABGB, § 1249, das in Ansehung des Einflusses von Willensmängeln des Erblassers die Grundsätze des Testamentsrechts verwendete.

V. Gesetzesänderungen

1. TestG

Das Gesetz über die Errichtung von Testamenten und Erbverträgen vom 31. Juli 1938[232] setzte die §§ 2274 bis 2277, 2300 und 2300 a BGB mit Wirkung vom 4. August 1938 außer Kraft und ersetzte sie durch §§ 29 bis 31, 45, 46 TestG. Der Erbrechtsausschuss der Akademie für Deutsches Recht bezweckte mit dem Testamentsgesetz, einerseits bei der Errichtung und Aufhebung von Verfügungen von Todes wegen eine „unnötige Formstrenge" zu vermeiden, „andererseits eine zuverlässige Wiedergabe des Willens des Erblassers" sicherzustellen[233].

---

[227] Protokolle II, S. 7270; vgl. Battes, Gemeinschaftliches Testament und Ehegattenerbvertrag, S. 46 f.

[228] Zur Kritik hierzu vgl. z.B. Kipp/Coing, Erbrecht, 13. Auflage, § 24.

[229] Erbrechtsentwurf, § 192, vgl. Begründungen, S. 265.

[230] Gegenentwurf, § 1748.

[231] Vorentwürfe Erbrecht 1, § 201.

[232] RGBl. I 1938, 973.

[233] Dies ergibt sich aus dem vom Erbrechtsausschuss der Akademie für Deutsches Recht vorgeschlagenen Vorspruch zum Testamentsgesetz, s. RGBl. 1938 I, 973; vgl. auch den Vermerk von Bersch über eine kommissarische Besprechung im Reichsjustizministerium

Das Gesetz regelte vom Erbvertragsrecht nur einen kleinen Ausschnitt. Hierzu gehörten die Art der Errichtung sowie die Verwahrung und Eröffnung des Erbvertrages. § 29 Abs. 1 TestG und § 2274 BGB, § 29 Abs. 2-4 TestG und § 2275 BGB, § 30 TestG und § 2276 BGB, § 45 TestG und § 2300 BGB, § 46 TestG und § 2300 a BGB stimmten wörtlich überein. Eine wesentliche formelle Neuerung des TestG bestand in der Abschaffung des Zeugenzwanges beim öffentlichen Testament. Das hatte der Erbrechtsausschuss einstimmig gefordert, um der Scheu vor dem öffentlichen Testament entgegenzuwirken[234]. Gemäß § 2233 der ersten Fassung des BGB musste der Richter einen Gerichtsschreiber oder zwei Zeugen, der Notar einen zweiten Notar oder zwei Zeugen hinzuziehen. Einige Erblasser hatten Hemmungen, ihre letztwilligen Anordnungen und Familienverhältnisse vor Zeugen darzulegen, vor allem wenn sie der Verschwiegenheit der Zeugen misstrauten. Sie bevorzugten ein eigenhändiges Testament oder die Übergabe einer verschlossenen Schrift[235]. § 6 Abs. 1 TestG verlangte daher die Hinzuziehung der genannten Personen nur noch, wenn der Erblasser nach Überzeugung des Richters oder Notars taub, blind, stumm oder sonst am Sprechen gehindert war. Diese Formerleichterung wirkte sich auch auf den Erbvertrag aus[236], da nach § 30 Abs. 1 TestG für die Errichtung eines Erbvertrages die Vorschriften über die Errichtung eines öffentlichen Testaments vor Richter oder Notar entsprechend anzuwenden waren.

Während die Formmilderungen des TestG eine notwendige Folge der sich aus den Formvorschriften des BGB ergebenden Probleme in der Rechtsanwendung waren[237], enthielt das TestG zur Bekämpfung der

---

vom 10. Mai 1938, abgedruckt bei Schubert, Das Familien- und Erbrecht unter dem Nationalsozialismus, S. 323.

234 Bericht über die Sitzungen des Erbrechtsausschusses vom 3.-5. Mai 1935 und vom 1.-6. Oktober 1935 aus dem Arbeitsbericht Nr. 9/10 S. 14-23, A d) bb), abgedruckt bei: Schubert, Erbrechtsausschuss und Ausschuss für Schadensersatzrecht, S. 1-12.

235 Gruchmann, ZNR 1985, 53, 60; Vogels, ZAkDR 1937, 743.

236 Weitere den Erbvertrag betreffende Formerleichterungen finden sich in § 13 Abs. 2-5 und 16 TestG, s. hierzu Vogels, DJ 1938, 1269, 1272.

237 Vgl. Gruchmann, ZNR 1985, 53 ff.

pflichtwidrigen Willkür des Erblassers in § 48 Abs. 2[238] eine ideologisch geprägte Regelung für sittenwidrige Testamente und Erbverträge:

> „Eine Verfügung von Todes wegen ist nichtig, soweit sie in einer dem gesundem Volksempfinden gröblich widersprechenden Weise gegen die Rücksichten verstößt, die ein verantwortungsbewußter Erblasser gegen Familie und Volksgemeinschaft zu nehmen hat".

Art. I a des Kontrollratsgesetzes Nr. 37[239] vom 30. Oktober 1946 hob diese Regelung als Ausdruck nationalsozialistischer Auffassungen auf.

2. GesEinhG

Das Gesetz zur Wiederherstellung der Gesetzeseinheit auf dem Gebiete des Bürgerlichen Rechtes vom 3. März 1953[240] gliederte das Testamentsrecht und die Vorschriften über die Errichtung, Verwahrung und Eröffnung von Erbverträgen wieder in das BGB ein. Das GesEinhG sollte nicht neues Recht setzen, sondern es verfolgte mit der Einverleibung der in Nebengesetze ausgelagerten Vorschriften primär einen gesetzestechnischen Zweck[241]. Sachliche Änderungen nahm das Gesetz gegenüber dem TestG bis auf die Streichung der §§ 27, 48 bis 52 nicht vor.

3. BeurkG

Eine wesentliche formelle Neuerung erhielten die erbvertraglichen Vorschriften des BGB durch das Beurkundungsgesetz vom 28. August 1969[242]. Das Beurkundungsgesetz führte gegenüber der im Jahre 1900 in Kraft getretenen Fassung des BGB formelle Änderungen hinsichtlich der §§ 2276 Abs. 1, 2277, 2282 Abs. 3, 2291 Abs. 2 ein. Die Vorschriften wurden der neuen Rechtslage angepasst, nach der nur noch Notare und nicht mehr wie früher

---

238 Siehe Karow, Die Sittenwidrigkeit von Verfügungen von Todes wegen in historischer Sicht, S. 62-64, 85-103.

239 AblKR. 1947, 220.

240 BGBl. I 1953, 33.

241 Hedemann, JR 1953, 117; Rechenmacher, NJW 1953, 768; Finke, DNotZ 1953, 174, 176.

242 BGBl. I 1969, 1513.

Richter für öffentliche Beurkundungen zuständig sein sollten[243]. Eine inhaltliche Änderung der erbvertraglichen Regelungen hat das BeurkG nicht bewirkt.

4. Weitere Änderungen

Neben den dargestellten Gesetzen haben noch das Betreuungsgesetz vom 12. September 1990[244] und das Lebenspartnerschaftsgesetz vom 16. Februar 2001[245] Änderungen der erbvertraglichen Regelungen des BGB herbeigeführt. Das BetreuungsG hat § 2290 Abs. 3 S. 1 BGB dahingehend geändert, dass für die Aufhebung eines Erbvertrages, der vom Aufgabenkreis eines Betreuers erfasst wird, die Genehmigung des Vormundschaftsgerichts erforderlich ist. Das LPartG gestattet in § 10 Abs. 4 den Lebenspartnern, ein gemeinschaftliches Testament zu errichten. Diesem Umstand hat der Gesetzgeber in § 2292 Abs. 2 BGB Rechnung getragen. Die Norm gestattet nunmehr auch Lebenspartnern, den Erbvertrag durch gemeinschaftliches Testament aufzuheben.

C. Zusammenfassung

Die dargestellte Entstehungsgeschichte hat gezeigt, dass die Zulässigkeit des Erbvertrages als Rechtsmittel für die Gestaltung der Vermögensfolge bis zur Aufnahme des Instituts in das BGB umstritten war. Der Wunsch nach bindender Regelung der Erbfolge bestand schon im römischen Recht. Das römische Recht wehrte aber Versuche, den Erbvertrag als Verfügung von Todes wegen anzuerkennen, ab. Es sprach in mehreren Digestenstellen die Unzulässigkeit von Verträgen über die Erbschaft aus. Das frühe germanische Recht lehnte Verfügungen von Todes wegen im Allgemeinen ab. Mit der *Affatomie* und dem *Thinx* gab es jedoch zwei Rechtsinstitute, die es dem Erblasser ermöglichten, Vermögen für die Zeit nach seinem Tod auf Dritte zu übertragen. Beide Rechtsgeschäfte hatten familien- und nicht erbrechtlichen Charakter.

---

243 Vgl. zu den Neuerungen des BeurkG: Haegele, Rpfleger 1969, S. 365-371, S. 414-419; Mattern, Rpfleger 1969, S. 37-40; Appell, FamRZ 1970, S. 520-527.

244 BGBl. I 1990, 2002.

245 BGBl. I 2001, 266.

Die sich aus der *Affatomie* entwickelnden vertragsmäßigen *Vergabungen* besaßen ebenfalls kein erbrechtliches Element. Bei ihnen wurde der familienrechtliche Charakter durch einen sachenrechtlichen ersetzt. Einen wesentlichen Beitrag zu der Anerkennung von bindenden Erbeinsetzungen leistete die Literatur seit dem 14. Jahrhundert, indem sie schrittweise mehr und mehr Ausnahmen von dem römischen Verbot der Erbverträge zuließ. Im 18. Jahrhundert dürfte bereits die herrschende Lehre den Erbvertrag als Rechtsinstitut anerkannt haben. Im Einklang mit der Literatur haben viele Partikulargesetzgebungen die Zulässigkeit von Erbverträgen ausgesprochen. Auch die gemeinrechtliche Rechtsprechung hat den Erbvertrag als zulässig angesehen. Wesentliche Beiträge zur Dogmatik des Erbvertrages haben Hasse, Beseler und Hartmann im 19. Jahrhundert geleistet. Auf die erbvertraglichen Regelungen des BGB hatte Beseler den größten Einfluss. Er stellte auch als erster die These auf, dass der Erbeinsetzungsvertrag sich nicht auf den Nachlass als solchen, sondern auf die formelle Erbenposition bezieht. Trotz der Anerkennung des Erbvertrages in der gemeinrechtlichen Rechtsprechung und Literatur sowie in einer Vielzahl von Partikularrechten war die Aufnahme des Erbvertrages in das BGB heftig umstritten. Kritisiert wurde vor allem, dass das Institut über Ehegattenerbverträge hinaus gewohnheitsrechtlich nicht anerkannt gewesen sei. Des weiteren widerspreche die Bindungswirkung der Testierfreiheit. Trotz dieser und weiterer Bedenken gegen die Ausgestaltung der erbvertraglichen Vorschriften hat sich die erste Kommission für die Aufnahme des Erbvertrages in das BGB entschieden. Inhaltlich haben sich die §§ 2274 ff. BGB bis heute kaum geändert.

2. Teil: Rechtsprechungsanalyse

A. Eintritt und Umfang erbvertraglicher Bindung

I. Einführung

Der Erbvertrag unterscheidet sich von den übrigen Verfügungen von Todes wegen dadurch, dass der Erblasser im Erbvertrag Anordnungen treffen kann, welche ihn zu Lebzeiten binden. Die erbvertraglichen Vorschriften des BGB unterscheiden einseitige und vertragsmäßige Verfügungen[246]. Voraussetzung für den Eintritt der Bindung ist, dass der Erbvertrag wenigstens eine vertragsmäßige Verfügung enthält. § 2278 Abs. 2 BGB bestimmt zwar, dass andere Verfügungen als Erbeinsetzungen, Vermächtnisse und Auflagen nicht vertragsmäßig getroffen werden können. In welchem Fall aber eine Verfügung als vertragsmäßig oder bindend anzusehen ist, lässt sich aus dem Gesetzestext nicht entnehmen. Anders haben sich die Verfasser des 5. Buches des BGB bei der Frage der Wechselbezüglichkeit von Verfügungen in einem gemeinschaftlichen Testament entschieden. Für diese Form der zweiseitigen Verfügung von Todes wegen besteht mit § 2270 Abs. 2 BGB eine entsprechende Zweifelsregelung. Wechselbezüglichkeit und Vertragsmäßigkeit stimmen darin überein, dass sie besondere Rechtsfolgen im Bereich der zweiseitigen Verfügungen von Todes wegen hervorrufen. Trotz dieser Gemeinsamkeit hielten die Redaktoren der zweiten Kommission eine Auslegungsregel im Hinblick auf die Vertragsmäßigkeit für entbehrlich[247]. Die nachfolgende Untersuchung der obergerichtlichen Rechtsprechung wird zeigen, ob die Verfasser des 5. Buches des BGB bei dieser Einschätzung einem Irrtum unterlagen. In diesem Kapitel werden die im Laufe des 20. Jahrhunderts entwickelten Auslegungskriterien analysiert, anhand derer die Rechtsprechung festgestellt hat, ob die Vertragsparteien eine erbvertragliche Bindung beabsichtigten. Um ein Gesamtbild über die erbvertragliche Bindungswirkung zu geben, wird gleichzeitig dargestellt, in welchen Fällen die Rechtsprechung die Bindung des Erblassers trotz Vertragsmäßigkeit der Ver-

---

[246] Vgl. §§ 2278, 2279, 2288 Abs. 1, 2290 Abs. 1, 2291 Abs. 1 S. 1, 2294, 2295, 2297, 2298 Abs. 1, 2299 Abs. 1 S. 1 und Abs. 2 S. 2 BGB.

[247] Protokolle II, S. 7299 f.

fügungen entfallen lassen bzw. gelockert hat[248]. Während der letztgenannte Problemkreis den Umfang der erbvertraglichen Bindung betrifft, ist die Frage nach der Vertragsmäßigkeit unter die Bezeichnung „Eintritt der erbvertraglichen Bindung" zu fassen.

II. Die Rechtsprechung von 1900-1918

Die meisten der obergerichtlichen Entscheidungen zur erbvertraglichen Bindung zwischen 1900 und 1918 ergingen nicht zur Auslegung des § 2278 Abs. 2 BGB oder der BGB-Normen, die zwischen vertragsmäßigen und einseitigen Verfügungen unterscheiden. Nach Art. 214 Abs. 2 EGBGB war für die Frage, inwieweit der Erblasser durch den Erbvertrag gebunden war, das bisherige Recht maßgebend, sofern die Errichtung vor dem 1.1.1900 stattfand. So erklärt sich, dass sich die Urteile dieser Zeit auf das bayerische Landrecht, das sächsische Bürgerliche Gesetzbuch oder das gemeine Recht stützten. Die Rechtsprechung entwickelte zu dieser Zeit aber bereits allgemeine Grundsätze, die sich in späteren Entscheidungen des Reichsgerichtes und der Oberlandesgerichte wieder finden.

1. Urteil des OLG Dresden[249] vom 4. Februar 1901 - O IV 185/1900

Das Oberlandesgericht Dresden beschäftigte sich in dem Urteil vom 4. Februar 1901 mit der Frage, inwieweit eine Übereinstimmung der erbvertraglichen Vorschriften des BGB und des Sächsischen Bürgerlichen Gesetzbuches in Bezug auf die sich in einem Erbvertrag findenden vertragsmäßigen und einseitigen Verfügungen zu sehen sei. Ein Vergleich der Regelungen ist schon deshalb interessant, weil die Bestimmungen des Sächsischen Bürgerlichen Gesetzbuches dem BGB bei der Regelung der Erb- und Vermächtnisverträge als Vorbild dienten[250].

---

[248] Es ist m.E. zweckmäßig die Rechtsprechung zum Eintritt und Umfang erbvertraglicher Bindung in einem Kapitel zusammenzufassen, da beide Probleme so eng miteinander verzahnt sind, dass eine isolierte Betrachtung formalistisch erscheinen würde.

[249] Sächs. Archiv für Bürgerliches Recht und Prozeß, Band 11, S. 517 f.

[250] Denkschrift, S. 282 f.; Schiffner, Jherings Jahrbücher XL, 88, 89.

Das OLG Dresden formulierte in der Eingangsformulierung des Urteils für beide Rechtsordnungen den Grundsatz:

„Nicht jede Anordnung, welche in einen Erbvertrag aufgenommen worden ist, ist deshalb als Bestandtheil des vertragsmäßigen Inhalts des Erbeinsetzungsvertrages anzusehen und damit den Grundsätzen zu unterstellen, nach welchen sich der Rücktritt von diesem Vertrag regelt“[251].

Während sich diese Feststellung für das BGB aus §§ 2278 ff., 2299 ergab, folgte sie für das Sächsische Bürgerliche Gesetzbuch aus § 2553. Das OLG Dresden machte in dem Urteil deutlich, dass das Sächsische BGB erbvertragliche Zuwendungen zu Gunsten Dritter nur ausnahmsweise als vertragsmäßig bzw. bindend einstufte. Im Gegensatz zu den Erbvertragsregelungen des BGB hatte das Sächsische Bürgerliche Gesetzbuch den Ausnahmecharakter der Unwiderruflichkeit einer erbvertraglichen Zuwendung gesetzlich normiert. In § 2553 des Sächsischen Bürgerlichen Gesetzbuchs hieß es:

„Sind durch Erbvertrag Dritten Vermächtnisse oder Anwartschaften ausgesetzt, so können, wenn die Dritten dem Vertrag nicht beigetreten sind, die Vermächtnisse oder Anwartschaften von dem Erblasser auf dieselbe Weise, wie Vermächtnisse oder Anwartschaften, welche in einem letzten Willen angeordnet sind, widerrufen werden, ausgenommen wenn sie zu Gunsten des anderen vertragsschließenden Theiles gereichen oder von dem letzteren für die Dritten ausbedungen oder bei wechselseitigen Erbverträgen zur Bedingung gemacht worden sind“.

Das OLG Dresden gab mit dem Hinweis auf den in § 2553 des Sächsischen Bürgerlichen Gesetzbuchs normierten Grundsatz der freien Widerruflichkeit erbvertraglicher Zuwendungen zu verstehen, dass das Sächsische Bürgerliche Gesetzbuch der in dem ersten Entwurf enthaltenen Auslegungsregel[252], nach der eine im Erbvertrag enthaltene Erbeinsetzung oder ein Vermächtnis im Zweifel als bindend anzusehen ist, nicht als Vorbild diente. Für das Herr-

---

[251] Sächs. Archiv für Bürgerliches Recht und Prozeß, Band 11, 517.

[252] § 1956 Abs. 2, 3 E 1.

schaftsgebiets des Sächsischen Bürgerlichen Gesetzbuches könne die genannte Zweifelsregelung jedenfalls keine Bedeutung beanspruchen.

2. Beschluss des BayObLG[253] vom 11. Juli 1906 - Reg. III 41/1906

Wie das preußische und das gemeine Recht die Abgrenzung von bindenden und einseitigen Verfügungen in einem Erbvertrag behandelten, zeigt ein Beschluss des BayObLG vom 11. Juli 1906.

Eheleute hatten einen Erbvertrag des Inhalts geschlossen, dass der Ehemann den hälftigen Nachlass erwerben sollte, wenn die Frau vor ihm kinderlos sterben sollte. Die andere Hälfte sollten ihre gesetzlichen Erben erhalten. Über diese andere Nachlasshälfte wurde ferner bestimmt: „Diese Erben sollen meine Rücklaßhälfte nach ihrer gesetzlichen Berufung zur Erbschaft unter sich teilen, falls von mir keine andere Bestimmung auf den Todesfall getroffen wird, deren Errichtung ich mir jederzeit einseitig vorbehalte." Später setzte sie ihre Schwester und deren Ehemann in einem Nottestament zu Erben dieser Nachlasshälfte ein und beschwerte diese zugleich mit Vermächtnissen zugunsten der Kinder ihres Mannes. Einige der gesetzlichen Erben waren der Ansicht, das Testament stehe mit der bindenden Bestimmung des Erbvertrages in Widerspruch. Der Antrag, den gesetzlichen Erben einen gemeinschaftlichen Erbschein zu erteilen, wurde vom Amtsgericht zurückgewiesen. Das Landgericht Nürnberg hat die hiergegen eingelegte Beschwerde zurückgewiesen. Die weitere Beschwerde vor dem BayObLG blieb ohne Erfolg.

Das BayObLG erklärte in dem Beschluss gemäß Art. 214 Abs. 2 EGBGB zu der Frage, ob und inwieweit die Erblasserin durch den Erbvertrag gebunden war, das bisherige Recht, in diesem Fall das gemeine und das preußische Recht, für anwendbar[254]. Hiernach sei im Zweifel eine Bindung bei solchen Verfügungen zugunsten Dritter nicht eingetreten, an denen der andere Teil kein Interesse habe. Nach Ansicht des BayObLG kann aus dem Umstand, dass sich die Erblasserin in dem Erbvertrag vorbehalten hatte, über die hier in Frage stehende Nachlasshälfte später abweichende Bestimmungen zu treffen, nicht auf eine Bindung der Erblasserin an der Erbeinsetzung zugunsten ihrer gesetzlichen Erben geschlossen werden. Gegen eine erbrechtliche Bindung spreche aber, dass der vorverstorbene Ehemann kein Interesse daran hatte, dass den gesetzlichen Erben seiner Frau die Nachlasshälfte zukam[255].

---

[253] Entsch. des BayOblG in Civilsachen, Band 7, S. 400-404.

[254] Entsch. des BayOblG in Civilsachen, Band 7, 400, 403.

[255] Entsch. des BayOblG in Civilsachen, Band 7, 400, 403 f.

Das BayObLG stellte im Ergebnis also für die Vertragsmäßigkeit einer Verfügung zu Gunsten Dritter allein auf das fehlende Interesse des anderen Vertragspartners ab. Diese Vorgehensweise bei Zweifelsfällen entsprach einer für das gemeine Recht vertretenen Literaturauffassung[256]. Die wohl überwiegende Anzahl von Autoren vertrat dagegen für das gemeine Recht bzw. die verschiedenen Partikularrechte die Ansicht, dass erbvertragliche Anordnungen zugunsten Dritter nur dann für den Erblasser bindend seien, wenn der Dritte dem Vertrag beigetreten war[257].

3. Urteil des OLG Colmar[258] vom 19. März 1908

Gegenstand des Urteils des OLG Colmar vom 19. März 1908 war die Frage, ob ein später vom Erblasser errichtetes Testament zu einem Erbvertrag im Sinne des § 2289 Abs. 1 BGB im Widerspruch stand.

Ehegatten hatten einen Erbvertrag mit dem Inhalt geschlossen, dass bei dem Tod des Erstversterbenden das gesamte Vermögen in zwei Hälften zu teilen sei, von welchen die eine den Erben des Verstorbenen, die andere dem Überlebenden zufallen sollte. In einem am selben Tag wie der Erbvertrag errichteten Testament vermachte der Erblasser den Nießbrauch an seinem Nachlass der Ehefrau.

Das OLG Colmar lehnte eine Erbeinsetzung zugunsten der gesetzlichen Erben des Ehemannes ab, da der Erbvertrag nur von Erben schlechthin spreche. Wer Erbe der zweiten Nachlasshälfte werden sollte, sei offen. Darüber hinaus war das Gericht der Auffassung, selbst wenn man in dem Erbvertrag eine Erbeinsetzung der gesetzlichen Erben erblicken wollte, sei diese jedenfalls nicht als vertragsmäßige anzusehen. Auch dann würde das Testament nicht gemäß § 2289 Abs. 1 BGB unwirksam sein. In diesem Zusammenhang erklärte das OLG Colmar:

> „Denn die Aufnahme einer Verfügung, die durch Testament getroffen werden kann, in einem Erbvertrag begründet noch nicht die Vermutung, daß sie als bindende gewollt sei. Auch fehlt dafür, daß der Erblasser mit der angeblichen Erbeinsetzung seiner gesetzlichen Erben eine vertragliche

---

256 Stobbe, Privatrecht, Band V, § 311 VI m. w. N. in Fn. 28.

257 Nachweise bei Schiffner, Jherings Jahrbücher XL, 88, 99 Fn. 43.

258 OLGRspr. 18, S. 359-361.

Bindung beabsichtigte habe, jeder Anhaltspunkt sowohl im Erbvertrage selbst, als auch in den begleitenden Umständen"[259].

Das OLG Colmar sprach sich somit erkennbar gegen die in § 1956 Abs. 2 und 3 E 1 niedergefasste Auslegungsregeln aus, nach der erbvertragliche Anordnungen im Zweifel als bindend anzusehen sind. Das überrascht, denn auch in den Protokollen zu dem zweiten Entwurf wurde die Meinung geäußert, die Wahl der Vertragsform werde dazu führen, im Zweifel einen Bindungswillen des Erblassers anzunehmen[260].

Im Ergebnis näherte sich das OLG Colmar der Ansicht der damaligen Literatur an. Autoren wie Schiffner, Hellwig und Ritgen sprachen sich bereits um die Jahrhundertwende gegen die Vermutung eines Bindungswillens aus. Schiffner bewertete die Annahme eines Bindungswillens in Zweifelsfällen nicht mehr als Auslegung, sondern sah darin ein „Hineinlegen des wichtigsten Momentes" eines Erbvertrages[261]. Alle drei Autoren forderten eine völlig freie Auslegung und hoben das Auslegungskriterium des „Bindungsinteresses" hervor[262]. Begünstigt die Verfügung den anderen Vertragsschließenden, deute dies auf eine Bindung des Erblassers hin. Eine Belastung des Vertragspartners spreche gegen eine beabsichtigte Bindungswirkung. Bei Zuwendungen zugunsten Dritter müsse ebenfalls das Interesse des anderen Vertragsteils als Auslegungsmoment verwertet werden.

---

[259] OLGRspr. 18, 359, 361. Ähnlich entschied das BayObLG in dem Urteil vom 20. Oktober 1911, Entsch. des BayOblG in Civilsachen, Band 12, S. 626-634. Das BayOblG forderte für die Annahme eines Bindungswillens gegenüber dritten Personen das Vorliegen besonderer Anhaltspunkte und ließ den unmittelbaren zeitlichen Zusammenhang zwischen dem Erbvertrag und einem vorhergehenden Übertragungsakt zugunsten des Erblassers durch die zunächst in dem Vertrag bedachten Verwandten hierfür nicht genügen.

[260] Vgl. Protokolle II, S. 7299.

[261] Schiffner, Erbvertrag, S. 60.

[262] Hellwig, Verträge auf Leistung an Dritte, S. 616, 619; Planck-Ritgen, 1./2. Auflage, § 2278 Anm. 6; Schiffner, Erbvertrag, S. 75; Vorsichtiger formulierte Herzfelder in: Staudinger, 3./4. Auflage, § 2278 Anm. 6. Zwar sprach sich Herzfelder gegen eine gesetzliche Auslegungsregel aus. Nach seiner Ansicht legt aber schon das Vorliegen eines Erbvertrages die Vermutung nahe, dass alle seine Bestimmungen vertragsmäßiger Natur seien, sofern nicht Wortlaut oder Charakter der Bestimmung entgegenstünden.

4. Urteil des RG[263] vom 3. Februar 1916 - IV 295/15

Das Reichsgericht befasste sich in dem Urteil vom 3. Februar 1916 mit der erbvertraglichen Bindung.

In dem zugrundeliegenden Sachverhalt setzte der Erblasser seine Tochter in einem Erbvertrag mit der Auflage zu seiner Erbin ein, seiner Enkelin nach seinem Tod einen bestimmten Betrag auszuzahlen. In einem späteren Testament setzte der Erblasser den auszuzahlenden Betrag herab, um sich für die Pflege der Tochter erkenntlich zu zeigen. Die Tochter war nach dem Tod des Erblassers lediglich bereit, den herabgesetzten Betrag des Testamentes auszuzahlen. Hiergegen wandte sich die Enkelin.

Das Berufungsgericht vertrat die Rechtsauffassung, nicht jede der in § 2278 Abs. 2 BGB angeführten Verfügungen sei schon deshalb vertragsmäßiger Bestandteil des Erbvertrages, weil eine solche in den Erbvertrag aufgenommen worden sei. Vielmehr sei nach dem Willen der Vertragsschließenden zu ermitteln, ob eine Bindung oder eine freie Widerruflichkeit gewollt gewesen sei. Um den Willen der Vertragsschließenden zu ermitteln, hatte das Oberlandesgericht Colmar als Berufungsgericht auf das Interesse der mit dem Vermächtnis beschwerten Tochter des Erblassers abgestellt. Hierbei ging das Oberlandesgericht davon aus, dass die Beklagte kein Vermögensinteresse in bezug auf das sie beschwerende Vermächtnis hatte. Das Oberlandesgericht Colmar nahm aber ein moralisches Interesse der Beklagten an einer gerechten und billigen Behandlung ihrer Nichte durch deren Großvater an und bejahte mangels anderer Anhaltspunkte einen Bindungswillen.

Das Reichsgericht wertete die Erwägungen des Oberlandesgerichtes zum moralischen Interesse als tatsächliche, „deren Gewicht im Rechtszuge der Revision nicht nachgeprüft werden"[264] könne. Zwar müsse bei der Ermittlung des Bindungswillens primär auf den Bindungswillen des Erblassers abgestellt werden. Für eine falsche Bewertung dieser Frage durch das Oberlandesgericht würden jedoch hinreichende Anhaltspunkte fehlen[265]. Zugleich gab der Senat aber zu verstehen, dass in Fällen wie dem vorliegenden nur ausnahmsweise auf einen Bindungswillen geschlossen werden könne:

---

[263] WarnRspr. 1917, S. 130-133.

[264] WarnRspr. 1917, 130, 132.

[265] WarnRspr. 1917, 130, 133.

> „Ist in einem Erbvertrag der als Erbe eingesetzte oder mit einem Vermächtnis bedachte andere Vertragsschließende selbst mit einem Vermächtnisse beschwert, dann hat allerdings der andere Vertragsschließende zwar ein Interesse daran, daß seine Belastung nicht noch vergrößert werde, aber kein Interesse daran, daß die ihm selbst auferlegte Beschwerung nicht beseitigt oder vermindert werde. In einem solchen Fall wird daher nur selten angenommen werden können, daß nach dem Willen der Vertragsschließenden der Erblasser zu einem einseitigen Widerruf oder zu einer einseitigen Herabsetzung des Vermächtnisses nicht befugt sein solle“[266].

Im Ergebnis sprach sich das Reichsgericht wie zuvor das OLG Dresden gegen eine Auslegungsregel aus, wonach im Zweifel erbvertragliche Anordnungen bindend sein sollen. Dies wird dadurch deutlich, dass der Senat in der Entscheidung die Ermittlung des Bindungswillens betonte. Bei der im Einzelfall notwendigen Auslegung bediente sich das Reichsgericht wie Schiffner, Hellwig und Ritgen des Kriteriums des „Interesses“. Unklar bleibt, ob es das des Erblassers oder des Vertragspartners für maßgeblich hielt. Die Äußerung des Reichsgerichtes, es müsse primär auf den Willen des Erblassers ankommen, legt ein Abstellen auf sein Interesse nahe. Eine Prüfung desselben fand jedoch weder durch das Reichsgericht noch durch das Berufungsgericht statt. Gleichwohl unterstützte das Reichsgericht die Ausführungen des OLG Colmar zum moralischen Interesse, obwohl das OLG Colmar dabei ausschließlich das Interesse der Vertragspartnerin des Erblassers untersuchte.

5. Zusammenfassung und Vergleich mit der Literatur

Die Rechtsprechung hat das Problem der erbvertraglichen Bindungswirkung in der Zeit von 1900 bis 1918 nur in wenigen Urteilen behandelt. Die Entscheidungen ergingen darüber hinaus überwiegend zu den vor dem BGB geltendem Recht. In den meisten Urteilen wurde festgestellt, dass nicht alle Verfügungen schon deshalb vertragsmäßig seien, weil sie in einem Erbvertrag stehen. Maßgeblich sei vielmehr eine Einzelfallbetrachtung durch Aus-

---

266 WarnRspr. 1917, 130 f.

legung. Soweit es sich um die Begünstigung Dritter handelte, stellten sowohl das BayObLG als auch das OLG Colmar darauf ab, ob der Vertragspartner ein Interesse an der Bindung des Erblassers hatte. Nach Ansicht des Reichsgerichts und des OLG Colmar kann es sich bei dem zu berücksichtigenden Interesse auch um ein moralisches handeln.

Das überwiegende Schrifttum nahm die Vertragsmäßigkeit einer Verfügung grundsätzlich dann an, wenn der Vertragspartner einen Vorteil von der Anordnung bzw. ein Interesse an der Zuwendung an den bedachten Dritten hatte[267]. Hinweise auf das Hinzuziehen von moralischen Gesichtspunkten finden sich in keiner der Kommentierungen.

III. Die Rechtsprechung von 1919-1945

1. Urteil des RG[268] vom 21. März 1927 - IV 386/26

Das Urteil des Reichsgerichts vom 21. März 1927 führte die Entscheidung des IV. Zivilsenats aus dem Jahre 1916 fort. Im Gegensatz zu der Entscheidung vom 3. Februar 1916 stellte der Senat in dem vorliegenden Urteil klar, dass es für die Vertragsmäßigkeit einer Verfügung nicht primär auf das Interesse des Erblassers, sondern allein auf das Interesse des anderen Vertragsteiles ankomme[269].

In einem Erbvertrag hatten sich Eheleute gegenseitig den lebenslänglichen Nießbrauch an dem jeweiligen Besitz vermacht. Ferner bestimmten sie, dass der überlebende Ehepartner auf sein gesetzliches Erbrecht verzichtet. Die Ehefrau hatte in dem Erbvertrag zunächst einen ihrer Brüder zum alleinigen Erben eingesetzt. Später bestimmte sie testamentarisch ihre übrigen Brüder zu Miterben und wandte der Nichte ein Grundstücksvermächtnis zu. Nach ihrem Tod forderte die Nichte von den als Erben eingesetzten Brüdern die Eigentumsübertragung an dem ihr durch das Testament vermachten Grundstück. Das Landgericht Dortmund und das Oberlandesgericht Hamm haben die Klage als unbegründet abgewiesen. Das Testament sei wegen der Bindung der Erblasserin an den Erbvertrag unwirksam gewesen.

---

267 Planck-Ritgen, 1./2. Auflage, § 2278 Anm. 1; Hellwig, Verträge auf Leistung an Dritte, S. 616, 619; Schiffner, Erbvertrag, S. 75; Crome V, S. 137.

268 RGZ 116, S. 321-324; vgl. hierzu die Anmerkung von Titze in: JW 1927, 2573.

269 RGZ 116, 321, 323. Dieser Ansicht hatte sich zuvor das OLG Karlsruhe in seinem Urteil vom 23. April 1925 angeschlossen, BadRPrax. 91, 97 und JbDR, 24. Band, S. 462.

Wie schon in der Entscheidung vom 3. Februar 1916 führte das Reichsgericht aus, dass eine Erbeinsetzung oder Vermächtnisanordnung nicht schon deshalb, weil sie Bestandteil eines Erbvertrages ist, als vertragsmäßig einzustufen sei:

> „Vielmehr ist gemäß § 133 BGB auf dem Wege freier Willensforschung, der durch Auslegungsregeln weder nach der einen noch nach der anderen Richtung Schranken gesetzt oder Richtlinien gegeben sind, darüber zu entscheiden, ob und inwieweit mit der einzelnen Verfügung gegenseitige Bindung oder freie Widerruflichkeit beabsichtigt gewesen ist. Bei Zuwendungen eines Erblassers an einen Dritten kommt das Interesse, auch das bloß moralische, das der andere an der Verfügung hat, als Auslegungsbehelf in Betracht“[270].

Ob ein solches Interesse des Ehemannes bezogen auf die Einsetzung des Schwagers zum Alleinerben in dem Erbvertrag bestand, hatte das Oberlandesgericht nicht ausreichend untersucht[271]. Aus diesem Grund hob das Reichsgericht das Berufungsurteil auf und verwies die Sache an das Oberlandesgericht zurück.

2. Beschluss des KG[272] vom 22. April 1937 - 1 Wx 113/37

Das Kammergericht beschäftigte sich mit dem Inhalt und dem Umfang der erbvertraglichen Bindung in seinen Beschlüssen vom 22. April 1937 und 28. Juli 1938. In der Entscheidung vom 22. April 1937 vertrat der Senat im Einklang mit den Redaktoren der ersten Kommission[273] die Auffassung, dass eine spätere testamentarische Verfügung, welche im Widerspruch zu einer vertragsmäßigen Anordnung steht, dann nicht im Sinne von § 2289 Abs. 1 S.

---

[270] RGZ 116, 321, 323 f.

[271] RGZ 116, 321, 323 f.

[272] JW 1937, S. 2203.

[273] Motive V, S. 332.

2 BGB unwirksam ist, wenn sie dem Erblasser in dem Erbvertrag vorbehalten worden ist[274].

Eheleute setzten sich in einem Erbvertrag gegenseitig zur Hälfte des Nachlasses und die beiderseitigen Geschwister zur anderen Hälfte als Erben ein. Später errichtete der Mann ein Testament zugunsten seiner Frau als Alleinerbin. Nach seinem Tod stellte eine der Schwestern einen Erbschaftsantrag. Dieser wurde in allen Instanzen für unbegründet erachtet.

Das Kammergericht legte für den Umfang der erbvertraglichen Bindung den Willen beider Vertragsparteien aus[275]. Dabei stand die Frage im Vordergrund, ob sich die Eheleute durch das Einsetzen der beiderseitigen Geschwister dergestalt binden wollten, dass es dem Mann verwehrt sein sollte, durch Testament seine Ehefrau zur Alleinerbin zu berufen. Das Kammergericht verneinte einen derartigen Bindungswillen der Eheleute, da keiner der Ehegatten an einer solchen Bindung des Erblassers „auch nur das geringste" Interesse haben konnte. Dies ging aus dem Wortlaut der Verfügungen zwar nicht hervor. Das Kammergericht ließ es aber genügen, dass sich der Mangel des Beschränkungswillens aus der Gesamtheit der getroffenen Verfügungen ergebe. Der Senat ließ es dahinstehen, ob die Eheleute bei Vertragsschluss an die Möglichkeit der Errichtung eines späteren einseitigen Testaments des Mannes zugunsten seiner Frau gedacht haben. Entscheidend sei, dass die Eheleute gegebenenfalls die Beschränkung übereinstimmend abgelehnt hätten. Letzteres ergebe sich bereits aus der Interessenlage.

Aus den Ausführungen des Kammergerichts geht nicht hervor, ob der Senat bereits eine vertragsmäßige Verfügung verneinte oder die Vertragsmäßigkeit bejahte und einen stillschweigenden Änderungsvorbehalt annahm[276]. Zunächst sprach das Gericht vom Umfang der erbrechtlichen Bindung und untersuchte die Zulässigkeit eines Änderungsvorbehaltes. Das Kammergericht führte aus, dass ein Recht des vertragsmäßig Bedachten im Sinne des § 2289 Abs. 1 S. 2 BGB nicht bestehe, wenn es vom Erblasser durch einseitige Ver-

---

274 Zur geschichtlichen Entwicklung des Änderungsvorbehaltes: D.Nolting, Der Änderungsvorbehalt beim Erbvertrag, S. 18-27.

275 Im Wesentlichen zustimmend: Siebert, Festschrift für Hedemann (1958), 237, 241.

276 BayObLGZ 1961, 210, 213.

fügung von Todes wegen aufgehoben werden könne. Die Ausführungen lassen vermuten, dass das Kammergericht die Vertragsmäßigkeit der Erbeinsetzung annahm. Denn von einem Vorbehalt zu sprechen, macht nur Sinn, wenn überhaupt eine Bindung des Erblassers besteht. Die Vermutung wird aber dadurch erschüttert, dass das Kammergericht nach diesen allgemeingehaltenen Ausführungen in der Fallprüfung maßgeblich auf das Interesse der Ehegatten an der Beschränkung der Testierfreiheit abstellte[277]. Jenes Kriterium wurde bislang in Rechtsprechung und Literatur nur als Auslegungsbehelf für die Frage, ob eine Verfügung vertragsmäßigen Charakter besitzt, verwendet[278]. Aufgrund dieser Widersprüche[279] muss letztlich offen bleiben, ob das Kammergericht schon die Vertragsmäßigkeit der Erbeinsetzung der Geschwister verneinte oder diese bejahte und einen Änderungsvorbehalt annahm.

3. Beschluss des KG[280] vom 28. Juli 1938 - 1 Wx 303/38

In dem Beschluss vom 28. Juli 1938 beschäftigte sich die obergerichtliche Rechtsprechung soweit erkennbar erstmalig mit der Frage, welche Anforderungen an einen stillschweigenden Vorbehalt zu stellen sind, nach dem der Erblasser befugt bleiben soll, im Widerspruch zu den vertragsmäßigen Bestimmungen eines Erbvertrages Verfügungen von Todes wegen zu errichten.

Die Erblasserin hatte ihren Sohn in einem mit diesem abgeschlossenen Erbvertrag unter Zuwendung eines Vorausvermächtnisses zum Erben in Höhe von einem Viertel ihres Nachlasses berufen. In einem späteren Testament ernannte sie einen Testamentsvollstrecker mit der Aufgabe, ihre letztwilligen Verfügungen zur Ausführung zu bringen, den Nachlass zu verwalten und die Auseinandersetzung zu bewirken. Nach ihrem Tod hat das Nachlassgericht den Antrag zur Erteilung eines Testamentsvollstreckerzeugnisses abgelehnt. Die Beschwerde und weitere Beschwerde sind erfolglos gewesen.

---

277 JW 1937, S. 2203 re. Sp.

278 Siehe S. 73.

279 Es findet sich nur die Formulierung: „Es steht außer Zweifel, daß die Ehegatten sogar insoweit, als sie vertragsmäßig gebunden waren, ihre Verfügung gemeinsam ohne Mitwirkung der bedachten Verwandten hätten aufheben können", JW 1937, S. 2203. Die Vermeidung des Konjunktivs „als sie vertragsmäßig gebunden wären" könnte für die Annahme der Vertragsmäßigkeit durch das Kammergericht sprechen.

280 JW 1938, 2746 f.

Ohne nähere Begründung nahm das Kammergericht in der Entscheidung die Vertragsmäßigkeit der Erbeinsetzung zugunsten des Sohnes an. Offenbar ging es davon aus, dass Verfügungen zugunsten eines Vertragspartners in der Regel bindend sein sollen.

Ausführlicher beschäftigte sich das Kammergericht mit der Frage, ob die Anordnung der Testamentsvollstreckung gemäß § 2289 Abs. 1 S. 2 BGB unwirksam war. Zwar stelle die nachträgliche Anordnung einer Testamentsvollstreckung, durch welche der Erbe von der eigenen Verwaltung und Verfügung hinsichtlich des Nachlasses ausgeschlossen wurde, grundsätzlich eine Beeinträchtigung der dem Sohn in dem Erbvertrag eingeräumten Rechtsstellung dar. Eine beeinträchtigende Verfügung sei trotz § 2289 Abs. 1 S. 2 BGB aber zulässig, wenn diese in dem Erbvertrag ausdrücklich oder nach dem mutmaßlichen Willen der Vertragsschließenden stillschweigend vorbehalten war. Zur Annahme eines stillschweigenden Vorbehaltes sei nicht erforderlich, dass die Vertragsschließenden an die spätere Anordnung einer Testamentsvollstreckung gedacht hätten. Es genüge vielmehr die Feststellung, dass die Vertragsparteien bei der Erwägung der in Betracht kommenden Möglichkeit eine Bindung des Erblassers insoweit übereinstimmend nicht gewollt hätten. Nach Ansicht des Kammergerichts würden für eine solche Feststellung im vorliegenden Fall ausreichende Anhaltspunkte fehlen. Regelmäßig werde ein Vertragserbe nicht von vornherein mit seiner nachträglichen Beschränkung durch eine Testamentsvollstreckung einverstanden sein[281].

Die Ausführungen des Kammergerichtes in dem Beschluss unterscheiden sich von denen aus dem Jahre 1937 dadurch, dass der Senat ausdrücklich die Vertragsmäßigkeit der Erbeinsetzung feststellte. Zudem grenzte er die Prüfungspunkte Bindungseintritt und Bindungsumfang klar von einander ab[282]. Neben dieser Klarstellung weist der Beschluss aber eine Ungereimtheit auf. Bei der Prüfung des stillschweigenden Vorbehaltes stellte das Kammergericht zunächst auf die Grundsätze der ergänzenden Vertragsauslegung ab, indem es fragte, was die Parteien im Zeitpunkt der Errichtung des Erbvertrages

---

[281] JW 1938, 2746.

[282] A.A. Coing, NJW 1958, 689, 692.

gewollt haben würden, wenn sie die weitere Entwicklung des Geschehens vorausgesehen hätten. Wenig später verließ das Gericht diesen Weg wieder, indem es ausführte, die weitere Entwicklung, hier die Auswanderung des Sohnes nach Amerika, sei im Zeitpunkt des Vertragsschlusses nicht vorhersehbar gewesen. Der mutmaßliche Wille müsse daher außer Betracht bleiben[283]. Diese Vorgehensweise ist nicht nachzuvollziehen. Die Vorhersehbarkeit künftiger Ereignisse kann gerade nicht Voraussetzung für die Anwendung der Grundsätze der ergänzenden Vertragsauslegung sein. Ansonsten könnte das Institut seinen Zweck - Schließung von Vertragslücken - in kaum einem Fall erfüllen.

4. Urteil des OLG Düsseldorf[284] vom 18. März 1942 - 3 U 267/41

In der Entscheidung des OLG Düsseldorf vom 18. März 1942 hatte der Erblasser mit seiner späteren Ehefrau einen Erbvertrag geschlossen, in dem er ihr die Wohnungseinrichtung vermachte. Die Einrichtung sollte nach ihrem Tod an die Kinder des Erblassers aus erster Ehe fallen, sofern die Ehe kinderlos blieb. Die Ehefrau erklärte sich durch diese und weitere im Erbvertrag gemachte Zuwendungen am Nachlass ihres Ehemannes für abgefunden. Später errichtete der Ehemann ein Testament, in dem er ohne den obigen Zusatz bestimmte, die Wohnungseinrichtung solle nach seinem Tod der Ehefrau gehören. Nach Entritt des Erbfalls vermachte die Ehefrau die Wohnungseinrichtung einer Freundin. Nachdem die Ehefrau gestorben war, klagten die Kinder des Mannes aus erster Ehe auf Herausgabe der Wohnungseinrichtung gegen die Freundin. Das Landgericht hat der Klage im Wesentlichen stattgegeben. Die Berufung der Beklagten blieb ohne Erfolg.

In dem Urteil ging es in der Hauptsache um die Frage, ob die Nachvermächtnisanordnung hinsichtlich der Wohnungseinrichtung vertragsmäßig war. Mit Hinweis auf das Urteil des Reichsgerichtes aus dem Jahre 1927[285] erklärte das OLG Düsseldorf, die Frage sei über eine Auslegung nach § 133 BGB zu entscheiden. Trotz des Hinweises auf § 133 BGB untersuchte das OLG Düsseldorf nicht den Willen des Erblassers, sondern nur, ob die Frau als beschwerter anderer Vertragsteil ein Interesse an dem Ausschluss der freien Widerruflichkeit des Vermächtnisses hatte. Im Ergebnis bejahte es ein moralisches Interesse der Ehefrau an einem solchen Ausschluss. Zur Begründung führte das OLG Düsseldorf aus, der Erbvertrag habe „unter dem Zeichen der

---

[283] JW 1938, 2746, 2747.

[284] HRR 1942 Nr. 523.

[285] Siehe S. 93 f.

besonderen Fürsorge für die Kinder der Vertragsschließenden" gestanden. Weiter argumentierte das Gericht:

> „Wollte man die freie Widerruflichkeit des in Frage stehenden Nachvermächtnisses annehmen, dann hätte nichts im Wege gestanden, dass ... (scil. der Erblasser) irgend einem Dritten das betr. Nachvermächtnis durch letztwillige Verfügung zuwandte. Es kann keineswegs angenommen werden, daß ... (scil. die Ehefrau) mit einer solchen Verfügung einverstanden gewesen wäre, nachdem sie auf ihr gesetzliches Erbrecht in dem Bewusstsein verzichtet hatte, daß sie – nach dem Tode ... (scil. des Erblassers) – selbst Vermächtnisnehmerin und – nach ihrem Tode – ihre eigenen ehelichen Kinder, bzw. die Kinder erster Ehe ... (scil. des Erblassers), ... Nachlassvermächtnisnehmer sein würden"[286].

5. Zusammenfassung und Vergleich mit der Literatur

a) Abgrenzung einseitiger von vertragsmäßigen Verfügungen

Die zwischen 1919 und 1945 veröffentlichten Entscheidungen führten die in dem Reichsgerichtsurteil vom 3. Februar 1916 aufgestellten Grundsätze fort. Die dargestellten Urteile stellten zur Ermittlung der erbvertraglichen Bindungswirkung überwiegend den Begriff des „Interesses" in den Mittelpunkt der Prüfung. Das Reichsgericht und das OLG Düsseldorf sahen dabei das Interesse des anderen Vertragsteiles an der Unwiderruflichkeit der Verfügung als maßgeblich an. Diese Auffassung entspricht im Wesentlichen der in der zweiten Kommission vorgeschlagenen Auslegungsregel, nach der „eine im Erbvertrage enthaltene Einsetzung eines Dritten als Erben eines Theiles im Zweifel dann nicht als bindend zu betrachten ist, wenn an dieser Einsetzung nur der Erblasser ein Interesse hatte"[287]. Das Kammergericht unterteilte die vertragsmäßigen Verfügungen in einfache und solche, die unter einem Änderungsvorbehalt stehen. Unter welchen Voraussetzungen das Kammergericht die Vertragsmäßigkeit einer Verfügung annahm, wurde aus den aufgefundenen Entscheidungen nicht ersichtlich.

---

[286] HRR 1942 Nr. 523.

[287] Protokolle II, S. 7299.

Eine Untersuchung der damaligen Literatur bringt keine neuen Erkenntnisse hervor. Überwiegend schlossen sich die Autoren der Auffassung des Reichsgerichts an[288]. Ausschlaggebend für die Erforschung des Bindungswillens der Parteien sei das Interesse des Vertragspartners. Bei Zuwendungen an einen Dritten komme auch ein moralisches Interesse in Betracht[289]. Lediglich Weyer vertrat die Auffassung, dass bereits das Vorliegen eines Erbvertrages für die vertragsmäßige Natur seiner Bestimmungen spreche[290].

b) Änderungsvorbehalt des Erblassers

In den Beschlüssen vom 22. April 1937 und 28. Juli 1938 erklärte das Kammergericht, dass eine spätere testamentarische Verfügung, welche im Widerspruch zu einer vertragsmäßigen Anordnung steht, dann nicht im Sinne von § 2289 Abs. 1 S. 2 BGB unwirksam ist, wenn sie dem Erblasser in dem Erbvertrag vorbehalten worden ist. Das Gericht folgte damit der in den Motiven zugrundegelegten Rechtsauffassung[291]. Die Entscheidungen lassen aber offen, welchen formalen und inhaltlichen Voraussetzungen ein erbvertraglicher Änderungsvorbehalt erfüllen muss.

Auch die Literatur sprach sich für die Zulässigkeit eines Änderungsvorbehaltes aus. Mit Bezugnahme auf die Motive betrachtete das Schrifttum einen Änderungsvorbehalt nur dann als wirksam, wenn „der Erbvertrag nicht durch den Vorbehalt seines Charakters als bindende Verfügung entkleidet wird"[292]. Wann dies im Einzelnen der Fall sein soll, wurde allerdings auch von der Literatur nicht untersucht.

---

[288] Staudinger-Herzfelder, 9. Auflage, § 2278 Anm. 6; RGRK-Seyffarth, 8. Auflage, § 2278 Anm. 2; Soergel, 4. Auflage, § 2278; Planck-Greiff, 4. Auflage § 2278 Anm. 1; Kipp, Erbrecht, 8. Auflage, § 39 IV.

[289] So Planck-Greiff, 4. Auflage § 2278 Anm. 1; RGRK-Seyffarth, 8. Auflage, § 2278 Anm. 2; Soergel, 4. Auflage, § 2278.

[290] Weyer, DNotZ 1938, 366, 367.

[291] Motive V, S. 332.

[292] Planck-Greiff, 4. Auflage, § 2289 Anm. 3 b α; Staudinger-Herzfelder, 9. Auflage, § 2289 Anm. 3 d.

IV. Die Rechtsprechung von 1946-1970

1. Urteil des BGH[293] vom 8. Januar 1958 - IV ZR 219/57

Der Bundesgerichtshof beschäftigte sich in dem Urteil vom 8. Januar 1958 mit dem Inhalt und Umfang der erbvertraglichen Bindung. Ebenso wie das Kammergericht in dem Beschluss aus dem Jahre 1938 differenzierte der Bundesgerichtshof in der Entscheidung erkennbar zwischen Eintritt und Umfang der erbvertraglichen Bindung. Anders als das Kammergericht widmete der Bundesgerichtshof einen großen Teil seiner Ausführungen den formellen und materiellen Grenzen eines erbvertraglichen Änderungsvorbehaltes. Aufgrund der ausführlichen Darstellung der Vorbehaltsproblematik kann das Urteil als eine der Leitentscheidungen zur Frage der erbvertraglichen Bindungswirkung angesehen werden[294].

Der Erblasser schloss mit seinem Sohn einen Erbvertrag, in dem er ihn unter Verzicht auf sein Pflichtteilsrecht zum alleinigen Vorerben einsetzte. Zudem vereinbarten sie einen Vorbehalt, nach welchem dem Vater das Recht verbleiben sollte, über einzelne Vermögensteile mittels Vermächtnisses zu verfügen. In zwei späteren Testamenten hob der Vater alle früheren Bestimmungen des Erbvertrages auf und setzte seinen Sohn zur Hälfte als Erben ein. Ein anderes Viertel sollten jeweils der Neffe und seine Pflegerin erhalten. Gegenstand des Rechtsstreites vor dem BGH war die Widerklage, mit welcher der Sohn die Feststellung begehrte, dass der Neffe aus den Testamenten nicht Miterbe geworden ist und auch keine Vermächtnisansprüche geltend machen kann.

Das Berufungsgericht hatte die testamentarischen Verfügungen zugunsten des Neffen für rechtswirksam, der Bundesgerichtshof die Anordnungen für unwirksam gehalten. Beide sahen die Vorerbeneinsetzung des Vaters zugunsten des Sohnes als vertragsmäßig an. Soweit einer an dem Erbvertrag beteiligten Person etwas zugewendet worden sei, müsse in aller Regel von der Vertragsmäßigkeit der Zuwendung ausgegangen werden[295]. Das Berufungsgericht nahm auf Grund einer Interessenabwägung an, die Parteien

---

[293] BGHZ 26, S. 204-216.

[294] Auf dieses Urteil beziehen sich u.a. BGH, NJW 1961, 1410; BayObLGZ 1961, 206, 209; BGH, FamRZ 1961, 76, 77; BGH, DNotZ 1970 356, 357; OLG Hamm, NJW 1974, 1774, 1775; BayObLG, Rpfleger 1983, 70; BGH, NJW 1982, 441, 442; BayObLG, FamRZ 1989, 1353, 1354; BGHZ 106, 359, 361; BayObLG, NJW-RR 1991, 586, 587; OLG Köln, NJW-RR 1994, 651, 652.

[295] BGHZ 26, 204, 208.

hätten einen Vorbehalt vereinbart, der es dem Erblasser gestattete, seinen Sohn statt als Vorerben des ganzen Nachlasses zu einem Bruchteil als Vollerben einzusetzen. Nach Ansicht des OLG Frankfurt lag darin kein Verstoß gegen § 2289 Abs. 1 BGB, da der Sohn nicht schlechter als durch die vertragsmäßige Verfügung gestellt werde[296].

Der Bundesgerichtshof beschäftigte sich in der Entscheidung zunächst ausführlich mit dem Inhalt und den Voraussetzungen eines Änderungsvorbehaltes. Er sprach sich dabei vom Grundsatz her für die Zulässigkeit des Änderungsvorbehaltes als solchem aus[297]:

> „Mit Rücksicht auf die Vertragsfreiheit, die auch für den Abschluß von Erbverträgen gilt, ist es zulässig, daß die Parteien in dem Erbvertrag dem Erblasser das Recht vorbehalten, in gewissem Umfang letztwillige Verfügungen zu treffen, die mit den in dem Erbvertrag getroffenen unvereinbar sind. Dieser Vorbehalt kann aber nicht soweit gehen, daß damit der Erbvertrag seines eigentlichen Wesens entkleidet wird. Für die Frage, in welchem Umfang ein solcher Vorbehalt zulässig ist, ist zu beachten, daß der Erbvertrag, auch wenn der Erblasser von seinem Vorbehalt Gebrauch macht, seinen Inhalt behalten muß“[298].

Der Erbvertrag müsse daher weiter zumindest eine vertragsmäßige Verfügung enthalten[299]. Unklar bleibt bei den Ausführungen des Senats, ob ein Vorbehalt die ersatzlose Streichung einer einzelnen vertragsmäßigen Verfügung beinhalten darf. Die Zulässigkeit ließe sich auf Grundlage des vorliegenden Urteils für den Fall bejahen, dass neben der entsprechenden Verfügung noch eine vorbehaltlose vertragsmäßige Verfügung bestehen bliebe. Die Forderung des Bundesgerichtshofs, der Erbvertrag und der in ihm enthaltene Vorbehalt müssten so gefasst sein, dass eindeutig bestimmt werden könne, welches Recht dem vertragsmäßig Bedachten zugewendet werde, lässt aber

---

296 BGHZ 26, 204, 210.
297 BGHZ 26, 204, 208.
298 BGHZ 26, 204, 208.
299 BGHZ 26, 204, 208.

einen gegenteiligen Willen des Bundesgerichtshofs vermuten[300]. Diese Vermutung wird dadurch gestützt, dass ein Vorbehalt mit der Befugnis, eine einzelne vertragsmäßige Verfügung ersatzlos zu streichen, einem Teilrücktritt und damit einer Umgehung der §§ 2293 f. BGB gleichkommen würde. Dieses Ergebnis wollte der BGH aber gerade vermeiden[301].

Nach den Ausführungen zu der Zulässigkeit und zu den Grenzen eines Änderungsvorbehaltes beschäftigte sich der Bundesgerichtshof mit den an einen Änderungsvorbehalt zu stellenden formellen Voraussetzungen. Hierzu führte er aus:

> „Der Vorbehalt ist Teil des Erbvertrags. Er grenzt das Recht ab, das in dem Erbvertrag den vertragsmäßig Bedachten eingeräumt wird. Er muß in der für den Erbvertrag vorgeschriebenen Form vereinbart werden. Um rechtswirksam zu sein, muß er in irgendeiner Bestimmung des Erbvertrags seinen Ausdruck mindestens in der Weise gefunden haben, daß er dieser Bestimmung im Wege der Auslegung entnommen werden kann. Ein formlos vereinbarter oder ein stillschweigender Vorbehalt, der nicht in die formgerecht niedergelegten vertraglichen Bestimmungen eingegangen ist, wäre rechtsunwirksam“[302].

Im Anschluss an diese allgemeinen Ausführungen prüfte der BGH, ob sich der Erblasser in dem vorliegenden Fall erbvertraglich die Befugnis vorbehalten hatte, das Recht des Zuwendungsempfängers von einer alleinigen Vorerbschaft hin zu einer bruchteiligen Vollerbschaft umzuwandeln. Bei der Untersuchung des Wortlautes stellte der Bundesgerichtshof fest, der Vertragstext erlaube keine Auslegung in der Weise, dass sich der Erblasser über die ausdrücklich genannten weitere Rechte vorbehalten habe[303]. Zu keiner

---

300 Das OLG Stuttgart legte in seinem Beschluss vom 29. Juli 1985 die Ausführungen des Bundesgerichtshofs abweichend dahingehend aus, dass ein Änderungsvorbehalt auch die völlige Aufhebung einer vertragsmäßigen Verfügung beinhalten könne, wenn der Erbvertrag im Übrigen eine vorbehaltlose vertragsmäßige Verfügung enthalte, OLGZ 1985, 435, 436, s. im Einzelnen: S. 93 ff.

301 BGHZ 26, 204, 209.

302 BGHZ 26, 204, 210.

303 BGHZ 26, 204, 210.

anderen Betrachtung kam der Bundesgerichtshof unter Zuhilfenahme der Grundsätze der ergänzenden Vertragsauslegung. Denn nach dem Abschluss des Erbvertrages seien keine Umstände eingetreten, an welche die Parteien beim Vertragsschluss nicht gedacht hätten[304]. Der Bundesgerichtshof gelangte abschließend zu dem Ergebnis, dass der Neffe nicht Miterbe geworden ist, da das Testament das Vorerbenrecht des Sohnes beeinträchtigte und somit gemäß § 2289 Abs. 1 S. 2 BGB unwirksam war.

Neben den Ausführungen zum Umfang der erbvertraglichen Bindung erweckte das Urteil dadurch Aufmerksamkeit, dass der Bundesgerichtshof darin die erbvertragliche Bindung herleitete. Nach Ansicht des Bundesgerichtshofs ergibt sich die Bindungswirkung bereits aus der Vertragsnatur des Rechtsgeschäftes selbst und nicht erst aus der Existenz des § 2289 Abs. 1 BGB[305].

2. Urteil des BGH[306] vom 12. Oktober 1960 - V ZR 65/59

In dem Urteil vom 12. Oktober 1960 übertrug der Bundesgerichtshof die für das gemeinschaftliche Testament in § 2270 Abs. 2 BGB normierte Zweifelsregelung auf erbvertragliche Verfügungen.

Eheleute hatten sich in einem Erbvertrag gegenseitig zu Alleinerben eingesetzt. Bei kinderlosem Tod des Längstlebenden sollten die nächsten Verwandten zu bestimmten Bruchteilen erben. Nachdem die Ehefrau gestorben war, übertrug der Ehemann ein Hausgrundstück an den späteren Beklagten. Hiergegen wandte sich eine Schwester des Erblassers und erhob Klage auf Auflassung und Herausgabe des Anwesens. Das Landgericht verurteilte den Beklagten zur Herausgabe des Anwesens an die im Erbvertrag genannten Verwandten und zur Zustimmung zu deren Eintragung als Eigentümer im Grundbuch. Das OLG München wies die Berufung des Beklagten in der Hauptsache zurück. Der Bundesgerichtshof hob das Berufungsurteil auf und verwies die Sache zur erneuten tatrichterlichen Prüfung an das Oberlandesgericht zurück.

In der Entscheidung beschäftigte sich der Bundesgerichtshof mit der Nichtigkeit lebzeitiger Rechtsgeschäfte wegen „Aushöhlung" einer bindenden Verfügung von Todes wegen. Bevor sich der V. Senat dieser Frage widmete, untersuchte er, ob der Erbvertrag überhaupt eine Bindungswirkung zugunsten

---

304 BGHZ 26, 204, 211.

305 BGHZ 26, 204, 208.

306 FamRZ 1961, S. 76-79.

der Klägerin entfaltete. Jene Frage war von den Vorinstanzen nicht behandelt worden, so dass das Berufungsurteil des OLG München schon aus diesem Grunde aufgehoben werden musste.

Der Bundesgerichtshof untersuchte in dem Urteil diejenigen Gesichtspunkte, welche vom Oberlandesgericht zu berücksichtigen gewesen wären. Hervorzuheben ist die Heranziehung der Auslegungsregel des § 2270 Abs. 2 BGB auf den Erbvertrag: Enthalte die erbvertragliche Verfügung eine Zuwendung an den Vertragspartner selbst oder einen diesem nahestehenden Dritten, so ist sie nach Ansicht des Bundesgerichtshofs in aller Regel bindend und damit vertragsmäßig gewollt. Aus diesem Grund hätten bei einem zweiseitigen Erbvertrag zwischen Ehegatten, für den Fall, dass beide nach dem Tod des Längstlebenden die beiderseitigen Verwandten bedenken wollen, jeder der Ehegatten in der Regel nur ein Interesse daran, den eigenen Verwandten den entsprechenden Bruchteil bindend zuzuwenden[307]. Der zuerst versterbende Ehepartner habe aber in der Regel kein Interesse daran, dass der überlebende Ehegatte den darüber hinausgehenden Bruchteil des Nachlasses dessen Verwandten und nicht anderen Personen vererbt. Vielmehr würde er „seinem Partner in der Bedenkung von dessen Verwandten (auch für eine spätere Änderung) freie Hand lassen"[308]. In solchen Fällen kann nach Ansicht des Bundesgerichtshofes daher davon ausgegangen werden, dass zwar die Verfügungen zu Gunsten der Verwandten des anderen Gatten vertragsmäßig, die zu Gunsten der eigenen Verwandten jedoch nur einseitig getroffen sind. Dies führt wie der Senat selbst bemerkt[309] dazu, dass völlig gleichlautende Vertragsbestimmungen zum Teil als einseitige Verfügungen und zum Teil als vertragsmäßige angesehen werden, je nachdem, welcher Ehegatte den anderen überlebt.

Mit dieser Entscheidung entwickelte der Bundesgerichtshof die Interessenformel des Reichsgerichtes weiter, indem er einen Erfahrungssatz aufstellt, in welchem familiäre und soziale Beziehungen des Vertragspartners zu dem

---

[307] FamRZ 1961, 76, 77.

[308] FamRZ 1961, 76, 77.

[309] FamRZ 1961, 76, 77.

bedachten Dritten den Ausschlag geben. Der Bundesgerichtshof verließ damit aber keinesfalls seine bisher verfolgte Linie, nach der durch Auslegung im Einzelfall zu ermitteln ist, ob eine erbvertragliche Verfügung vertragsmäßigen Charakter besitzt. Denn bei der Übertragung des § 2270 Abs. 2 BGB handelt es sich um die Heranziehung einer Regelung, welche nur im Zweifelsfall zur Geltung gelangt. Der Wille der Vertragsparteien genoss für den Bundesgerichtshof noch immer Vorrang.

3. Beschluss des BayObLG [310] vom 29. Juni 1961 - BReg.1 Z 13/1961

Der Beschluss des BayObLG vom 29. Juni 1961 liegt auf einer Linie mit dem BGH-Urteil vom 8. Januar 1958. Wie der Bundesgerichtshof verdeutlichte das BayObLG in der Entscheidung, dass Eintritt und Umfang der erbvertraglichen Bindung verschiedene Problemkreise betreffen und getrennt voneinander betrachtet werden müssen[311]. Da die Bindung des Erblassers nach dem Gesetz (§ 2289 Abs. 1 S. 2 BGB) zu dem Wesen der vertragsmäßigen Verfügung gehöre, kann die Bindung der Parteien nach Ansicht des BayObLG nur ausnahmsweise durch einen Vorbehalt beschränkt werden[312]. Dem Beschluss lag folgender Lebenssachverhalt zugrunde:

In einem Ehe- und Erbvertrag bestimmte die Frau „vertragsmäßig“: „Meine Erben sollen meine Abkömmlinge sein". Zwei Monate später setzte sie ihren Mann testamentarisch zum „Universalerben“ ein. Nach ihrem Tod sah das Nachlassgericht das Testament als ungültig an und erteilte einen Erbschein zugunsten der Kinder. Nachdem der Mann gestorben war, beantragte dessen zweite Frau den Erbschein einzuziehen und ihr einen neuen zu erteilen, wonach ihr Mann Alleinerbe seiner ersten Frau geworden sei. Das Amtsgericht hat den Antrag zurückgewiesen. Die Eheleute hätten sich in dem Erbvertrag vertragsmäßig gebunden, um das Erbrecht ihrer gemeinsamen Abkömmlinge zu sichern. Die Beschwerde vor dem Landgericht und die weitere Beschwerde vor dem BayObLG wurden als unbegründet zurückgewiesen. In beiden Instanzen nahmen die Richter aufgrund des eindeutigen Wortlautes des Erbvertrages eine vertragsmäßige Verfügung der Ehefrau an.

Eingehend prüfte das BayObLG in dem Beschluss, ob die Parteien trotz der Vertragsmäßigkeit der Verfügungen nur eine beschränkte Bindung beabsichtigt hatten. Das wäre der Fall gewesen, wenn die Eheleute sich das Recht

---

310 BayOblGZ 1961, S. 206-214.

311 BayOblGZ 1961, 206, 209.

312 BayOblGZ 1961, 206, 210.

vorbehalten hätten, durch Verfügung von Todes wegen von der vertragsmäßigen Verfügung abzuweichen[313]. Da sie einen solchen Vorbehalt nicht ausdrücklich erklärt hatten, untersuchte das BayObLG einen stillschweigenden Änderungsvorbehalt. Die Beschwerdeführerin hatte sich auf den Standpunkt gestellt, die beurkundeten Erklärungen der Parteien müssten bei Berücksichtigung der Interessenlage dahingehend verstanden werden, dass die Parteien nur eine beschränkte Bindung gewollt hätten. Das BayObLG teilte diese Rechtsauffassung nicht und verneinte einen stillschweigend vereinbarten Vorbehalt. Zum einen seien hierfür keine Anhaltspunkte in der Urkunde zu erkennen, zum anderen würden weder die Umstände noch die Interessenlage zu dem Schluss nötigen, dass die Erblasser einen Vorbehalt gewollt hätten. Zu der Interessenlage führte der Senat aus:

> „Es ist recht wohl möglich, daß Eheleute oder Brautleute so stark von dem Wunsch beseelt sind, das Vermögen des einen von ihnen nach seinem Tod seinen Abkömmlingen zukommen zu lassen, daß auch der andere Vertragsteil diese Erbfolge dem Übergang auf sich selbst vorzieht"[314].

Nach Ansicht des BayObLG konnte der Vorbehalt auch nicht durch ergänzende Auslegung des Erbvertrages festgestellt werden. Es seien nach Abschluss des Erbvertrages keine Umstände eingetreten, an welche die Parteien nicht gedacht hatten, die sie aber, wenn sie von ihnen vorausgesehen worden wären, bewogen hätten, einen Vorbehalt der gedachten Art in den Erbvertrag aufzunehmen[315].

4. Urteil des BGH[316] vom 18. Dezember 1969 - III ZR 51/67

Auch in dem Urteil vom 18. Dezember 1969 bediente sich der Bundesgerichtshof zur Feststellung der Vertragsmäßigkeit einer erbvertraglichen Verfügung der Auslegungsregel des § 2270 Abs. 2 BGB. Der III. Zivilsenat vertrat dabei die Auffassung, dass die Ähnlichkeit der Rechtsinstitute Erbvertrag

---

313 BayOblGZ 1961, 206, 210.

314 BayOblGZ 1961, 206, 211.

315 BayOblGZ 1961, 206, 212.

316 DNotZ 1970, S. 356-358.

und gemeinschaftliches Testament eine Übertragung der Auslegungsregel auf den Erbvertrag rechtfertige[317].

In dem der Entscheidung zugrundeliegenden Sachverhalt hatten sich Ehegatten in einem Erbvertrag gegenseitig zu Vorerben eingesetzt und die fünf Kinder zu Nacherben des Letztversterbenden bestimmt. Der Erbvertrag enthielt eine Bestimmung, nach welcher der überlebende Ehegatte in der Verfügung über das vorhandene Vermögen in keiner Weise eingeschränkt werden sollte. Nachdem der Mann verstorben war, setzte die Frau eine Tochter zur Alleinerbin ein und beschränkte die übrigen Kinder auf ihren Pflichtteil. Die Tochter begehrte mit ihrer Klage die Feststellung, dass ihre Geschwister keine Erben geworden sind. Beide Vorinstanzen haben die Klage abgewiesen. Auch die Revision der Klägerin hatte keinen Erfolg.

Das Berufungsgericht sah die Einsetzung der Kinder unter Zuhilfenahme der Auslegungsregel des § 2270 Abs. 2 BGB als vertragsmäßig an. Zudem erblickte es in dem Erbvertrag keinen Vorbehalt, welcher zu anderweitigen Verfügungen von Todes wegen berechtigte. Die angesprochene Klausel legte es lediglich im Sinne einer Verfügungsfreiheit unter Lebenden aus. Mithin erachtete das Berufungsgericht die testamentarische Verfügung zugunsten der Tochter für unwirksam und wies die Klage ab.

Der Bundesgerichtshof stufte die Ausführungen des Berufungsgerichts als zutreffend und rechtsfehlerfrei ein. Die vom Berufungsgericht vorgenommene Auslegung des Erbvertrages entspreche der allgemeinen Lebenserfahrung, welche das Gericht bei der inhaltlichen Wertung des Erbvertrages mit heranziehen dürfe. Die Revision hatte sich auf den Standpunkt gestellt, das Berufungsgericht habe sich zu Unrecht auf die für gemeinschaftliche Testamente geltende Regelung des § 2270 BGB berufen, obwohl § 2280 BGB nur die entsprechende Anwendung des § 2269 BGB für Erbverträge anordne. Dem begegnete der Bundesgerichtshof mit folgender Erwägung:

> „ ... übersieht sie (scil. die Revision), daß bei vertragsmäßigen Verfügungen in Erbverträgen bereits aus der Natur des Rechtsgeschäfts, nämlich aus dem Charakter des Erbvertrages, die grundsätzliche Bindung der Vertragsschließenden an ihre vertraglichen Verfügungen folgt ... . Aus diesem Grunde bedurfte es in § 2280 BGB keiner Verweisung auf die nur für

---

[317] DNotZ 1970, 356, 357.

gemeinschaftliche Testamente erforderliche Vorschrift über die Wechselbezüglichkeit in § 2270 BGB"[318].

Dem Bundesgerichtshof muss in diesem Zusammenhang entgegen gehalten werden, dass seine Begründung nur den Hinweis auf § 2270 Abs. 1 BGB und nicht auch den Verweis auf § 2270 Abs. 2 BGB entbehrlich macht. Da aber § 2270 Abs. 2 BGB nur eine allgemeine Lebenserfahrung wiedergibt und Erfahrungssätze, welche der allgemeinen Lebenserfahrung entstammen, über § 157 BGB auch bei der Auslegung von Verträgen ins Gewicht fallen, stehen der Übertragung der Grundsätze des § 2270 Abs. 2 BGB auf den Erbvertrag letztlich rechtliche Gesichtspunkte nicht entgegen.

5. Zusammenfassung

a) Abgrenzung einseitiger von vertragsmäßigen Verfügungen

Die Rechtsprechung der Jahre 1945 bis 1970 zeichnete sich durch eine im Vergleich zu vorher weitaus deutlicher erkennbare Trennung von Eintritt und Umfang der erbvertraglichen Bindung aus. Dies wird dadurch verdeutlicht, dass in den Entscheidungen in einem ersten Schritt die Vertragsmäßigkeit der Verfügungen untersucht wurde, um dann in einem weiteren Schritt festzustellen, ob die Vertragsparteien trotz des vertraglichen Charakters einzelner Verfügungen nur eine beschränkte Bindung beabsichtigt haben.

Für die Problematik, ob überhaupt eine Bindung eingetreten ist, entwickelte der Bundesgerichtshof Erfahrungssätze, um das Auslegungskriterium des „Bindungsinteresses" näher zu definieren . Zum einen soll im Zweifel ein Interesse des Vertragspartners und demzufolge die Vertragsmäßigkeit dann vorliegen, wenn dem Vertragspartner selbst etwas zugewendet worden ist[319]. Zum anderen sei bei Zuwendungen zugunsten Dritter im Zweifel ein Interesse des anderen Vertragsschließenden anzunehmen, wenn die erbvertragliche Verfügung eine Zuwendung an eine diesem nahestehende Person

---

[318] DNotZ 1970, 356, 358.

[319] In dieser Linie neben BGHZ 26, 204, 208, auch BGHZ 36, 116, 120. In der letztgenannten Entscheidung wurde ein Vermächtnis zugunsten eines Miterben als vertragsmäßig eingestuft, da es nicht ausdrücklich als einseitig bezeichnet worden war.

enthält[320]. Hierdurch erweiterte der Bundesgerichtshof die vom Reichsgericht für das Vorliegen des Bindungsinteresses aufgestellten Auslegungshilfen um solche Kriterien, die für die Wechselbezüglichkeit beim gemeinschaftlichen Testament in § 2270 Abs. 2 BGB normiert sind.

b) Änderungsvorbehalt des Erblassers

Die an einen wirksamen Änderungsvorbehalt zu stellenden Voraussetzungen untersuchte der Bundesgerichtshof eingehend in der Entscheidung vom 8. Januar 1958. An den Vorbehalt stellte er formell wie materiell hohe Anforderungen. So müsse in dem Erbvertrag nach Ausübung des Änderungsvorbehaltes mindestens eine vertragsmäßige Verfügung enthalten bleiben, um das Wesen des Erbvertrages zu bewahren[321]. Zulässig solle es hingegen sein, sich vorzubehalten, über einzelne Gegenstände des Vermögens anderweitig zu verfügen, eine Testamentsvollstreckung anzuordnen oder das Recht des zum Alleinerben eingesetzten Vertragspartners zu beschränken und neben dem Vertragserben eine andere Person zu einem bestimmten Bruchteil als Erben einzusetzen[322]. Der Vorbehalt müsse aber inhaltlich so gefasst sein, dass eindeutig bestimmt werden könne, welches Recht dem vertragsmäßig Bedachten bindend zugewandt sei[323]. Schließlich forderte der BGH für den Vorbehalt die Wahrung der Form des § 2276 BGB. Um rechtswirksam zu sein, müsse der Vorbehalt „in irgendeiner Bestimmung des Erbvertrages seinen Ausdruck mindestens in der Weise gefunden haben, daß dieser im Wege der Auslegung entnommen werden kann“[324].

---

320 FamRZ 1961, 76, 77; DNotZ 1970, 356, 357; ebenso LG Koblenz, JurBüro 1968, S. 254-256.

321 BGHZ 26, 204, 208.

322 Dieser Rechtsauffassung schloss sich das OLG Düsseldorf in dem Beschluss vom 19. März 1965 – 3 W 21/65, OLGZ 66, 68, an, indem es in dem Leitsatz der Entscheidung ausführte: „Der Erblasservorbehalt von Vermächtnissen und Auflagen jeder Art und Höhe in einem Erbvertrage steht dessen Bindungswirkung nicht entgegen“.

323 BGHZ 26, 204, 209.

324 BGHZ 26, 204, 210.

6. Vergleich mit der Literatur

In der Zeit zwischen 1945-1970 beschäftigte sich das Schrifttum erstmals ausführlicher mit der Bindungsproblematik beim Erbvertrag. Hervorzuheben sind die Aufsätze von Coing[325] und Siebert[326], die sich beide dem Eintritt und Umfang der Bindungswirkung widmeten. Inhaltlich schlossen sich Coing und Siebert im Wesentlichen den Grundsätzen der Entscheidung des Bundesgerichtshofs vom 8. Januar 1958 an[327]. Coing stellte fest, dass die Zweiteilung zwischen Eintritt und Umfang der erbvertraglichen Bindung bisher in der Rechtsprechung und Literatur nicht hinreichend klar formuliert wurde. Er nahm die Entscheidung BGHZ 26, 204 zum Anlass, beide Elemente der Bindung klar voneinander abzugrenzen und ihre Voraussetzungen zu untersuchen. Hinsichtlich der Vertragsmäßigkeit einer Verfügung begrüßte Coing das Hinzuziehen des Begriffs des „Interesses" durch die Rechtsprechung[328]. Bezüglich der Annahme eines stillschweigenden Vorbehaltes sprach sich Coing dafür aus, außerordentlich zurückhaltend zu sein[329].

Die Lehrbuch- und Kommentarliteratur der Jahre 1945-1970 beschränkte sich darauf, die Leitsätze der BGH-Urteile aus dem Jahre 1958 und 1961 darzustellen[330], so dass weder zur Vorbehalts- noch zur Vertragsmäßigkeitsproblematik neue Ansätze gefunden wurden.

---

325 NJW 1958, S. 689-692.

326 Festschrift für Hedemann (1958), S. 237-266.

327 Coing, NJW 1958, 689, 692; Siebert, Festschrift für Hedemann (1958), 237, 239 ff.

328 Coing, NJW 1958, 689, 690.

329 Coing, NJW 1958, 689, 692.

330 Palandt-Keidel, 27. Auflage, § 2278 Anm. 2; Lange, Erbrecht, S. 403; RGRK-Kregel, 11. Auflage, § 2278 Anm. 1 f.; Erman, 3. Auflage, § 2278 Anm. 2; Soergel-Ehard-Eder, 9. Auflage, § 2278 Anm. 2; Kipp/Coing, Erbrecht, 12. Auflage, § 38 III 3 und § 42 IV; Brox, Erbrecht, 1. Auflage, Rn. 345 f.; Staudinger-Dittmann, 10./11. Auflage, § 2278 Anm. 6-14.

V. Die Rechtsprechung von 1971-2000

1. Beschluss des BayObLG[331] vom 2. November 1982 - 1 Z 62/82

In der Entscheidung vom 2. November 1982 stützte sich das BayObLG bei der Einordnung der erbvertraglichen Verfügung nicht auf die auf Erfahrungssätzen beruhenden Zweifelsregelungen, sondern untersuchte den wirklichen Willen der Parteien.

In einem Erbvertrag hatten sich Ehegatten gegenseitig zu Alleinerben und die gesetzlichen Erben der Ehefrau als Erben des Letztversterbenden eingesetzt. Als der Mann verstarb, bestimmte die Ehefrau testamentarisch ihren Neffen zum Erben. Nach ihrem Tod beantragten ihre Töchter den zugunsten des Neffen ausgestellten Erbschein einzuziehen. Das Landgericht hat dem Antrag stattgegeben. Die weitere Beschwerde des Beklagten vor dem BayObLG blieb ohne Erfolg.

Nach der Feststellung des Landgerichts waren in der Praxis des Notars einseitige erbvertragliche Verfügungen regelmäßig im Vertrag als widerrufliche Anordnungen dokumentiert worden. Zudem hatte die Ehefrau mehreren Personen gegenüber erklärt, sie fühle sich an diese „letztwillige" Verfügung gebunden. Aus diesen Anhaltspunkten folgerte das Landgericht den Bindungswillen der Parteien im Zeitpunkt des Vertragsschlusses.

Das BayObLG stellte fest, dass das Landgericht von der allgemeinen Lebenserfahrung, „nach welcher in der Regel bei gegenseitigen Erbverträgen von kinderlosen Ehegatten Verfügungen zugunsten der Verwandten des anderen Ehegatten vertragsmäßig, solche zugunsten der eigenen Verwandten jedoch nur einseitig getroffen sind", abgewichen ist. Das BayObLG sah in den Ausführungen des Landgerichts aber keine Rechtsfehler[332]. Das Landgericht habe die wirklichen Willen der Testatoren ermittelt. Auf die allgemeine Lebenserfahrung komme es daher nicht mehr an.

Die Feststellungen des Landgerichts lassen eine Auslegung des Erbvertrages in der oben dargestellten Weise möglich erscheinen - zumal gerade die Gepflogenheiten des beurkundenden Notars für einen Bindungswillen der Eheleute sprechen. Dennoch überrascht die geringe Beachtung des Willens des

---

[331] Rpfleger 1983, S. 70-71.

[332] Rpfleger 1983, 70, 71.

Ehemannes durch das Landgericht. Das BayObLG erklärte in seiner Entscheidung bei der Auslegung von Erbverträgen den § 157 BGB neben dem § 133 BGB für anwendbar[333]. Die Ausführungen des BayObLG beschränkten sich auf die Feststellung, es gebe keine zwingenden Anhaltspunkte dafür, dass es dem verstorbenen Ehemann völlig gleichgültig gewesen sei, wem das Vermögen nach dem Tod seiner Ehefrau zufallen sollte[334]. Eine Nachprüfung, ob das Landgericht die Grundsätze des § 157 BGB in irgendeiner Weise berücksichtigt hatte, fand durch das BayObLG nicht statt. Ein Anlass für eine Nachprüfung hätte aber durchaus bestanden, denn das Landgericht hatte nicht festgestellt, ob dem Ehemann der Wille seiner Frau zum Zeitpunkt des Vertragsschlusses ersichtlich war. Es hatte den Willen der Ehefrau vielmehr maßgeblich auf nachträgliche Äußerungen der Erblasserin gegenüber Dritten gestützt.

2. Beschluss des OLG Stuttgart[335] vom 29. Juli 1985 - 8 W 564/84

Mit dem Beschluss vom 29. Juli 1985 führte das OLG Stuttgart die Entscheidung BGHZ 26, 204 fort. Der Bundesgerichtshof hatte in dem Urteil vom 8. Januar 1958 unter Hinweis auf die Motive die Zulässigkeit eines Änderungsvorbehaltes bejaht, sofern der Erbvertrag nicht seines eigentlichen Wesens entkleidet werde. Der Erbvertrag müsse daher nach Ausübung des Änderungsvorbehaltes zumindest eine vertragsmäßige Verfügung enthalten[336]. Unklar war in BGHZ 26, 204 geblieben, ob bei einem aus mehreren vertragsmäßigen Verfügungen zusammengesetzten Erbvertrag die Wirksamkeit eines Vorbehaltes im Hinblick auf jede einzelne vertragsmäßige Verfügung überprüft werden muss oder ob entscheidend ist, dass der Erbvertrag insgesamt nach Ausübung des Vorbehaltes ein vertragliches Element enthält. Das OLG Stuttgart entschied sich in dem Beschluss vom 29. Juli 1985 für letzteres und erachtete den Änderungsvorbehalt gegenüber einer Schlusserbeneinsetzung

[333] Rpfleger 1983, 70, 71.

[334] Rpfleger 1983, 70, 71.

[335] OLGZ 1985, S. 434-437.

[336] BGHZ 26, 204, 208.

für zulässig, da der Erbvertrag im Übrigen eine vertraglich bindende und vorbehaltlose Verfügung enthielt[337].

Die Erblasserin hatte mit ihrem Mann einen Erbvertrag geschlossen, in dem sie sich gegenseitig zu Alleinerben einsetzten und die Verwandten des Ehemannes nach Maßgabe der gesetzlichen Erbfolge im Zeitpunkt des Todes des Überlebenden zu drei Vierteln als Erben des Überlebenden bestimmten. Nach Ziffer 5 a) des Erbvertrages wurde der überlebende Ehegatte ermächtigt, die Erbquote der einzelnen Verwandten des Ehemannes ohne Schmälerung des gemeinschaftlichen Erbteils von drei Vierteln zu ändern. Nach dem Tod ihres Mannes machte die Erblasserin von dem Vorbehalt Gebrauch und änderte durch Testament die Erbquoten der einzelnen Verwandten. Hiergegen wandte sich der Beschwerdeführer.

Gegenstand des Rechtsstreits vor dem OLG Stuttgart war die Frage, ob der genannte Vorbehalt wirksam war. Das OLG Stuttgart bejahte die Wirksamkeit. Der Beschwerdeführer stützte seine gegenteilige Rechtsauffassung auf BGHZ 26, 204. Der Bundesgerichtshof hatte in der zitierten Entscheidung die Forderung aufgestellt, der Erbvertrag und der in ihm enthaltene Vorbehalt müssten so gefasst sein, dass eindeutig bestimmt werden kann, welches Recht dem vertragsmäßig Bedachten bindend zugewandt wird. Der Beschwerdeführer zog hieraus den Schluss, dass ein Änderungsvorbehalt klar zur Geltung bringen müsse, wer zu welcher Erbquote Erbe sein solle, wenn der Erblasser von der ihm eingeräumten Änderungsbefugnis Gebrauch macht. Ein Vorbehalt, der eine solche Beschränkung nicht enthalte und es weitgehend in das Belieben und freie Ermessen des Erblassers stelle, in welcher Weise er den Inhalt der vertragsmäßigen Verfügung ändern will, sei mit der eingegangenen Bindung des Erblassers unvereinbar und deshalb unzulässig[338].

Das OLG Stuttgart stellte dagegen eine Gesamtbetrachtung hinsichtlich aller vertraglichen Regelungen an. Der erkennende Senat hielt es für ausreichend, wenn der Erbvertrag eine einzige vertraglich bindende und vorbehaltlose Verfügung enthält. Im Zusammenhang mit einer solchen Verfügung könnten selbst vertragliche Verfügungen getroffen werden, für die dem Erblasser im Rahmen eines eingeschränkten Vorbehaltes eine Aufhebung des Rechtes des

---

337 OLGZ 1985, 435, 436; ebenso schon obiter dictum BGH, NJW 1982, 441, 442.

338 OLGZ 1985, 435, 436.

vertragsmäßig Bedachten gestattet wird. Dies ergebe sich zur Überzeugung des OLG Stuttgart aus dem Grundsatz der Vertragsfreiheit, der den Parteien eine beliebige Grenzziehung zwischen Bindung und Testierfreiheit gestatte, solange der Vorbehalt den Erbvertrag nicht insgesamt gegenstandslos mache. Das OLG Stuttgart zog zur Unterstützung seiner Auffassung die Entscheidung BGHZ 26, 204 heran. Es hob das darin formulierte Wesenskriterium hervor, nach dem der Erbvertrag, auch wenn der Erblasser von dem Vorbehalt Gebrauch macht, seinen Inhalt behalten und damit in ihm weiter eine vertragsmäßige Verfügung enthalten bleiben müsse[339]. Auf das von dem Beschwerdeführer vorgetragene Bestimmtheitserfordernis ging das OLG Stuttgart nicht näher ein.

Das OLG Stuttgart hat zu Unrecht die Entscheidung BGHZ 26, 204 zur Untermauerung seiner Rechtsauffassung herangezogen. Der Bundesgerichtshof führte in dem Urteil an keiner Stelle aus, dass ein Änderungsvorbehalt die Aufhebung einer vertraglichen Verfügung beinhalten kann, wenn der Erbvertrag im Übrigen eine vorbehaltlose vertragsmäßige Verfügung enthält. Vielmehr spricht die Forderung des Bundesgerichtshofs, der Erbvertrag und der in ihm enthaltene Vorbehalt müssten so gefasst sein, dass eindeutig bestimmt werden könne, welches Recht dem vertragsmäßig Bedachten bindend zugewandt sei, gegen die Zulässigkeit der Aufhebung der gesamten vertragsmäßigen Verfügung. Auch der Hinweis des Bundesgerichtshofs, der Vorbehalt dürfe nicht dazu führen, dem Erblasser den Rücktritt von dem Erbvertrag unter Umgehung der Bestimmungen der § 2293 f. BGB zu ermöglichen, ist nicht mit der vom OLG Stuttgart gewählten Rechtsauffassung zu vereinbaren[340].

Der Beschluss des OLG Stuttgart und die dort vertretene Ansicht, ein Änderungsvorbehalt sei immer schon dann zulässig, wenn eine Gesamtbetrachtung aller erbvertraglichen Regelungen ergebe, dass der Erbvertrag eine einzige vertraglich bindende und vorbehaltlose Verfügung enthalte, hat in der Lite-

---

[339] BGHZ 26, 204, 208.

[340] Vgl. S. 82.

ratur beachtlichen Zuspruch gefunden[341]. Dennoch ist diese Auffassung, wie Musielak[342], D. Nolting[343] und Weiler[344] überzeugend festgestellt haben, abzulehnen.

Gegen eine Gesamtbetrachtung spricht vor allem der in § 2289 BGB niedergelegte Schutzgedanke zugunsten der vertragsmäßig Bedachten[345]. § 2289 Abs. 1 BGB bringt im Zusammenspiel mit §§ 2278 Abs. 2 BGB die gesetzgeberische Intention zum Ausdruck, dass vertragsmäßige Verfügungen in Form von Erbeinsetzungen, Auflagen und Vermächtnissen nicht wie testamentarische Verfügungen frei widerruflich sein sollen. Dass der Gesetzgeber somit nicht nur den Erbvertrag insgesamt, sondern jede einzelne vertragsmäßige Verfügung gesondert vor nachträglichen Änderungen schützen will, folgt aus §§ 2290, 2291, 2294 BGB. Die vom OLG Stuttgart angestellte Gesamtbetrachtung lässt bei der Ermittlung der Grenzen eines Änderungsvorbehaltes das Schicksal der einzelnen vertragsmäßigen Verfügung unberücksichtigt. Das ist mit der gesetzlichen Systematik nicht zu vereinbaren.

Um diesen Widerspruch zu der gesetzlichen Systematik zu beheben, wurden in der Literatur zwei Ansätze entwickelt[346]. Eine Auffassung verlangt, der vom Vorbehalt nicht erfasste bindende Teil einer Anordnung müsse für sich selbst zum Inhalt einer vertragsmäßigen Verfügung gemacht werden können[347]. Dies erfordere eine eindeutige Bestimmtheit des Vorbehaltes, so dass verbindlich fixiert werden müsse, welche Mindestquote den Vertragserben

---

341 Leipold, Erbrecht, 9. Auflage, Rn. 375; Schmidt-Kessel, DNotZ Sonderheft 1989, 158, 160; Zawar, DNotZ Sonderheft 1989, 157, 158; Soergel-Wolf, 12. Auflage, § 2278 Rn. 31.

342 DNotZ Sonderheft 1989, 149 f.

343 Der Änderungsvorbehalt beim Erbvertrag, S. 182 f.

344 DNotZ 1994, 427, 435 f.

345 Siehe hierzu D. Nolting, Der Änderungsvorbehalt beim Erbvertrag, S. 185-192.

346 Vgl. die ausführlichen Darstellungen bei: D. Nolting, Der Änderungsvorbehalt beim Erbvertrag, S. 171-199; Reimann/Bengel-Mayer, 3. Auflage, § 2278 Rn. 22-33.

347 Musielak, DNotZ Sonderheft 1989, 149, 151; D. Nolting, Der Änderungsvorbehalt beim Erbvertrag, S. 185 ff.

nach Ausübung des Änderungsvorbehaltes verbleibe[348]. Einen ähnlichen Weg gehen die Vertreter der sogenannten Lehre vom spezifizierten Änderungsvorbehalt. Die Anhänger dieser Rechtsauffassung prüfen für jede einzelne Verfügung gesondert, ob die Testierfreiheit trotz der im Änderungsvorbehalt enthaltenen Gestaltungsfreiheit eingeschränkt bleibt[349]. Ein Änderungsvorbehalt sei nur zulässig, wenn entweder dem Bedachten nach Ausübung eine erbrechtliche Mindestposition bleibe oder die Änderungsvoraussetzungen inhaltlich oder zeitlich befristet festgelegt würden und somit die Willkür des Erblassers ausgeschlossen werde.

3. Urteil des BGH[350] vom 11. Juni 1986 - IV a ZR 248/84

Der IVa. Zivilsenat des Bundesgerichtshofs erklärte in der Entscheidung vom 11. Juni 1986 einen Änderungsvorbehalt für zulässig, der dem überlebenden Vertragspartner eine beliebige Änderung der Schlusserbeneinsetzung ermöglichen sollte. Dies begründete er damit, dass der Erbvertrag neben der Regelung über die Schlusserbeneinsetzung noch eine vorbehaltlose gegenseitige Erbeinsetzung der Vertragsparteien enthielt.

Ehegatten hatten sich durch notariellen Ehe- und Erbvertrag gegenseitig zu Erben eingesetzt und Vermächtnisse zugunsten ihrer Abkömmlinge angeordnet. In einer Änderung zum Erbvertrag beließen sie es bei der gegenseitigen Erbeinsetzung, bestimmten aber nunmehr die Klägerin zur Alleinerbin des überlebenden Elternteils. Die Vermächtnisse zugunsten der Abkömmlinge wurden aufgehoben. Ferner enthielt der Nachtrag einen Vorbehalt, nach dem es dem Überlebenden freigestellt wurde, „nach dem Tode des Erstversterbenden abändernde Bestimmungen zu treffen, also insbesondere zugunsten der ausfallenden Tochter ... oder deren Kinder Vermächtnisse zu Lasten der Erbin anzuordnen oder sonstige Auflagen zu bestimmen“. Nach dem Tod der Ehefrau setzte der Erblasser seine beiden Töchter in einem notariellen Testament je zur Hälfte zu Erben ein. Hiergegen wandte sich die Klägerin.

Das Berufungsgericht hielt die Klägerin für die vertragsmäßig eingesetzte Alleinerbin ihres Vaters. Nach Ansicht des Berufungsgerichts beinhaltete die

---

[348] DNotZ Sonderheft 1989, 149, 152; vgl. D. Nolting, Der Änderungsvorbehalt beim Erbvertrag, S. 198.

[349] Hülsmeier, NJW 1986, 3115, 3117 f.; Mayer, DNotZ 1990, 755, 774; Buchholz, Rpfleger 1990, 45, 52; Palandt-Edenhofer, 61. Auflage, § 2289 Rn. 8; Weiler, DNotZ 1994, 427, 436 f.; Lange/Kuchinke, Erbrecht, 4. Auflage, § 25 IV 3; Erman-Schmidt, 10. Auflage, § 2278 Rn. 4.

[350] WM 1986, S. 1221-1222.

Vorbehaltsklausel in dem Nachtrag zum Erbvertrag nicht das Recht, neben der Klägerin noch andere Personen als Miterben einzusetzen. Für eine solche Auslegung ergäben sich keine Anhaltspunkte. Im Übrigen verwies das Berufungsgericht darauf, dass ein Vorbehalt mit dem Inhalt, andere Personen zu beliebigen Quoten als weitere Erben einzusetzen, den vorliegenden Erbvertrag im Sinne von BGHZ 26, 204, 208 seines eigentlichen Wesens entkleiden würde und daher unzulässig sei.

Der Bundesgerichtshof wandte sich gegen die Einschätzung des Berufungsgerichts, nach der ein Vorbehalt den Erbvertrag „seines eigentlichen Wesens entkleidet", wenn er dem Erblasser das Recht einräumt, andere Personen zu beliebigen Quoten als Erben einzusetzen. Zur Begründung verwies der IVa. Zivilsenat darauf, dass von dem ursprünglichen Erbvertrag trotz des weitreichenden Vorbehaltes „noch einiges" übrig bleibe. Da jedenfalls die beiderseitige Erbeinsetzung der Eltern und die Aufhebung des Vermächtnisses unabhängig von dem Vorbehalt bestehen bleibe, kann nach Ansicht des Bundesgerichtshofs nicht von einer unzulässigen Außerkraftsetzung des Erbvertrages die Rede sein.

Der Bundesgerichtshof hat in dem Urteil also für die Frage der Zulässigkeit eines Vorbehaltes nicht das „Schicksal" der vom Vorbehalt umfassten vertragsmäßigen Verfügung als maßgebend angesehen, sondern im Wege einer Gesamtbetrachtung geprüft, ob die Klausel den Erbvertrag als Ganzen außer Kraft setzt. Er folgte damit trotz der in der Literatur aufgezeigten Bedenken dem Beschluss des OLG Stuttgart vom 29. Juli 1985.

4. Urteil des BGH[351] vom 8. Februar 1989 - IV a ZR 98/ 87

In dem Urteil vom 8. Februar 1989 beschäftigte sich der Bundesgerichtshof mit der Frage, ob der zwischen dem Erblasser und dem mit einem Vermächtnis Bedachten abgeschlossene Erbverzichtsvertrag Auswirkungen auf die Vertragsmäßigkeit des Vermächtnisses hat.

Der Erblasser hatte seiner Tochter in einem mit ihr geschlossenen Erbvertrag ein Grundstück „unentgeltlich zu Alleineigentum vermacht". Der Vertrag enthielt zugleich einen

[351] BGHZ 106, S. 359-370.

gegenseitigen Erbverzicht. In einem späteren Erbvertrag setzte er seine Ehefrau zur Alleinerbin ein. Nach dem Tod ihres Mannes ließ sie sich als Eigentümerin des Grundstückes ins Grundbuch eintragen. Sowohl das Landgericht als auch das Oberlandesgericht haben die Klage der Tochter gegen ihre Mutter auf Übereignung des Grundstückes für begründet gehalten. Die Revision der Beklagten führte zur Abweisung der Klage.

Der Bundesgerichtshof stufte das Vermächtnis als vertragsmäßig ein. Soweit dem Vertragspartner in einem notariellen Vertrag etwas durch Verfügung von Todes wegen zugewendet wird, liege die Annahme der Vertragsmäßigkeit besonders nahe. Zu dem Verhältnis von Bindungswillen und Erbverzicht führte der Senat aus:

> „Daß der Vertrag zugleich einen gegenseitigen Erbverzicht enthält, steht dem nicht entgegen. Vielmehr spricht die Verbindung von Erbverzicht und Zuwendung an die Klägerin in einem und demselben notariellen Vertrag umgekehrt für einen Zusammenhang zwischen dem Vermächtnis zugunsten der Klägerin und ihrem Verzicht auf jedes weitere Erbrecht nach dem zwanzig Jahre älteren Erblasser und damit ebenfalls für ein vertragsmäßiges Vermächtnis“[352].

Dieser Einstufung steht nach Ansicht des Bundesgerichtshofes auch nicht die nachträgliche Äußerung des Erblassers entgegen, er habe sich durch den ersten Erbvertrag gar nicht binden wollen. Denn maßgeblich für die Auslegung eines Erbvertrages sei, wie das Erklärte aus der Sicht des anderen Teiles zu verstehen war, § 157 BGB. Nachträgliche und einseitige Erklärungen des Erblassers fielen, solange sie dem anderen Teil verborgen bleiben, bei der Auslegung nicht ins Gewicht[353].

Der Bundesgerichtshof führte mit dieser Entscheidung seine Linie fort, nach welcher es für die Frage der Vertragsmäßigkeit einer Verfügung auf den Empfängerhorizont im Zeitpunkt des Vertragsschlusses ankommt[354]. Zudem

---

352 BGHZ 106, 359, 361.

353 BGHZ 106, 359, 361.

354 Diese wiederkehrende Vorgehensweise unterscheidet den BGH insbesondere von dem BayObLG, welches in seinen Entscheidungen immer wieder nachträgliche Aussagen des Erblassers in die Entscheidungsfindung mit einfließen lässt, vgl. BayObLG in: FamRZ 1989, 1353; Rpfleger 1983, 70, 71; NJW-RR 1991, 586.

entwickelte er den Erfahrungssatz fort, dass Verfügungen zugunsten des Kontrahenten in der Regel bindenden Charakter haben, indem er ausführte, dies müsse umso mehr gelten, wenn die jeweilige Verfügung in einem Kausalzusammenhang mit einem Erbverzicht des Vertragspartners stehe.

Die Revision führte dennoch zur Abweisung der Klage, da die Mutter nach Auffassung des Bundesgerichtshofs die Versäumung der Ausschlagungsfrist gegenüber dem Nachlassgericht wirksam angefochten und die Erbschaft ausgeschlagen hatte.

5. Beschluss des OLG Köln[355] vom 10. September 1993 - 2 Wx 34/93

Das OLG Köln prüfte in seinem Beschluss vom 10. September 1993, ob sich ein stillschweigender Änderungsvorbehalt allein aus der Interessenlage der Vertragsparteien ergeben kann.

In einem Erbvertrag hatte jeder der Eheleute die gemeinsamen Kinder zu gleichen Teilen zu Erben eingesetzt. Ferner vermachte der Erstversterbende dem Überlebenden an seinem Nachlass den lebenslänglichen und unentgeltlichen Nießbrauch. Später setzte der Ehemann in einem Testament seine Ehefrau zur Alleinerbin ein. Ihr Antrag auf Erteilung eines Erbscheins war in allen Instanzen erfolglos.

Einheitlich stuften Land- und Oberlandesgericht die in dem Erbvertrag zugunsten der Kinder enthaltene Verfügung als vertragsmäßig ein. Von der Vertragsmäßigkeit der Anordnung ging offenbar auch die Antragstellerin aus. Sie vertrat jedoch die Rechtsauffassung, der Erbvertrag enthalte einen stillschweigenden Vorbehalt, der sich aus der Interessenlage ergebe. Eine einseitige Abweichung von dem Vertrag müsse immer dann zulässig sein, wenn der Vertragspartner hierdurch besser gestellt werde.

Nach Ansicht des Landgerichts würde ein solcher Vorbehalt die Befugnis zur völligen Beseitigung der vertragsmäßigen Verfügung und die beliebige Ersetzung durch andere Verfügungen beinhalten. Ein so weitreichender Vorbehalt sei als rechtlich unzulässig abzulehnen[356]. Das OLG Köln stimmte diesen Ausführungen zu[357]. Nach Ansicht des OLG Köln bliebe von der Rechtsstel-

---

[355] NJW-RR 1994, S. 651-653.

[356] NJW-RR 1994, 651, 652.

[357] So erstmals BGHZ 26, 204, 208 f.

lung des vertragsmäßig bedachten Erben nach Ausübung des Vorbehaltes nichts übrig. Der Erbvertrag würde seine Substanz verlieren. Im Übrigen wies das Gericht darauf hin, dass der von der Antragstellerin behauptete stillschweigende Vorbebalt nicht den in BGHZ 26, 204 aufgestellten formellen Anforderungen genüge. Die Vertragsurkunde enthalte keine Hinweise auf einen beschränkten Bindungswillen[358]. Angesichts der Bindungswirkung, des Formzwangs und des Bestimmtheitserfordernisses verbot sich für das OLG Köln auch ein Abstellen auf die von der Antragstellerin vorgetragene Interessenlage[359].

Die Antragstellerin folgte mit ihrer Rechtsansicht im Wesentlichen der vom Kammergericht im Jahre 1937[360] vertretenen Auffassung, nach der eine vom Erbvertrag abweichende Verfügung zugunsten des vertragsschließenden Ehegatten allein wegen der Interessenlage zulässig sei. Das OLG Köln schloss sich dagegen der Rechtsauffassung des Bundesgerichtshofs[361] und des BayObLG[362]an.

6. Beschluss des BayObLG[363] vom 16. Januar 1997 - 1 Z BR 847 96

Der Beschluss des BayObLG vom 16. Januar 1997 beschäftigte sich mit der Frage, ob eine erbvertragliche Erbeinsetzung von einem Bindungswillen getragen und damit die nachträglich testamentarisch angeordnete Nacherbfolge gemäß § 2289 Abs. 1 S. 2 BGB unwirksam war.

In einem Erbvertrag hatte die Erblasserin ihren geistig behinderten Sohn aus erster Ehe zu ihrem Alleinerben eingesetzt. Ihrem Mann vermachte sie ein unentgeltliches lebenslängliches Wohnrecht an ihrem Anwesen. Der Ehemann setzte die Erblasserin zu seiner Alleinerbin ein und bestimmte deren Sohn zum Ersatzerben. Ferner ordnete die Erblasserin Testamentsvollstreckung an und nahm die Verzichtserklärung des Mannes auf sein gesetzliches Erb- und Pflichtteilsrecht entgegen. Der Vertragstext enthielt die abschließende Formulierung: „Zur Herbeiführung der erbvertragsmäßigen Bindung nehmen wir die vorstehenden erbvertragsmäßigen Bestimmungen gegenseitig an". Nach neun Jahren

---

358 NJW-RR 1994, 651, 652.

359 Vgl. hierzu BayObLGZ 1961, 206, 213; Coing, NJW 1958, 689, 691.

360 JW 1937, 2203.

361 BGHZ 26, 204, 209.

362 BayObLGZ 1961, 206, 213.

363 FamRZ 1997, S. 911-912.

widerrief der Ehemann in einem Nachtrag zum Erbvertrag die Ersatzerbeinsetzung seines Stiefsohnes. Die Erblasserin belastete in einem späteren Testament den Sohn mit der Anordnung einer Nacherbfolge und setzte in einem weiteren den Betreuer als Nacherben ein. Dieser beantragte nach dem Tod der Erblasserin die Erteilung eines Erbscheins, der ihn als Nacherben des Sohnes ausweisen sollte. Sowohl das Nachlassgericht als auch das Landgericht haben den Antrag bzw. die Beschwerde des Betreuers zurückgewiesen. Die weitere, bei dem BayObLG eingelegte Beschwerde hatte Erfolg.

Das BayObLG stufte entgegen den Auffassungen der Vorinstanzen die Erbeinsetzung des Sohnes durch die Mutter nicht als vertragsmäßig ein. Das Landgericht hatte die vertragliche Bindung auf den Wortlaut der oben abgedruckten Formulierung gestützt. Nach Ansicht des BayObLG kam es nicht darauf an, welche Folgerungen die Parteien aus den Formulierungen des Notars ziehen durften und mussten[364]. Vielmehr müsse bei allen letztwilligen Verfügungen allein der wirkliche Wille des Erblassers unter Heranziehung aller Umstände erforscht werden. Bei der Auslegung eines Erbvertrages müsse der erklärte übereinstimmende Wille der Vertragsparteien ermittelt werden, ggf. sei § 157 BGB heranzuziehen. Das BayObLG hielt den Vertragstext schon deswegen für auslegungsbedürftig, weil nach dem Wortlaut der streitigen Formulierung von der vertragsmäßigen Bindung auch die Testamentsvollstreckung und der Erbverzicht umfasst wären. Beide Anordnungen gehörten jedoch nicht zu den in § 2278 Abs. 2 BGB genannten Verfügungen[365].

Für die Auslegung des Erbvertrages stellte das BayObLG auf die Interessenlage der Parteien hinsichtlich der Erbeinsetzung des Sohnes der Erblasserin ab. Ein Interesse des Ehemannes an der Erbeinsetzung bestand nach Ansicht des Gerichts nicht, da zum einen kein Verwandtschaftsverhältnis vorgelegen habe und zum anderen das Verhältnis des Sohnes der Erblasserin zum Ehemann bis zu dessen Tod sehr schlecht gewesen sei. Das BayObLG ging nur von einem eigenen Interesse der Erblasserin an der Erbeinsetzung des Sohnes aus. Ein Interesse an einer bindenden Erbeinsetzung lehnte es ab. Die Erblasserin habe davon ausgehen müssen, dass ihr Sohn wegen seiner geistigen Be-

---

364 Anders noch BayObLGZ 1961, 207, 210.

365 FamRZ 1997, 911.

hinderung eine letztwillige Verfügung wohl nicht hätte treffen können[366]. Aus diesen Gründen sei die strittige Erbeinsetzung nicht vertragsmäßig. Das BayObLG wies daher das Nachlassgericht an, den zugunsten des Sohnes erteilten Erbschein einzuziehen, weil er nicht die nach dem zweiten Testament angeordnete Nacherbfolge zugunsten des Betreuers enthielt.

In den Urteilsgründen stellte das BayObLG zur Stützung der fehlenden Vertragsmäßigkeit der Erbeinsetzung des Sohnes auf zwei später von der Erblasserin errichtete Testamente ab. Aus diesen ergebe sich, dass nur die Erbeinsetzung durch ihren Ehemann und das Vermächtnis zugunsten ihres Ehemanns vertraglich bindend sein sollten. Wie schon in früheren Entscheidungen[367] berücksichtigte das BayObLG damit bei der Auslegung erbvertraglicher Verfügungen Umstände, die erst nach Vertragsabschluss eingetreten waren. Für den vorliegenden Fall ändert diese Vorgehensweise nichts an dem Ergebnis. Denn auch ohne das Abstellen auf die späteren Testamente wäre die Vertragsmäßigkeit in folge des Abstellens auf die Grundsätze des § 2270 Abs. 2 BGB zu verneinen gewesen.

Im Allgemeinen muss aber bezweifelt werden, dass durch das Heranziehen später eingetretener Ereignisse der Wille der Vertragsparteien im Moment des Vertragsschlusses erforscht werden kann. Im vorliegenden Fall zeigen die beiden späteren Testamente lediglich, dass die Erblasserin im Moment der Errichtung der letztwilligen Verfügungen kein Interesse an einer bindenden Einsetzung des Sohnes zum alleinigen und ausschließlichen Erben hatte. Ob 22 Jahre zuvor bei Abschluss des Erbvertrages ein solches Interesses ebenfalls nicht vorlag, lässt sich unter Zuhilfenahme der späteren Testamente nicht feststellen. Zudem widerspricht diese Vorgehensweise den für den Erbvertrag maßgebenden Auslegungsvorschriften der §§ 133, 157 BGB. Denn spätere Umstände sind dem Vertragspartner als Empfänger der Erklärung im Moment des Vertragsschlusses nicht ersichtlich. Gemäß § 157 BGB ist bei Verträgen aber entscheidend, wie das Erklärte aus der Sicht eines objektiven Empfängers zu verstehen ist.

---

[366] FamRZ 1997, 911, 912.

[367] Siehe Fn. 354.

7. Beschluss des OLG Frankfurt[368] vom 6. März 1997 - 20 W 574/ 95

In dem Beschluss vom 6. März 1997 untersuchte das OLG Frankfurt, inwiefern sich das Zusammentreffen von Pflichtteils- und Wiederverheiratungsklausel auf die Auslegung einer erbvertraglichen Schlusserbenanordnung auswirkt.

Eheleute hatten sich in einem Erbvertrag gegenseitig zu Alleinerben eingesetzt und als Schlusserben ihre beiderseitigen gesetzlichen Erben bestimmt. Zudem nahmen sie folgende Klausel in den Vertragstext auf: „Im Fall der Wiederverheiratung ist der überlebende Teil von uns verpflichtet, falls Kinder aus unserer Ehe vorhanden sein sollten, den Anteil unserer Kinder am Nachlasse des Erstverstorbenen, der ihnen bei gesetzlicher Erbfolge zugestanden hätte, zu ermitteln und sicherzustellen". Ferner enthielt der Erbvertrag eine weitere Klausel, nach der eine Schlusserbeneinsetzung nur dann eintreten sollte, wenn nach dem Tod des Erstversterbenden die Abkömmlinge ihren Pflichtteil nicht herausverlangen. Der einzige im Zeitpunkt des Erbfalls lebende Sohn hatte der Erblasserin gegenüber wirksam durch Vertrag auf sein gesetzliches Erbrecht verzichtet. In einem nach dem Vorversterben ihres Ehemannes abgeschlossenen Erbvertrag setzte die Erblasserin eine Nichte zu ihrer Alleinerbin ein. Nach dem Tod der Erblasserin beantragte diese einen Erbschein, der sie als Erbin zu ½ ausweisen sollte. Das Amtsgericht hat den Antrag bewilligt und einen Teilerschein erlassen. Das Landgericht hat die Beschwerde der Enkel der Erblasserin zurückgewiesen. Auf die weitere Beschwerde hin hob das OLG Frankfurt den landgerichtlichen Beschluss auf und wies das Amtsgericht an, den Teilerbschein einzuziehen.

Ausgangspunkt des Beschlusses war die Frage, ob die Erbeinsetzung in dem zweiten Erbvertrag auf Grund der Bindungswirkung des ersten Erbvertrages gemäß § 2289 Abs. 1 S. 2 BGB unwirksam war. Die Vertragsmäßigkeit der Schlusserbeneinsetzung richtet sich nach Auffassung des OLG Frankfurt nach dem Interesse des Erblassers oder des anderen Vertragspartners, insbesondere nach den Grundsätzen des § 2270 Abs. 2 BGB[369]. Das OLG Frankfurt berief sich in diesem Zusammenhang auf den vom Bundesgerichtshof aufgestellten Erfahrungssatz, nach dem ein Bindungswille in der Regel dann anzunehmen sei, wenn Ehegatten sich gegenseitig zu Erben und Abkömmlinge zu Schlusserben einsetzen. Ist die Erbeinsetzung in Verbindung mit einer Pflichtteilsklausel erfolgt, gab das OLG Frankfurt folgendes zu bedenken:

---

[368] Rpfleger 1997, S. 309-310.

[369] Rpfleger 1997, 309.

„ ... daß bei nicht vertragsmäßiger Zuwendung nicht einmal der Pflichtteilsanspruch der Abkömmlinge am Nachlaß des Erstversterbenden wegen der für diesen maßgeblichen kurzen Verjährungsfrist von nur drei Jahren (§ 2332 BGB) gesichert ist, wenn die Abkömmlinge sich entsprechend den Vorstellungen der Eltern verhalten, den Pflichtteil also nicht geltend machen, und wenn der Längerlebende nach Ablauf der für den Pflichtteilsanspruch nach dem Erstversterbenden maßgebenden Verjährungsfrist eine abändernde Verfügung trifft. Bei nicht vertragsmäßiger Zuwendung kann unter dieser Voraussetzung ein Abkömmling nach Abänderung seiner Erbeinsetzung durch den Längerlebenden den Pflichtteilsanspruch bezüglich des Nachlasses des Erstversterbenden nicht mehr durchsetzen. Daß Ehegatten eine solche Gefährdung der Abkömmlinge in Kauf genommen haben, erscheint jedenfalls dann, wenn – wie vorliegend – eine Wiederverheiratungsklausel vereinbart ist, als ausgeschlossen“[370].

Aufgrund dieser Erwägungen nahm das OLG Frankfurt die Vertragsmäßigkeit für die Schlusserbeneinsetzung der beiderseitigen gesetzlichen Erben an. Im Anschluss an diese Feststellung untersuchte das Gericht die Auswirkungen des Erbverzichts des Sohnes auf die Wirksamkeit des zweiten Erbvertrages. Hierbei erklärte das OLG Frankfurt, der Erbverzichtsvertrag wirke nicht zu Lasten der Kinder. Zur Begründung zog der Senat die gesetzliche Systematik der §§ 2346 ff. BGB heran:

„In § 2352 BGB, in dem der Verzicht auf erbvertragliche Zuwendungen geregelt ist, sind nur die Vorschriften der §§ 2347, 2348 BGB für entsprechend anwendbar erklärt worden, nicht aber die Bestimmung des § 2349 BGB, die beim Verzicht auf das gesetzliche Erbrecht die Verzichtswirkungen auf den Abkömmling erstreckt“[371].

---

[370] Rpfleger 1997, 309.

[371] Rpfleger 1997, 309, 310.

Im Ergebnis stufte das OLG Frankfurt die Erbeinsetzung der Nichte in dem zweiten Erbvertrag gemäß § 2289 Abs. 1 S. 2 BGB als unwirksam ein, weil sie die Rechte der vertragsmäßig bedachten Kinder beeinträchtigte[372].

8. Zusammenfassung und Vergleich mit der Literatur

a) Abgrenzung einseitiger von vertragsmäßigen Verfügungen

In der neueren Rechtsprechung besteht Einigkeit, dass die Abgrenzung zwischen einseitigen und vertragsmäßigen Verfügungen durch Auslegung im Einzelfall zu ermitteln ist. Teilweise unterschiedlicher Auffassung sind die Gerichte darüber, welche Umstände das Gericht bei der Auslegung des Willens der Vertragsschließenden berücksichtigen darf. Während das BayObLG nach Abschluss des Erbvertrages entstandene Umstände bei der Auslegung berücksichtigt[373], stellt der Bundesgerichtshof allein darauf ab, wie das Erklärte aus der Sicht des anderen Vertragsteils im Moment der Errichtung des Erbvertrages zu verstehen war[374]. Daraus folgt, dass der Bundesgerichtshof den Schwerpunkt bei der Auslegung erbvertraglicher Verfügungen auf § 157 BGB legt, das BayObLG dagegen vorwiegend auf § 133 BGB abstellt.

Im Ergebnis hat sich die unterschiedliche Schwerpunktsetzung in der überwiegenden Anzahl der Entscheidungen nicht ausgewirkt[375]. Der wirkliche Wille der Vertragsparteien konnte weder nach der einen noch nach der anderen Vorgehensweise festgestellt werden. Vielmehr haben sich die Gerichte bei der Auslegung der Verfügungen praktisch ausschließlich des Kriteriums des „Bindungsinteresses" bedient und die hierzu entwickelten Erfahrungssätze des Reichsgerichtes und des Bundesgerichtshofs verwendet.

In BGHZ 106, 359 hat der Bundesgerichtshof den Erfahrungssatz, bei Verfügungen zu seinen Gunsten besitze der Vertragspartner in der Regel ein Bindungsinteresse, für den Fall bestätigt, dass ein Kausalzusammenhang

---

[372] Rpfleger 1997, 309, 310.

[373] FamRZ 1989, 1353; Rpfleger 1983, 70, 71; NJW-RR 1991, 586; FamRZ 1997, 911, 912.

[374] BGHZ 106, 359, 361.

[375] Ausnahme: BayObLG, Rpfleger 1983, 70, 71.

zwischen der erbvertraglichen Zuwendung und einem Erbverzicht des Bedachten feststellbar ist.

Bei Verfügungen zugunsten Dritter stellt die neuere Rechtsprechung für das Bindungsinteresse des Vertragspartners auf das Verhältnis des Vertragspartners zu dem Dritten im Sinne von § 2270 Abs. 2 BGB ab. Soweit gemeinsame Abkömmlinge der Vertragsparteien in dem Erbvertrag bedacht wurden, haben die Gerichte einhellig ein Bindungsinteresse angenommen[376]. Nach Ansicht des OLG Frankfurt ist dieser Erfahrungssatz vor allem dann anzunehmen, wenn eine in einem Ehegattenerbvertrag enthaltene Schlusserbeneinsetzung der gemeinsamen Abkömmlinge in Verbindung mit einer Pflichtteilsklausel erfolgt und die Ehegatten gleichzeitig eine Wiederverheiratungsklausel vereinbart haben. In diesem Fall könne es als ausgeschlossen angesehen werden, dass sich die Ehegatten hinsichtlich der Schlusserbeneinsetzung nicht binden wollten. Andernfalls wäre nicht einmal der Pflichtteilsanspruch der Abkömmlinge am Nachlass des Erstversterbenden wegen der hierfür maßgeblichen kurzen Verjährungsfrist nach § 2332 BGB gesichert, wenn die Abkömmlinge diesen nicht geltend machen würden.

Die herrschende Lehre folgt im Wesentlichen der vom Bundesgerichtshof geprägten Rechtsprechung, indem sie für die Abgrenzung einseitiger und vertragsmäßiger Verfügungen die allgemeinen Grundsätze der Vertragsauslegung, §§ 133, 157 BGB, anwendet[377]. Sie verwirft eine generelle Auslegungsregel[378]. Wie die Rechtsprechung stellt die Literatur in Zweifelsfällen das Interesse des Vertragspartners an der Bindung des Erblas-

---

376 BayObLG 1989, 1353, 1354; OLG Saarbrücken, NJW-RR 1994, 844 LS 2; OLG Hamm, FamRZ 1996, 637, 638; OLG Köln, NJW-RR 1994, 651; BayObLG, MittBayNot 1995, 58, 59.

377 MüKo-Musielak, 3. Auflage, § 2278 Rn. 3; Erman-Schmidt, 10. Auflage, § 2278 Rn. 3; Michalski, Erbrecht, 2. Auflage, Rn. 365; Lange/Kuchinke, Erbrecht, 4. Auflage, § 25 IV 2; Olzen, Erbrecht, Rn. 515; Reimann/Bengel-Mayer, § 2278 Rn. 6; Palandt-Edenhofer, 61. Auflage, § 2278 Rn. 3.

378 A.A. Scherer, Grenzen der Auslegung bei Verfügungen von Todes wegen, S. 136; C. Nolting, Inhalt, Ermittlung und Grenzen der Bindung beim Erbvertrag, S. 41 ff.

sers in den Mittelpunkt der Auslegung[379]. Nach verbreiteter Ansicht solle bereits ein moralisches Interesse genügen[380].

b) Änderungsvorbehalt des Erblassers

Die Rechtsprechung hat sich in der Zeit zwischen 1971 und 2000 vermehrt mit der Frage beschäftigt, in welchen Grenzen ein Änderungsvorbehalt zulässig ist. Ausgangspunkt der Entscheidungen war häufig die vom Bundesgerichtshof im Jahre 1958 begründete These, nach der ein Vorbehalt nicht so weit gehen könne, dass damit der Erbvertrag seines eigentlichen Wesens entkleidet werde[381]. Die neuere Rechtsprechung verneint eine „Entkleidung" des Erbvertrages überwiegend dann, wenn die „Gesamtregelung Erbvertrag" nach Ausübung des Änderungsvorbehaltes weiter ein bindendes Vertragselement enthalte[382]. Sowohl der Bundesgerichtshof[383] als auch das OLG Stuttgart[384] erachteten Änderungsvorbehalte für zulässig, nach denen der überlebende Ehegatte berechtigt war, die vertragsmäßigen Schlusserbenbestimmungen wieder aufzuheben oder abzuändern und frei von Todes wegen über seinen Nachlass zu verfügen. Da sich die Ehegatten gegenseitig und vorbehaltlos zu Erben eingesetzt hatten, war der Erbvertrag nach Ansicht der Gerichte nicht seines Wesens entkleidet. Ob sich das BayObLG der vom Bundesgerichtshof vertretenen Gesamtbetrachtung angeschlossen hat, konnte aus den aufgefundenen Entscheidungen nicht ersehen werden. Festzuhalten bleibt, dass der Gesamtbetrachtung mit dem vom BayObLG in dem Be-

---

379 Erman-Schmidt, 10. Auflage, § 2278 Rn. 3; MüKo-Musielak, 3. Auflage, § 2278 Rn. 3 f.; Staudinger-Kanzleiter, 13. Auflage, § 2278 Rn. 10; Lange/Kuchinke, Erbrecht, 4. Auflage, § 25 IV 2; Leipold, Erbrecht, 14. Auflage, Rn. 503; D. Nolting, Der Änderungsvorbehalt beim Erbvertrag, S. 102; Brox, Erbrecht, 19. Auflage, Rn. 150; Erman-Schmidt, 10. Auflage, § 2278 Rn. 3; Schlüter, Erbrecht, 14. Auflage, Rn. 258; Reimann/Bengel-Mayer, 3. Auflage, § 2278 Rn. 9.

380 Reimann/Bengel-Mayer, 3. Auflage, § 2278 Rn. 9; Buchholz, FamRZ 1987, 440, 441; Staudinger-Kanzleiter, 13. Auflage, § 2278 Rn. 10; Soergel-Wolf, 12. Auflage, § 2278 Rn. 6.

381 BGHZ 26, 204, 208.

382 OLG Stuttgart, OLGZ 1985, 435, 436 und BWNotZ 2000, 19, 20; BGH, DNotZ 1970, 356, 357 und WM 1986, 1221, 1222.

383 WM 1986, 1221, 1222.

384 BWNotZ 2000, 19, 20.

schluss vom 29. Juni 1961 zum Ausdruck gebrachten Ansatz, nach dem die Bindungswirkung bereits zum Wesen jeder einzelnen vertragsmäßigen Verfügung gehöre, nur schwerlich zu vereinbaren ist[385]. In der Literatur wird daher gelegentlich die Ansicht vertreten, der Rechtsprechung des BayObLG liege die Tendenz zugrunde, der Lehre vom spezifizierten Änderungsvorbehalt zu folgen[386].

Die neuere Literatur hat sich in zunehmendem Maße mit den Grenzen des erbvertraglichen Änderungsvorbehaltes beschäftigt. Die Frage der Zulässigkeit eines unbeschränkten Änderungsvorbehaltes, d.h. eines Vorbehaltes, der die Aufhebung aller vertragsmäßigen Verfügungen gestattet, lehnt das überwiegende Schrifttum[387] unter Hinweis auf BGHZ 26, 204 ab. Ein unbeschränkter Änderungsvorbehalt sei mit dem Wesen des Erbvertrages nicht zu vereinbaren. Wer den Willen zur vertragsmäßigen Errichtung einer Verfügung von Todes wegen habe, könne nicht wollen, dass sie nur einseitig sei. Die in der Literatur vertretene Gegenansicht[388] wendet ein, dass der Erbvertrag seine bindende Kraft auch nach Ausübung eines Rücktrittsvorbehaltes verlieren kann. Die Zulässigkeit eines unbeschränkten Änderungsvorbehaltes ergebe sich aus dem Prinzip der Vertragsfreiheit. Letztlich nähert sich die Gegenansicht der überwiegenden Auffassung an, indem sie bei der Ausübung eines unbeschränkten Änderungsvorbehaltes die für den Gebrauch eines Rücktrittsvorbehaltes in § 2296 Abs. 2 BGB notwendige Form verlangt[389]. Über diesen Weg kann sich diese Ansicht dem Vorwurf entziehen, ein unbeschränkter Änderungsvorbehalt gelange durch

---

385 BayObLGZ 1961, 206, 210

386 Reimann/Bengel-Mayer, 3. Auflage, § 2278 Rn. 27.

387 MüKo-Musielak, 3. Auflage, § 2278 Rn. 16 f.; Palandt-Edenhofer, 61. Auflage, § 2289 Rn. 8; Soergel-Wolf, 12. Auflage, § 2278 Rn. 7; D. Nolting, Der Änderungsvorbehalt beim Erbvertrag, S. 166 ff.; Reimann/Bengel-Mayer, 3. Auflage, § 2278 Rn. 18 ff.; Herlitz, MittRhNotK 1996, 153, 155 f; Staudinger-Kanzleiter, 13. Auflage, § 2278 Rn. 12; Brox, Erbrecht, 19. Auflage, Rn. 161.

388 Küster, JZ 1958, 394, 395; C. Nolting, Inhalt, Ermittlung und Grenzen der Bindung beim Erbvertrag, S. 113 ff.

389 Küster, JZ 1958, 394, 395; C. Nolting, Inhalt, Ermittlung und Grenzen der Bindung beim Erbvertrag, S. 122.

seine Ausübung zu einem von den Gesetzgebern nicht beabsichtigten Zustand, da selbiger ebenso durch einen Rücktrittsvorbehalt herbeigeführt werden könnte.

Ein anderes Bild ergibt sich bei der Frage, ob ein Änderungsvorbehalt die beliebige Änderung oder Aufhebung einer einzelnen vertragsmäßigen Verfügung beinhalten darf, wenn der Erbvertrag im Übrigen eine vorbehaltlose vertragsmäßige Anordnung enthält. Viele Lehrbuchautoren[390] und einige Kommentarbearbeiter[391] sprechen die Problematik überhaupt nicht an. Sofern eine Auseinandersetzung mit der Thematik erfolgt, wird die vom Bundesgerichtshof verwendete ganzheitliche Betrachtung mittlerweile überwiegend abgelehnt[392]. Die meisten Autoren haben sich der sogenannten Lehre vom spezifizierten Änderungsvorbehalt angeschlossen[393].

VI. Schlussbetrachtung

Fasst man die dargestellte Rechtsprechung zur Abgrenzung einseitiger von vertragsmäßigen Verfügungen zusammen, fällt auf, dass die Gerichte ihr Auslegungsergebnis fast ausschließlich auf Erfahrungssätze stützten. Der vielfach von den Gerichten verwendete Satz, bei Erbverträgen müsse der übereinstimmende Wille der Vertragsparteien ermittelt werden, wurde in den aufgefundenen Entscheidungen nur begrenzt umgesetzt. Die Gerichte schlossen vielmehr überwiegend allein aus dem einseitigen Interesse des Vertragspartners auf einen übereinstimmenden Bindungswillen beider Vertragsparteien. Zur Feststellung des Interesses bedienten sie sich seit Beginn der sechziger Jahren der Grundsätze des § 2270 Abs. 2 BGB. Diese Vorgehensweise der Rechtsprechung birgt die Gefahr des Hineinlegens eines Willens in objektive Umstände wie z.B. familiäre Beziehungen in sich. Vergegenwärtigt

---

390 Hierzu gehören: Brox, Olzen, Ebenroth und Franke.

391 Zu nennen sind: Hk-BGB-Hoeren, und Jauernig-Stürner, 9. Auflage.

392 Musielak, DNotZ Sonderheft 1989, 149, 151; Reimann/Bengel-Mayer, 3. Auflage, § 2278 Rn. 24 ff.; D. Nolting, Der Änderungsvorbehalt beim Erbvertrag, S. 185 ff.; Buchholz, Rpfleger 1990, 45, 52; Palandt-Edenhofer, 61. Auflage, § 2289 Rn. 8; Weiler, DNotZ 1994, 427, 436 f; Lange/Kuchinke, Erbrecht, 4. Auflage, § 25 IV 3.

393 Siehe hierzu S. 97.

man sich, dass Erbverträge vorwiegend zwischen Ehegatten geschlossen werden und diese überwiegend gemeinsame oder beiderseitige Verwandte als Schlusserben bedenken, führt die Anwendung der Grundsätze des § 2270 Abs. 2 BGB dazu, dass diese erbvertraglichen Verfügungen jedenfalls für einen, häufig für beide Ehegatten vertragsmäßigen Charakter besitzen. Da aber für die Wahl des Erbvertrages anstelle eines Testamentes als Gestaltungsmittel für die Erbfolge ein anderer Wunsch als der nach lebzeitiger Bindung nicht ersichtlich ist, dürfte durch die Anwendung der Grundsätze des § 2270 Abs. 2 BGB in den meisten Fällen der wirkliche Wille der Vertragsparteien gefunden werden[394].

Während die Rechtsprechung bzgl. der Feststellung eines Bindungswillens eher großzügig verfahren ist, hat sie mit Ausnahme der frühen Entscheidung des Kammergerichts bzgl. des Änderungsvorbehaltes enge Voraussetzungen für dessen Wirksamkeit aufgestellt. Die restriktive Handhabe der Vorbehaltsproblematik folgt schon aus dem Umstand, dass sich der Bundesgerichtshof und ihm folgend das BayObLG[395] dagegen wehren, einen stillschweigenden Änderungsvorbehalt allein aufgrund der Interessenlage der Vertragsparteien für wirksam zu erklären. Die Interessenlage könne nur berücksichtigt werden, wenn der behauptete Vorbehalt im Erbvertrag selbst angedeutet ist. Neben dem Formzwang findet der Änderungsvorbehalt in der neueren Rechtsprechung weitere Grenzen in der Bindungswirkung und dem Bestimmtheitserfordernis. Die Tendenz in den neueren Entscheidungen, die Zulässigkeit eines Änderungsvorbehaltes nicht im Hinblick auf jede einzelne Verfügung selbst, sondern nur im Hinblick auf den Erbvertrag als Ganzem zu prüfen, widerspricht dem Wesen der einzelnen Verfügung und damit notgedrungen auch der Bindungswirkung des Erbvertrages insgesamt. Diese Entwicklung sollte daher rückgängig gemacht werden.

---

394 A.A. Buchholz, FamRZ 1987, 440, 442.

395 BayObLGZ 1961, 206, 213.

B. Die Wirkung der erbvertraglichen Bindung auf Verfügungen von Todes wegen

I. Einführung

Im vorherigen Kapitel wurde dargestellt, dass eine erbvertragliche Verfügung im Interesse des Vertragspartners Bindungswirkung entfalten kann. Der Vertragspartner soll beim Erbvertrag im Gegensatz zum Testament darauf vertrauen können, dass weder frühere noch spätere Verfügungen des Erblassers das vertragsmäßig zugewandte Recht beeinträchtigen. Dieses Vertrauen wird von § 2289 Abs. 1 BGB geschützt. Nach § 2289 Abs. 1 S. 1 BGB werden durch den Erbvertrag frühere letztwillige Verfügungen des Erblassers aufgehoben, soweit sie das Recht des vertragsmäßig Bedachten beeinträchtigen würden. Spätere Verfügungen von Todes wegen sind nach § 2289 Abs. 1 S. 2 BGB in dem gleichen Umfang unwirksam.

In diesem Kapitel soll untersucht werden, welche Kriterien die Rechtsprechung für die Auslegung des Tatbestandsmerkmals der „Beeinträchtigung" entwickelt hat. Es soll geklärt werden, ob der Zeitpunkt des Erbfalls oder der Errichtung der letztwilligen Verfügung für die Beurteilung der Beeinträchtigung maßgeblich ist. In diesem Zusammenhang soll eine Analyse der Entscheidungen vorgenommen werden, in denen zwar eine Beeinträchtigung im Zeitpunkt des Erbfalls bestanden hätte, der vertragsmäßig Bedachte sein Recht aus dem Erbvertrag jedoch nicht geltend machen konnte oder wollte. Schließlich erfolgt eine Auseinandersetzung mit der Frage, ob bereits eine formlose Zustimmung des vertragsmäßig Bedachten zu einer späteren Verfügung von Todes wegen eine Beeinträchtigung entfallen lassen kann.

II. Vor dem Erbvertrag errichtete letztwillige Verfügungen

Die meisten der zu § 2289 Abs. 1 BGB ergangenen Entscheidungen behandelten Lebenssachverhalte, in denen der Erblasser erst nach Abschluss des Erbvertrages anderweitig von Todes wegen testierte (§ 2289 Abs. 1 S. 2 BGB). Aus den zu § 2289 Abs. 1 S. 1 BGB aufgefundenen Entscheidungen sollen an dieser Stelle diejenigen dargestellt werden, die sich mit der Frage beschäftigten, welcher Zeitpunkt für die Beurteilung der Unwirksamkeit der vor dem Erbvertrag errichteten letztwilligen Verfügungen maßgeblich ist.

1. Beschluss des KG[396] vom 5. Januar 1928 - 1 b. X. 1046/27

Das Kammergericht beschäftigte sich in dem Beschluss vom 5. Januar 1928 mit der dargestellten Fragestellung. Es untersuchte einen Fall, in dem der im Erbvertrag Bedachte sein Recht aus dem Erbvertrag nicht geltend machen konnte, weil er den Anfall der Erbschaft nicht erlebte.

Zwei Brüder hatten zunächst jeder durch Testament den dritten Bruder zum Erben eingesetzt und später einen Erbvertrag geschlossen, in dem sie sich gegenseitig zu Alleinerben einsetzten. Nachdem sie nacheinander verstarben, setzte das Nachlassgericht den dritten Bruder aufgrund des Testaments zum Alleinerben des zuletzt verstorbenen Bruders ein. Der Antrag der Schwester, den Erbschein einzuziehen, weil das Testament gemäß § 2289 Abs. 1 S. 1 BGB durch den späteren Erbvertrag aufgehoben und daher die gesetzliche Erbfolge eingetreten sei, ist vom Nachlassgericht zurückgewiesen worden. Die Beschwerde und weitere Beschwerde blieben erfolglos.

Das Kammergericht führte in dem Beschluss aus, dass die Errichtung eines Erbvertrages nicht notwendigerweise die Aufhebung einer zuvor errichteten letztwilligen Verfügung, die das Recht des vertragsmäßig Bedachten i. S. d. § 2289 Abs. 1 S. 1 BGB beeinträchtigen würde, zur Folge habe. Hierfür spreche der das Erbrecht durchziehende Grundsatz, dass einer Verfügung von Todes wegen, soweit sie nachweislich dem Willen des Erblassers zur Zeit des Todes entspricht, nach Möglichkeit Geltung zu verschaffen sei. Das Recht des vertragsmäßig Bedachten könne durch eine frühere letztwillige Verfügung nicht beeinträchtigt werden, wenn der Erbvertrag nachträglich seine Wirksamkeit verlieren würde[397]. Im Anschluss an diese allgemeinen Ausführungen prüfte das Kammergericht, ob es der Wille des Erblassers gewesen ist, durch die Errichtung des Erbvertrages das vorherige Testament schlechthin aufzuheben. Dass bei dem Vorversterben der beiden Vertragserben das frühere Testament seine Gültigkeit behalten sollte, hatte das Beschwerdegericht nach Ansicht des Kammergerichts rechtsfehlerfrei angenommen[398].

Obwohl das Kammergericht das Landgericht in dessen Einschätzung unterstützte, die Motive zum BGB würden nicht schlechthin gegen die gewählte

[396] JFG 5, S. 181-185.

[397] JFG 5, 181, 183.

[398] JFG 5, 181, 184.

Auslegung des § 2289 Abs. 1 S. 1 BGB sprechen[399], findet in der Entscheidung keine nähere Betrachtung der Materialien zur Entstehungsgeschichte statt. § 1953 Abs. 1 S. 2 E I bestimmte, dass die letztwillige Verfügung auch dann als aufgehoben gilt, wenn der Vertragserbe vor dem Anfall der Erbschaft stirbt oder die Erbschaft ausschlägt. Die zweite Kommission hatte die Streichung des Satzes 2 einverständlich beschlossen, nachdem der entsprechende Passus zuvor in § 1936 Abs. 2 E I, der dem heutigen § 2258 BGB entspricht, entfernt worden war[400]. Ob die Streichung vorgenommen wurde, um von der Widerrufswirkung eines widersprechenden Testamentes bei Vorversterben bzw. Ausschlagung durch den Begünstigten Abstand zu nehmen, lässt sich aus den Protokollen zu dem zweiten Entwurf nicht entnehmen. Es findet sich keine Anmerkung, dass man den Passus als selbstverständlich voraussetzte, andererseits auch keine, welche vom Inhalt des Passus Abstand nahm.

So verwundert es nicht, dass die Vertreter der Literatur zur Zeit des Beschlusses des Kammergerichts verschiedener Ansicht hinsichtlich der Auslegung des § 2289 Abs. 1 S. 1 BGB waren. Es hatte sich aber eine herrschende Lehre i. S. d. Ansicht des Kammergerichts herausgebildet[401]. Die Gegenansicht stützte ihre ablehnende Meinung auf den Wortlaut des § 2289 Abs. S. 1 BGB. Aus der Verwendung des Konjunktivs „beeinträchtigen würde" folge, dass der erbrechtliche Erwerb durch den vertragsmäßig Bedachten gerade nicht notwendig wäre und daher eine ex ante Betrachtung

---

[399] JFG 5, 181, 184.

[400] Protokolle II, S. 7287.

[401] Im Sinne des Kammergerichts: RGRK-Seyffarth, 5. Auflage, § 2289 Anm. 1; Crome V, § 660 Anm. 4; Böhm, Erbrecht, 2. Auflage, S. 230; Planck-Greiff, 4. Auflage, § 2289 Anm. 2 d; Strohal, Erbrecht, 3. Auflage, § 45 IV 1; Leske V, S. 1262 Anm. 8; Frommhold, Erbrecht, § 2289 Anm. 1 b; den gegensätzlichen Standpunkt vertraten: Staudinger-Herzfelder, 9. Auflage, § 2289 Anm. 1; Kretzschmar, Erbrecht, 2. Auflage, S. 341; Binder, Rechtsstellung des Erben I, S. 65 Fn. 25; Leonhard, 2. Auflage, § 2289 Anm. II C 3.

vorzunehmen sei. Ein späterer Wegfall des Bedachten sei für die Prüfung des Tatbestandsmerkmals also unbeachtlich[402].

2. Beschluss des OLG Zweibrücken[403] vom 4. März 1999 - 3 W 29/99

Nach Veröffentlichung der Entscheidung vom 5. Januar 1928 hatte sich die ganz herrschende Lehre[404] der Ansicht des Kammergerichts[405] angeschlossen. In dem Beschluss vom 4. März 1999 bestätigte das OLG Zweibrücken diese Rechtsauffassung[406].

Die Erblasserin und ihr Ehemann setzten sich erbvertraglich gegenseitig zu Alleinerben ein. Einige Jahre zuvor hatte die Erblasserin ein Testament zugunsten ihres Bruders ersatzweise zugunsten seiner Abkömmlinge errichtet. Der Ehemann und der Bruder waren vorverstorben. Nach dem Tod der Erblasserin wurde zugunsten der Abkömmlinge des Bruders ein Erbschein erteilt. Auf Antrag des Adoptivsohnes der Erblasserin hat das Nachlassgericht den Erbschein eingezogen. Auf die Beschwerde eines der Neffen hat das Landgericht den Beschluss des Nachlassgerichtes aufgehoben. Die hiergegen vom Adoptivsohn eingelegte weitere Beschwerde blieb ohne Erfolg.

Das Landgericht gelangte zu dem Ergebnis, dass das von der Erblasserin errichtete Testament nicht durch den später geschlossenen Erbvertrag aufgehoben wurde. Das OLG Zweibrücken konnte in der Entscheidung keine Rechtsfehler erkennen. Zu der Frage, auf welchen Zeitpunkt für die Beeinträchtigung i. S. d. § 2289 Abs. 1 S. 1 BGB abzustellen ist, führte es aus:

> „Entscheidend für das Vorliegen einer Beeinträchtigung ist nach herrschender, vom Senat geteilter Ansicht nicht der Zeitpunkt des Vertragsschlusses, sondern derjenige des Erbfalls. Nur dann, wenn der Bedachte auch wirklich Erbe geworden ist, kommt es zu einer Beeinträchtigung sei-

---

[402] Binder, Rechtsstellung des Erben I, S. 65 Fn. 25; Staudinger-Herzfelder, 9. Auflage, § 2289 Anm. 1.

[403] ZEV 1999, S. 439-440.

[404] Brox, Erbrecht, 1. Auflage, Rn. 354; Erman-Hense, 3. Auflage, § 2289 Anm. 2; Palandt-Keidel, 27. Auflage, § 2289 Anm. 1 a; RGRK-Kregel, 11. Auflage, § 2289 Anm. 2; Siebert, Festschrift für Hedemann (1958), 237, 251; Kipp/Coing, Erbrecht, 11. Auflage, § 38 II 3; Staudinger-Dittmann, 10./11. Auflage, § 2289 Rn. 8.

[405] JFG 5, 181, 183.

[406] In dem Beschluss vom 13. Juli 1989, OLGZ 1990, 134, 137, hatte das OLG Zweibrücken dies bereits für § 2289 Abs. 1 S. 2 BGB entschieden und zur Begründung den Rechtsgedanken der §§ 2257, 2258 Abs. 2 BGB herangezogen.

nes Rechts. Hingegen kann eine Beeinträchtigung nicht mehr eintreten, wenn der Erbvertrag bereits vor dem Erbfall gegenstandslos wird, weil der Bedachte wegfällt“[407].

Ebenso wie das Kammergericht in der Entscheidung vom 5. Januar 1928 wollte das OLG Zweibrücken eine Ausnahme von dieser Regel nur in den Fällen zulassen, in denen sich aus dem Erbvertrag der Wille des Erblassers entnehmen lasse, seine frühere Verfügungen in jedem Fall aufzuheben. Ein solcher Wille sei vom Landgericht aber zurecht abgelehnt worden[408].

Der Beschluss des OLG Zweibrücken ist in einer Entscheidungsanmerkung von Kummer[409] und in einem Aufsatz von Keim[410] kritisiert worden.

Kummer lehnt die vom OLG Zweibrücken und der herrschenden Lehre vertretene Ansicht, wonach es für die Frage der Beeinträchtigung i. S. d. § 2289 Abs. 1 S. 1 BGB darauf ankomme, ob der Bedachte wirklich Erbe geworden sei, ab. Er stützt seine Ansicht auf die Entstehungsgeschichte, den Wortlaut des § 2289 BGB sowie den Erblasserwillen.

Entgegen der Auffassung Kummers sprechen die Gesetzesmaterialien nicht gegen die herrschende Ansicht[411]. Zwar enthielt der erste Entwurf mit § 1953 Abs. 1 S. 2 eine Vorschrift, welche bestimmte, dass die letztwillige Verfügung auch dann als aufgehoben gilt, wenn der Vertragserbe vor dem Anfalle der Erbschaft stirbt oder die Erbschaft ausschlägt. Dieser Passus ist jedoch von der zweiten Kommission einverständlich aufgehoben worden. Da die Protokolle keine Angaben enthalten, dass die Redaktoren der zweiten Kommission den Inhalt des Passus als selbstverständlich voraussetzten, spricht eine historische Auslegung nicht gegen die Ansicht des OLG Zweibrücken.

Auch die Beachtung des Erblasserwillens als wesentliches Auslegungsprinzip kann die vom OLG Zweibrücken gewählte Auslegung des § 2289

---

407 ZEV 1999, 439, 440.

408 ZEV 1999, 439, 440.

409 ZEV 1999, 439, 440 f.

410 ZEV 1999, 413, 414 f.

411 Vgl. S. 114.

Abs. 1 S. 1 BGB nicht widerlegen. Kummer stellt diesbezüglich die nicht weiter belegte Behauptung auf, dass derjenige, welcher zu Gunsten eines anderen einen Erbvertrag abschließe, den in einem früheren Testament Bedachten nicht mehr als Erben wolle[412]. Dem kann nicht zugestimmt werden. Ob der Erblasser bei Errichtung des Erbvertrages einen Aufhebungswillen hatte, muss im Einzelfall durch Auslegung ermittelt werden. Allein die Tatsache, dass die Parteien eines Erbvertrages es versäumt haben, für den Fall des Vorversterbens eines Vertragserben vertragsmäßig einen Ersatzerben berufen zu können, macht die Auslegung des Erblasserwillens nicht entbehrlich.

Überzeugender erscheint das von Binder[413] begründete und von Kummer aufgegriffene Wortlautargument. Danach drücke der in § 2289 Abs. 1 S. 1 BGB gewählte Konjunktiv „beeinträchtigen würde" aus, dass es nicht zum erbrechtlichen Erwerb des vertragsmäßig Bedachten kommen müsse. Soweit ersichtlich, ist dieses Argument seit dem Aufwerfen durch Binder weder in der Rechtsprechung noch in der Literatur entkräftet worden. Es fragt sich, ob die von Kummer und Binder gewählte Wortlautauslegung des § 2289 Abs. 1 S. 1 BGB zwingend ist. Binder misst dem Nebensatz in § 2289 Abs. 1 S. 1 BGB „soweit sie (scil. die frühere letztwillige Verfügung) das Recht des vertragsmäßig Bedachten beeinträchtigen würde" in etwa die Bedeutung „soweit sie das Recht, welches der vertragsmäßig Bedachte im Erbfall hat oder haben würde, beeinträchtigt oder beeinträchtigen würde" zu. Ob der Gesetzgeber durch die Verwendung des Konjunktivs ausdrücken wollte, dass der Erbfall nicht eintreten müsse, um die letztwillige Verfügung aufzuheben, erscheint zweifelhaft. Hiergegen spricht § 2113 Abs. 1 BGB, der die Verfügungsfreiheit des Vorerben im Interesse des Nacherben einschränkt. In § 2113 Abs. 1 BGB ist die Unwirksamkeit beeinträchtigender Verfügungen durch den Vorerben an den Eintritt der Nacherbfolge geknüpft. Dennoch hat der Gesetzgeber in § 2113 Abs. 1 BGB ebenso wie in § 2289 Abs. 1 BGB den Konjunktiv „beeinträchtigen würde" verwendet. Nach der Auffassung

---

412 ZEV 1999, 439, 441.

413 Die Rechtsstellung des Erben I, S. 65 Fn. 25.

von Kummer hätte der Gesetzgeber in § 2113 BGB den Indikativ „beeinträchtigt" verwenden müssen. Denn § 2113 Abs. 1 BGB knüpft die Unwirksamkeit ebenso wie die herrschende Meinung zu § 2289 Abs. 1 S. 1 BGB an den Eintritt einer Bedingung. Daher scheint die Wortlautauslegung, dass eine abweichende letztwillige Verfügung gemäß § 2289 Abs. 1 S. 1 BGB aufschiebend bedingt durch den Erbfall aufgehoben wird, ebenso plausibel wie die von Binder und Kummer als zwingend dargestellte Auslegung in dem Sinne, dass es auf den Eintritt des Erbfalls gar nicht ankomme.

Keim dagegen äußerte in seinem Aufsatz Bedenken gegen die Praktikabilität der vom OLG Zweibrücken vertretenen Ansicht, da bei Wegfall des vertraglich Bedachten stets durch ergänzende Auslegung geprüft werden müsse, ob der Erblasser die frühere letztwillige Verfügung in jedem Falle aufheben wollte. Um diese Schwierigkeiten zu vermeiden, spricht sich Keim für die Anwendung des § 2258 BGB auf den Erbvertrag aus, so dass sich die Aufhebungswirkung allein schon aus dem Widerspruch der neuen Verfügung zur alten ergebe[414]. Dieser Weg wäre in der Tat einfacher. Dabei würde jedoch der gesetzgeberische Wille missachtet. Denn der Gesetzgeber hat sich gegen die Anwendung des § 2258 BGB auf den Erbvertrag entschieden und für das Verhältnis von erbvertraglichen zu letztwilligen Verfügungen den § 2289 Abs. 1 BGB geschaffen.

3. Zusammenfassung

Die Rechtsprechung und das überwiegende Schrifttum stellen seit der Entscheidung des Kammergerichts vom 5. Januar 1928 für die Prüfung des Tatbestandsmerkmals „beeinträchtigen würde" i. S. d. § 2289 Abs. 1 S. 1 BGB auf den Zeitpunkt des Erbfalls ab. Eine frühere letztwillige Verfügung solle bei Wegfall des vertraglich Bedachten nur dann als aufgehoben gelten, wenn sich ein genereller Aufhebungswille des Erblassers durch Auslegung ergeben sollte.

---

[414] ZEV 1999, 413, 415.

III. Nach dem Erbvertrag errichtete Verfügungen von Todes wegen

1. Die Rechtsprechung von 1900-1945

a) Beschluss des KG[415] vom 3. Mai 1919 - 1 X 83/ 19

In dem Beschluss vom 3. Mai 1919 beschäftigte sich das Kammergericht mit der Frage, ob die spätere Anordnung einer Testamentsvollstreckung das Recht des in einem Erbvertrage bedachten Vermächtnisnehmers beeinträchtigte.

Eheleute hatten in einem Ehe- und Erbvertrag bestimmt, dass „der überlebende Ehegatte lediglich die vorhandenen Hauseinrichtungsgegenstände sowie die lebenslängliche kautionsfreie Nutznießung und Verwaltung des von dem erstversterbenden Ehegatten herrührenden Nachlaßvermögens erhalten soll, wogegen das Eigentum dieses gesamten sonstigen Nachlaßvermögens den übrigen Erben des erstversterbenden Ehegatten zufallen soll". In einem späteren Testament setzte der Erblasser einen Sohn zum alleinigen Erben ein und ordnete für die Verwaltung des Nachlasses Testamentsvollstreckung an. Die in einem Nachtrag zum Testament zu Testamentsvollstreckern Eingesetzten beantragten die Erteilung eines Testamentsvollstreckerzeugnisses. Sowohl das Nachlassgericht als auch das Beschwerdegericht haben die Ernennung wegen Beeinträchtigung der vertragsmäßigen Verwaltungs- und Nutzungsrechte der Witwe für unwirksam erachtet. Auf die weitere Beschwerde hin verwies das Kammergericht die Sache unter Aufhebung der Vorentscheidungen an das Amtsgericht zur erneuten Entscheidung zurück.

Das Kammergericht stimmte dem Beschwerdegericht in dessen Einschätzung zu, dass die Anordnung einer Testamentsvollstreckung das Recht eines vertragsmäßig und vorbehaltlos eingesetzten Erben beeinträchtige. Zur Begründung führte das Gericht aus:

> „ ... denn die Befugnisse, die dem Testamentsvollstrecker nach dem Gesetze zustehen oder beigelegt werden können, sind solche, die ohne seine Ernennung infolge des Übergangs des Vermögens des Erblassers auf den Erben diesem zustehen würden oder doch dessen aus dem Vermögensübergange sich ergebende Befugnis einschränken“[416].

Nach diesen allgemein gehaltenen Ausführungen prüfte das Kammergericht, ob die Anordnung der Testamentsvollstreckung das der Witwe des Erblassers zugesprochene Recht der „kautionsfreien Nutznießung und Verwaltung" des

---

[415] RJA 16, S. 253-257.

[416] RJA 16, 253, 254.

Nachlasses beeinträchtigte. Hierfür war zunächst die Qualifizierung des eingeräumten Rechtes notwendig. Das Kammergericht erblickte in der „kautionsfreien Nutznießung und Verwaltung" des Nachlasses mangels ausdrücklicher Verfügungsbefugnisse keine Einsetzung eines Vorerben, sondern die Anordnung eines vertragsmäßigen Nießbrauchsvermächtnisses. Das Recht des Nießbrauchsvermächtnisnehmers sah es durch die Anordnung der Testamentsvollstreckung nicht beeinträchtigt, da die Testamentsvollstrecker verpflichtet seien, in Ausführung des Erbvertrages der Bedachten den Nießbrauch einzuräumen. Hieran ändere sich nach Auffassung des Kammergerichts auch nichts dadurch, dass den Testamentsvollstreckern über den Rahmen der gewöhnlichen Vollstreckung hinausgehende Verwaltungsbefugnisse nach § 2209 BGB übertragen worden waren. Denn nach der Bestellung des Nießbrauchs stünden die sich hieraus ergebenden Befugnisse, auch die hinsichtlich der Verwaltung, der Vermächtnisnehmerin zu[417].

Das Kammergericht gelangte also zu dem Ergebnis, dass die testamentarische Anordnung einer Testamentsvollstreckung zwar die Rechte eines Vertragserben, nicht dagegen die Rechte eines Vermächtnisnehmers beeinträchtigt. Offenbar ging es davon aus, dass der schuldrechtliche Anspruch des Vermächtnisnehmers durch die nachträgliche Anordnung der Testamentsvollstreckung nicht berührt wird. Einen Versuch, den Begriff „Beeinträchtigung" zu definieren, unternahm das Kammergericht nicht. Die dargestellten Ausführungen lassen aber vermuten, dass rechtliche Gesichtspunkte den Ausschlag gaben.

Im Gegensatz zu den Ausführungen des Kammergerichts hat die Literatur zum Zeitpunkt der Veröffentlichung der Entscheidung versucht, das Tatbestandsmerkmal „beeinträchtigt“ zu definieren. Einigkeit bestand insofern, als der Begriff „Beeinträchtigung“ über den Begriff „Widerspruch“ in § 2258 BGB hinausgehe und auch Verfügungen, die nicht in Widerspruch zu erbvertraglichen Anordnungen stehen, das Recht des vertragsmäßig

---

[417] RJA 16, 253, 256.

Bedachten beeinträchtigen könnten[418]. Erforderlich sei dazu eine Schmälerung[419], Belastung[420] oder Minderung[421] des Rechtes. Die Frage, ob dafür nur rein rechtliche Gesichtspunkte oder auch wirtschaftliche Aspekte in die Auslegung mit einzubeziehen seien, blieb aber auch in der damaligen Literatur überwiegend unbeantwortet. Lediglich der Kommentar der Reichsgerichtsräte äußerte sich in der 2. Auflage[422] zu dieser Problematik:

> „Eine frühere letztwillige Verfügung wird nach § 2258 durch ein späteres Testament insoweit aufgehoben, als dieses mit der früheren Verfügung in Widerspruch tritt. Diese Wirkung äußert auch der Erbvertrag. Sie geht aber insofern weiter, als der rechtswirksame Erbvertrag auch frühere Verfügungen aufhebt, die rechtlich neben den vertragsmäßigen ... Verfügungen bestehen könnten, aber **wirtschaftlich** das Recht des Bedachten beeinträchtigen würden".

b) Urteil des RG[423] vom 18. Mai 1922 - IV 438/21

In dem Urteil vom 18. Mai 1922 hatte das Reichsgericht über die Frage zu entscheiden, wie sich die nachträgliche Zustimmung der Vertragserbin zu einer beeinträchtigenden Verfügung von Todes wegen auf deren Wirksamkeit auswirkt.

Eheleute hatten sich in einem Ehe- und Erbvertrag im Falle des kinderlosen Versterbens zu Alleinerben eingesetzt[424]. In einem später errichteten eigenhändigen Testament belastete der Erblasser die Alleinerbschaft mit Vermächtnissen zugunsten einer unehelichen Tochter und zugunsten der Abkömmlinge seiner Schwester. Die überlebende Ehefrau erklärte, sie erkenne das Testament als rechtsbeständig an und wolle die Erbschaft hieraus annehmen. Später focht sie ihre über die Annahme der Erbschaft aus dem Testament abgegebene Erklärung insoweit an, als darin eine Ausschlagung der Erbschaft aus dem Erbvertrag

---

418 RGRK, 2. Auflage, § 2289 Anm. 1; Staudinger-Herzfelder, 7./8. Auflage, § 2289 Anm. 1.

419 Cosack, Erbrecht, S. 652.

420 Leonhard, 2. Auflage, § 2289 Anm. III; Dernburg, Erbrecht, 2. Auflage, S. 279.

421 Endemann III, § 83 I b.

422 RGRK, 2. Auflage, § 2289 Anm. 1.

423 Unveröffentlicht.

424 Sachverhalt vereinfacht. In allen Instanzen war man sich einig, dass der Erbvertrag eine Auslegung nur in einer gegenseitigen Alleinerbeinsetzung zulasse.

gesehen werden sollte. Gleichzeitig nahm sie die Erbschaft aus dem Erbvertrag an. Die Witwe des Erblassers beantragte festzustellen, dass den Beklagten aus dem Testament keine Ansprüche zustehen. Die Beklagten verlangten im Wege der Widerklage die Zahlung der in dem Testament angeordneten Vermächtnisse. Das Landgericht hat die Alleinerbin der verstorbenen Witwe verurteilt, an die Beklagten die in dem Vermächtnis genannten Beträge zu zahlen. Das Oberlandesgericht Braunschweig hat das Urteil aufgehoben. Das Reichsgericht wies die Revisionen der Beklagten zurück.

Der IV. Zivilsenat des Reichsgerichts erklärte für die Frage der Gebundenheit des Erblassers gemäß Art. 214 Abs. 2 EGBGB das gemeine Recht für anwendbar [425]. Der Erbvertrag war vor 1900 errichtet worden und das frühere braunschweigische Landesrecht enthielt keine Sondervorschrift. Nach gemeinem Recht konnte der Erblasser nach Abschluss des Erbvertrages das Recht des Vertragserben weder vereiteln noch schmälern[426]. In einer Entscheidung aus dem Jahre 1881 hatte der I. Zivilsenat des Reichsgerichts[427] entschieden, dass ein dem Erbvertrag „zuwiderlaufendes" Testament trotz Verletzung des Rechtes des Vertragserben gültig sei, wenn derselbe sein Recht aus dem Erbvertrag nicht geltend machen konnte. Hierauf stützte sich das Reichsgericht auch in dem Urteil vom 18. Mai 1922. Es wertete die testamentarische Vermächtnisanordnung als Verletzung der vertraglichen Erbeinsetzung. Anschließend untersuchte es, ob die Witwe die Erbschaft aus dem Erbvertrag ausgeschlagen hatte und damit die Rechte aus dem Erbvertrag nicht mehr geltend machen konnte. Bei dieser nach den Vorschriften des BGB vorzunehmenden Prüfung[428] stellte das Reichsgericht fest, dass weder eine ausdrückliche noch eine stillschweigende Ausschlagung der Witwe vorlag. Zu der gegenüber dem Nachlassgericht abgegebenen Erklärung führte das Reichsgericht aus:

> „Es kann den Revisionsklägern auch nicht zugegeben werden, daß die von der Witwe bei der Testamentseröffnung abgegebene Erklärung, sie erkenne das Testament als rechtsbeständig an, eine verpflichtende Bedeu-

---

[425] IV 438/21, S. 8.

[426] Hartmann, Erbverträge und gemeinschaftliche Testamente, S. 54 ff.; OAG Oldenburg, SeuffA 18, 88; Beseler, System des deutschen Privatrechts, 3. Auflage, § 138 Fn. 10.

[427] RGZ 4, 171, 175.

[428] IV, 438/21, S. 8.

tung habe, die unabhängig davon sei, ob in dieser Erklärung und der gleichzeitig erklärten Annahme der Erbschaft aus dem Testament eine Ausschlagung der Erbschaft aus dem Erbvertrage liege. Die Ansicht kommt darauf hinaus, dass die einseitige Anerkennungserklärung, die eine in einem Testament, unwirksamer Weise, mit Vermächtnissen beschwerte Person gegenüber dem Nachlaßgericht abgebe, einen selbständigen Verpflichtungsgrund bilde, etwa wie nach den §§ 780, 781 BGB ein vertragsmäßiges Schuldversprechen oder Schuldanerkenntnis. Eine solche Auffassung entbehrt der gesetzlichen Grundlage“[429].

Der Senat gab damit zu verstehen, dass die nach dem Erbfall erklärte Zustimmung des Vertragserben zu der beeinträchtigenden letztwilligen Verfügung die Bindungswirkung nicht beseitige. Die Frage, ob der Erbvertrag vor dem Erbfall durch eine formlose Vereinbarung zwischen Eheleuten aufgehoben wurde, ließ das Reichsgericht aufgrund tatsächlicher Erwägungen ausdrücklich dahingestellt[430].

c) Beschluss des BayObLG[431] vom 5. Februar 1930 – Reg. III 9/1930

In dem Beschluss vom 5. Februar 1930 bestätigte das BayObLG die vom Kammergericht[432] in der Entscheidung vom 3. Mai 1919 vertretene Rechtsauffassung, dass eine Testamentvollstreckung das Recht des Vertragerben gemäß § 2289 Abs. 1 BGB beeinträchtige. Zur Begründung seiner Ansicht berief sich das BayObLG auf § 2306 Abs. 1 S. 1 BGB:

„Wie sehr das Gesetz selbst die Ernennung eines Testamentsvollstreckers als eine Beschränkung betrachtet, ergibt sich aus der dem Pflichtteil wahrenden Vorschrift im § 2306 BGB“[433].

Gegen eine Heranziehung von § 2306 BGB wandte sich Harrer[434]. Im Falle des § 2306 BGB werde der Erbe selbst einer Beschränkung unterworfen,

---

[429] IV, 438/21, S. 9.
[430] IV, 438/21, S. 10.
[431] BayObLGZ 30, S. 59-60.
[432] RJA 16, 253 f.
[433] BayObLGZ 30, 59, 60.

§ 2289 Abs. 1 BGB hingegen fordere, dass sein Recht beeinträchtigt wird. Da der Testamentsvollstrecker keine Rechte geltend machen könne, wodurch die Existenz des materiellen Erbrechts berührt werde und die Testamentsvollstreckung vom Gesetz im Interesse der Erben geschaffen worden sei, könne nicht von einer Beeinträchtigung i. S. d. § 2289 Abs. 1 BGB gesprochen werden[435]. Soweit erkennbar hat die von Böhm[436] begründete und von Harrer fortgeführte Rechtsauffassung in der späteren Literatur keinen Zuspruch mehr gefunden. Die genannten Autoren konnten nicht überzeugend darstellen, warum die aus der Anordnung einer Testamentsvollstreckung resultierende Entziehung der auf den Erben gemäß § 1922 Abs. 1 BGB übergehenden Verwaltungs- und Verfügungsrechte keine Schlechterstellung der Position des Vertragserben darstellte.

d) Urteil des RG[437] vom 1. Dezember 1931 - III 35/31

In dem Urteil vom 1. Dezember 1931 untersuchte das Reichsgericht, ob die in einem zwischen dem Vater und dessen zweiter Frau geschlossenen Erbvertrag als Vertragserbin eingesetzte Tochter ein späteres testamentarisch angeordnetes Vermächtnis zugunsten der Ehefrau des Erblassers gegen sich gelten lassen musste, weil sie sich mit dem Inhalt der zweiten Verfügung formlos einverstanden erklärte.

Diese Frage hatte das Reichsgericht im Rahmen eines Schadensersatzanspruches der Tochter gegen die Alleinerbin des Notars, der die Nichtigkeit des Erbvertrages zu vertreten hatte, zu klären. Die Klägerin machte geltend, sie habe dadurch einen Schaden erlitten, dass sie sich nicht auf den Erbvertrag wegen dessen Nichtigkeit berufen konnte und sei gegenüber der vorgesehenen vertraglichen Regelung durch das spätere Testament benachteiligt. Um die Ursächlichkeit der aus der Amtspflichtverletzung resultierenden Nichtigkeit für einen Schaden der Klägerin festzustellen, untersuchte das Reichsgericht, ob die Tochter unter der Voraussetzung der Wirksamkeit des

---

[434] LZ 1924, Sp. 214-223.

[435] LZ 1924, 214, 218, 223.

[436] Erbrecht, 2. Auflage, S. 230.

[437] RGZ 134, S. 325-329.

Erbvertrages das spätere Testament hätte gegen sich wirken lassen müssen. Durch diese Vorgehensweise prüfte das Reichsgericht, inwiefern sich die Klägerin im Fall der Gültigkeit des Erbvertrages hätte auf § 2289 Abs. 1 S. 2 BGB berufen können. Das Berufungsgericht hatte festgestellt, dass der Inhalt des Testamentes mit der Klägerin eingehend besprochen und über einige Punkte „regelrecht gefeilscht" wurde[438]. Diesen Verhandlungen zwischen dem Vater und der Tochter maß das Reichsgericht rechtgeschäftlichen Charakter bei. In der Abgabe des Einverständnisses der Tochter zur Errichtung des Testaments sei daher eine Einwilligung i. S. d. § 183 BGB zu erblicken, welche nach § 182 Abs. 2 BGB keiner Form bedürfe. Die Klägerin müsse die Verfügungen ihres Vaters daher auch insoweit gegen sich gelten lassen, als diese möglicherweise in ihre Rechtsstellung eingreifen würden[439]. Da sich die Klägerin aus diesem Grunde nicht auf den Erbvertrag berufen könne, sei sie durch dessen Nichtigkeit nicht geschädigt[440].

Der IV. Zivilsenat des Reichsgerichts hatte in der Entscheidung vom 18. Mai 1922 offengelassen, ob die gegenüber dem Erblasser erklärte formlose Zustimmung des Vertragspartners einer beeinträchtigen Verfügung von Todes Wirksamkeit verleiht. Indem der III. Zivilsenat die §§ 182, 183 BGB aufgrund des rechtsgeschäftlichen Charakters der Erklärung der bedachten Tochter für einschlägig erachtete, brachte er zum Ausdruck, dass auch formlose Zustimmungserklärungen einer beeinträchtigenden Verfügung von Todes wegen Rechtswirkung verleihen könnten. Dahingegen sprach er nicht aus, dass die formlose Zustimmung zur Wirksamkeit der Verfügung führte.

e) Beschluss des KG[441] vom 28. Juli 1938 - 1 Wx 303/38

Der Beschluss des Kammergerichts vom 28. Juli 1938 wurde bereits im Kapitel „Eintritt und Umfang erbvertraglicher Bindung" eingehend untersucht.

---

438 RGZ 134, 325, 326.

439 RGZ 134, 325, 327.

440 RGZ 134, 325, 328. Auch nach Ansicht des Berufungsgerichtes hätte sich die Klägerin selbst bei vorausgesetzter Gültigkeit des Erbvertrages nicht auf die Unwirksamkeit des Testamentes berufen können. Es stützte dieses Ergebnis auf die Arglisteneinrede.

441 JW 1938, 2746 f.

Bewusst ausgeklammert wurde bisher die Fragestellung, wie sich das Einverständnis des Sohnes als dem bedachten Erbvertragspartner auf die Wirksamkeit eines nachträglich von der Erblasserin errichteten Testamentes auswirkte.

Der Entscheidung lag ein zwischen der Erblasserin und ihrem Sohn geschlossener Erbvertrag zugrunde, in dem die Erblasserin ihren Sohn unter Zuwendung eines Vorausvermächtnisses zum Erben in Höhe von einem Viertel berufen hatte. Später setzte sie testamentarisch einen Testamentsvollstrecker ein. Dessen Antrag zur Erteilung eines Testamentsvollstreckerzeugnisses hat das Nachlassgericht zurückgewiesen. Die Beschwerde und weitere Beschwerde blieben ohne Erfolg.

Das Kammergericht vertrat wie schon in dem Beschluss vom 3. Mai 1919[442] die Ansicht, die nachträgliche Anordnung einer Testamentsvollstreckung beeinträchtige grundsätzlich die dem Vertragserben eingeräumte Rechtsstellung. Es brachte darüber hinaus zum Ausdruck, dass bei der Prüfung des Tatbestandsmerkmals „Beeinträchtigung" i. S. d. § 2289 Abs. 1 S. 2 BGB eine rechtliche Betrachtungsweise vorzunehmen sei. Daher stelle selbst eine Testamentsvollstreckung, welche im Interesse des Erben angeordnet wird, eine Beeinträchtigung dar. Denn auch in diesem Fall bleibe die Beschränkung des Verwaltungs- und Verfügungsrechtes seiner Erbenstellung bestehen[443]. Zur Wirksamkeit der Testamentsvollstreckung aufgrund der späteren Zustimmung durch den vertragsmäßig Bedachten erklärte das Kammergericht:

> „Es ist auch nicht anhängig, die erwähnte Verfügung wenigstens dann als wirksam zu behandeln, wenn derjenige, dessen Interesse das Gesetz mit der Anordnung ihrer Unwirksamkeit wahrnehmen will, ihr nach dem Erbfall ausdrücklich zustimmt. Denn es wäre mit der notwendigen Rechtssicherheit unvereinbar, daß die Beurteilung der Frage, wer Erbe geworden ist oder ob eine Testamentsvollstreckung besteht, von der Stellungnahme eines Beteiligten abhängt, für die weder eine Form noch eine Frist vorgesehen ist. Das BGB hat mit seinen Vorschriften über die Annahme und Ausschlagung einer Erbschaft (§§ 1942 ff.), über die Anfechtung einer Verfügung von Todes wegen (§§ 2081, 2082) und über die Amtsannahme

---

[442] RJA 16, 253, 254.

[443] JW 1938, 2746.

oder –ablehnung eines ernannten Testamentsvollstreckers (§ 2202) deutlich zu erkennen gegeben, daß diese erbrechtlichen Verhältnisse in bestimmten Formen und innerhalb bestimmter Fristen geklärt werden müssen“[444].

Wolle der Vertragserbe die Erbschaft nicht ausschlagen, bedürfe es für die Wirksamkeit der Anordnung der Testamentsvollstreckung in der Regel eines neuen Erbvertrages mit entsprechendem Inhalt[445].

Mit dem Beschluss wich das Kammergericht scheinbar von der Entscheidung des III. Zivilsenats des Reichsgerichts vom 1. Dezember 1931 ab, da Reichsgericht die formlose Zustimmung zur Testamentserrichtung der hierdurch beeinträchtigten Klägerin genügen ließ, um ihr eine Berufung auf die Bestimmungen des Erbvertrages zu verwehren. Hier ist die Aufmerksamkeit jedoch auf zwei entscheidende Unterschiede zu lenken: Zum einen betraf die Entscheidung des Kammergerichts nicht die im Erkenntnisverfahren behaupteten Rechte eines vertragsmäßig bedachten Dritten, sondern die im Erbscheinsverfahren festzustellende Erbenstellung des Vertragspartners selbst. Zum anderen erfolgte die Zustimmung im vorliegenden Fall erst nach dem Erbfall und in dem vom Reichsgericht entscheidenden Fall bereits vor Errichtung des belastenden Testamentes.

f) Zusammenfassung und Vergleich mit der Literatur

Die Rechtsprechung ließ in der Mehrzahl der bis 1945 veröffentlichten Entscheidungen offen, wann im Allgemeinen eine „Beeinträchtigung des Rechts des vertragsmäßig Bedachten“ vorliegt. Lediglich das Kammergericht führte in der Entscheidung vom 28. Juli 1938 aus, die „Beeinträchtigung" sei rein rechtlich zu verstehen. Demgegenüber sahen Teile der Kommentarliteratur das Tatbestandsmerkmal schon erfüllt, wenn die letztwillige Verfügung das wirtschaftliche Ergebnis der vertragsmäßigen Verfügung beeinträchtige[446].

---

444 JW 1938, 2746, 2747.

445 JW 1938, 2746, 2747.

446 Planck-Greiff, 4. Auflage, § 2289 Anm. 1; Soergel, 4. Auflage, § 2289 Anm. 1; RGRK-Buchwald, 9. Auflage, § 2289 Anm. 1.

Als Fälle der Beeinträchtigung des Rechts des vertragsmäßig Bedachten nannte die Rechtsprechung die Erbeinsetzung[447], das Vermächtnis[448] und hinsichtlich der Stellung des Vertragserben die Testamentsvollstreckung[449]. Keine Beeinträchtigung liege vor, wenn der erbvertraglich Bedachte vor dem Erbfall stirbt[450] oder die Zuwendung ausschlägt[451].

Hinsichtlich der Frage, wie sich die formlose Zustimmung des vertragsmäßig Bedachten zu einer beeinträchtigenden Verfügung auf deren Wirksamkeit auswirkt, differenzierte die Rechtsprechung nach dem Zeitpunkt der Abgabe der Erklärung. Während das Kammergericht[452] und der III. Zivilsenat des Reichsgerichts[453] eine nach dem Erbfall und nach Errichtung der beeinträchtigenden Verfügung abgegebene Zustimmungserklärung der Bedachten als unbeachtlich einstufte, ließ der IV. Zivilsenat des Reichsgerichts[454] eine vor Errichtung der beeinträchtigenden Verfügung erklärte Zustimmung genügen, um der Vertragserbin ein Berufen auf den abweichenden Erbvertrag zu verwehren[455]. Die Literatur hat die Zustimmungsproblematik zu diesem Zeitpunkt noch nicht behandelt.

2. Die Rechtsprechung von 1946-1970

a) Urteil des BGH[456] vom 8. Januar 1958 - IV ZR 219/57

In der Entscheidung vom 8. Januar 1958 beschäftigte sich der Bundesgerichtshof nicht nur mit der im Kaptitel „Eintritt und Umfang erbvertraglicher Bindung“ dargestellten Problematik sondern darüber hinaus mit der

---

447 KG, JFG 5 Nr. 33.

448 RG - IV 438/21, unveröffentlicht.

449 BayObLG 30, S. 59-50; KG, JW 1938, S. 2746-2747 und HRR 34 Nr. 17.

450 Vgl. den Beschluss des OLG Stuttgart vom 3. Oktober 1933 – FG 66/33, JW 1933, S. 2779-2780.

451 RG - IV 438/21, unveröffentlicht.

452 JW 1938, S. 2746-2747.

453 RG - IV 438/21, unveröffentlicht.

454 RGZ 134, 325, 327.

455 Zustimmend: RGRK-Seyffarth, 8. Auflage, § 2289 Anm. 2.

456 BGHZ 26, S. 204-216; s. S. 81 ff.

Auslegung des Tatbestandsmerkmals „Beeinträchtigung des Rechts des vertragsmäßig Bedachten“ i. S. d. § 2289 Abs. 1 BGB.

Der Erblasser hatte seinen Sohn zunächst in einem Erbvertrag als Vorerben des ganzen Nachlasses eingesetzt und ihn mit einer jährlichen Rente aus dem Nachlass bedacht. Später ernannte er den Sohn in einem Testament zum hälftigen Vollerben und zwei weitere Personen zu Miterben. Der Sohn begehrte vor dem Bundesgerichtshof als Widerkläger die Feststellung, dass der testamentarisch zum Miterben eingesetzte Neffe nicht Erbe geworden ist.

Der Revisionsbeklagte hatte sich auf den Standpunkt gestellt, die Frage, ob das Recht des vertragsmäßig Bedachten durch eine spätere letztwillige Verfügung im Sinne des § 2289 Abs. 1 BGB beeinträchtigt wurde, müsse allein nach wirtschaftlichen Gesichtspunkten entschieden werden. Eine letztwillige Verfügung, die einer vertragsmäßigen Verfügung widerspreche, sei immer dann gültig, wenn der vertragsmäßig Bedachte nicht schlechter als durch die vertragsmäßige Verfügung gestellt werde. Der Bundesgerichtshof wandte sich gegen diese rein wirtschaftliche Betrachtungsweise, da sie mit dem Wesen des Erbvertrages als einem Vertrag über letztwillige Zuwendungen unvereinbar sei[457]. Die Befugnis, seinem Vertragspartner das ihm zugewandte Recht einseitig zu entziehen und ihm dafür ein Recht mit einem anderen Inhalt zukommen zu lassen, welches allerdings wirtschaftlicher wertvoller wäre, sei dem allgemeinen Vertragsrecht so fremd, dass sie nur dann angenommen werden könne, wenn sich aus dem Gesetz ein klarer, dahin gehender Wille entnehmen lasse[458]. Einen derartigen Willen des Gesetzgebers konnte der Bundesgerichtshof in § 2289 Abs. 1 BGB nicht erblicken. Auch spreche die verschiedene Wortwahl in § 2258 BGB nicht für eine wirtschaftliche Betrachtung in § 2289 Abs. 1 BGB:

> „Daraus, daß in § 2289 BGB der Begriff „beeinträchtigen“ und in § 2258 BGB der Begriff „in Widerspruch stehen“ verwandt ist, folgt nicht, daß eine der vertragsmäßigen widersprechende Verfügung das Recht des vertragsmäßig Bedachten an sich noch nicht beeinträchtigt .... . Im Gegenteil ist davon auszugehen, daß wenigstens, solange ein Recht des vertragsmä-

---

[457] BGHZ 26, 208, 213.

[458] BGHZ 26, 208, 214 f.

ßig Bedachten überhaupt vorhanden ist, eine Verfügung, die den dieses Recht begründenden Bestimmungen widerspricht, das Recht des vertragsmäßig Bedachten notwendig auch beeinträchtigt"[459].

Der Gesetzgeber, so der Bundesgerichtshof, habe in § 2289 Abs. 1 BGB nur deswegen auf die Beeinträchtigung des Rechts des vertragsmäßig Bedachten und nicht auf den widersprechenden Inhalt abgestellt, um die Unwirksamkeit früherer oder später errichteter letztwilliger Verfügungen in einem weiteren Umfang eintreten zu lassen, als es sich bei einer dem § 2258 Abs. 1 BGB entsprechenden Fassung des Gesetzes ergeben würde[460]. So sollen nach Ansicht des Bundesgerichtshofs auch die Verfügungen, die nicht in Widerspruch zu den vertragsmäßigen stehen, die aber dennoch das Recht des vertragsmäßig Bedachten wirtschaftlich beeinträchtigen, unwirksam sein[461]. Da sich das Testament des Vaters jedoch im Widerspruch zu dem zuvor zwischen Vater und Sohn geschlossenen Erbvertrag befand, musste der Bundesgerichtshof nicht mehr auf wirtschaftliche Gesichtspunkte abstellen.

b) Vergleich mit der Literatur

Bis zum Urteil des Bundesgerichtshofs vom 8. Januar 1958 hatten die Lehrbuchliteratur und Teile der Kommentarliteratur die „Beeinträchtigung des Rechts des vertragsmäßig Bedachten" als Minderung, Schmälerung oder Belastung definiert[462]. Die Frage, ob dem Tatbestandsmerkmal eine wirtschaftliche oder rechtliche Betrachtungsweise zugrunde zu legen ist, wurde nur gelegentlich diskutiert[463]. Im Anschluss an BGHZ 26, 204 hat sich dies geändert. Das überwiegende Schrifttum stellte nach Veröffentlichung der Entscheidung auf die Ausführungen des Bundesgerichtshofs ab und erklärte,

---

459 BGHZ 26, 208, 213.

460 BGHZ 26, 208, 213.

461 BGHZ 26, 208, 214.

462 Neben den auf S. 121 genannten Autoren: Kipp, Erbrecht, 8. Auflage, § 34 II 3.

463 Siehe S. 127.

dass eine wirtschaftliche Schlechterstellung allein eine Beeinträchtigung i. S. d. § 2289 Abs. 1 BGB darstellen könne.[464].

Eine kritische Auseinandersetzung mit der Auslegung des § 2289 BGB findet sich in der Literatur der 1950iger und 1960iger Jahre nur bei Siebert[465]. Er definierte den Begriff „Beeinträchtigung" als „jede Änderung der dem Inhalt des Erbvertrages entsprechenden Rechtsstellung des vertragsmäßig Bedachten, soweit die Rechtsstellung nicht in seinem Interesse erweitert wird"[466]. Nach Ansicht von Siebert kann eine wirtschaftliche Beeinträchtigung nur dann vorliegen, wenn in die Rechtsstellung des Bedachten eingegriffen wird. Die vom Bundesgerichtshof geforderte wirtschaftliche Betrachtungsweise für die Fälle, in denen kein Widerspruch zwischen letztwilliger und vertraglicher Verfügung vorliegt, bedürfe daher einer Korrektur[467].

In der neueren Literatur[468] wird gelegentlich der 2. Leitsatz der Entscheidung, wonach eine Verfügung, die den erbvertraglichen Bestimmungen widerspreche, das Recht des vertragsmäßig Bedachten notwendig auch beeinträchtige, kritisiert. Denn es ließen sich aus der Formulierung keine Ausnahmen für die Fälle entnehmen, in denen die Rechtsstellung des vertragsmäßig Bedachten durch die spätere Verfügung von Todes wegen erweitert wird. Betrachtet man den Leitsatz für sich allein, so müsste der Kritik uneingeschränkt zugestimmt werden. Eine solche begrenzte Betrachtungsweise lässt jedoch die Formulierung des Bundesgerichtshof, nach welcher der Erblasser das Recht des Sohnes zwar

---

464 Palandt-Keidel, 27. Auflage, § 2289 Anm. 1 b; Brox, Erbrecht, 1. Auflage, Rn. 354; Soergel-Ehard-Eder, 9. Auflage, § 2289 Rn. 1 f.; Erman-Hense, 3. Auflage, § 2289 Anm. 3; Lange, Erbrecht, S. 407; RGRK-Kregel, 11. Auflage, § 2289 Anm. 3; Kipp/Coing, Erbrecht, 12. Auflage, § 38 II; Staudinger-Dittmann, 10./11. Auflage, § 2289 Rn. 14; Siebert, Festschrift für Hedemann (1958), S. 237 f.

465 Festschrift für Hedemann (1958), 237, 248 ff.

466 Festschrift für Hedemann (1958), 237, 253.

467 Festschrift für Hedemann (1958), 237, 251.

468 Buchholz, Rechtspfleger 1990, 45, 53; Reimann/Bengel-Mayer, 3. Auflage, § 2289 Rn. 26; Hülsmeier, Die bindende Wirkung des Erbvertrags, S. 63.

erweitern, aber nicht einschränken könne[469], außer acht. Der Kritik kann also nicht zugestimmt werden.

Neben Stellungnahmen zu der dargestellten Entscheidung des Bundesgerichtshofs finden sich in der Literatur der Jahre 1946-1970 erstmalig breitere Ausführungen zu der Frage, wie sich die Zustimmung des Bedachten zu einer beeinträchtigenden letztwilligen Verfügung auf deren Wirksamkeit auswirkt. Ein Teil der Autoren sprach solchen einseitigen Zustimmungserklärungen dann die Zulässigkeit ab, wenn die Zustimmung formlos erklärt wurde[470] und berief sich hierbei auf die Entscheidung des Kammergerichts[471] vom 28. Juli 1938. Die herrschende Lehre[472] schloss sich hingegen der Ansicht des Reichsgerichts[473] an. Sie ging davon aus, dass der Vertragserbe eine spätere letztwillige Verfügung des Erblassers gegen sich gelten lassen müsse, wenn dieser der Benachteiligung formlos zugestimmt hat. Innerhalb dieser Gruppe war umstritten, ob die Zustimmung noch nach dem Erbfall erklärt werden kann. Der überwiegende Teil ließ die Zustimmung nach dem Erbfall zu, forderte jedoch die Wahrung der für die Ausschlagung maßgeblichen Frist und Form, §§ 1944, 1945 BGB[474].

---

469 BGHZ 26, 204, 212.

470 Staudinger-Dittmann, 10./11. Auflage, § 2289 Rn. 20; Kipp/Coing, Erbrecht, 11. Auflage, § 38 II 6; Soergel-Ehard-Eder, 9. Auflage § 2289 Rn. 3.

471 JW 1938, 2746 f.

472 Siebert, Festschrift für Hedemann (1958), 237, 262; Brox, Erbrecht, 1. Auflage, Rn. 354; Lange, Erbrecht, § 37 III 3; Palandt-Keidel, 27. Auflage, § 2289 Anm. 1 b dd; Erman-Hense, 3. Auflage, § 2289 Anm. 3; RGRK-Kregel, 11. Auflage, § 2289 Anm. 3.

473 RGZ 134, 325, 327.

474 Siebert, Festschrift für Hedemann (1958), 237, 262; Brox, Erbrecht, 1. Auflage, Rn. 354; Lange, Erbrecht, § 37 III 3; a.A. Palandt-Keidel, 27. Auflage, § 2289 Anm. 1 b dd; wohl auch Erman-Hense, 3. Auflage, § 2289 Anm. 3.

3. Die Rechtsprechung von 1971-2000

a) Beschluss des OLG Hamm[475] vom 27. Februar 1974 - 15 W 180/73

Das OLG Hamm untersuchte in dem Beschluss vom 27. Februar 1974 die Auswirkungen einer formlosen Zustimmung der bedachten Vertragspartnerin zu einer beeinträchtigenden Verfügung von Todes.

Eheleute hatten sich in einem Erbvertrag gegenseitig zu Alleinerben eingesetzt. In einem später errichteten eigenhändigen Testament bestimmte der Erblasser seine Ehefrau zur Alleinerbin, setzte aber gleichzeitig seinen Sohn zum Nacherben ein. Nach dem Tod des Erblassers beantragte seine Ehefrau die Erteilung eines Erbscheins als Alleinerbin. In dem Antrag brachte sie zum Ausdruck, dass sie aufgrund des Testaments Vorerbin geworden sei und die gesetzlichen Erben die Gültigkeit des Testaments anerkannt hätten. Nach ihrem Tod beantragte der Sohn des Erblassers die Erteilung eines Erbscheins mit dem Inhalt, dass er seit dem Tod der Vorerbin alleiniger Erbe des Erblassers geworden sei. Das Nachlassgericht hat den Antrag zurückgewiesen. Beschwerde und weitere Beschwerde blieben erfolglos.

Das Landgericht hatte der Zustimmung der Ehefrau zu dem Testament keine erbrechtliche Bedeutung beigemessen. Zu dem selben Ergebnis gelangte auch das OLG Hamm. In einem ersten Schritt stellte es fest, die formlose Zustimmung der Ehefrau lasse in ihrer Eigenschaft als Vertragspartnerin die Beeinträchtigung nicht entfallen. In einem zweiten führte das Gericht aus, es ändere sich an dem Ergebnis auch nichts dadurch, dass Vertragspartnerin und Bedachte identisch waren.

Nach Ansicht des OLG Hamm kennt das Gesetz für die Aufhebung eines Erbvertrages durch die Vertragsparteien nur die Aufhebung durch Vertrag gemäß § 2290 Abs. 1 BGB und die Aufhebung durch gemeinschaftliches Testament gemäß § 2292 BGB. Ein einseitiges Testament könne nur für die in § 2291 Abs. 1 S. 1 BGB aufgeführten Fälle eine Aufhebung begründen, und selbst für die an dieser Stelle genannte Aufhebung eines vertragsmäßig angeordneten Vermächtnisses bzw. einer vertragsmäßig angeordneten Auflage bedürfe es einer gerichtlich oder notariell beurkundeten Zustimmungserklärung des Vertragspartners. Für das OLG Hamm waren die in §§ 2290-2292 BGB aufgeführten Aufhebungsmöglichkeiten abschließend. Der erkennende Senat bemerkte zwar beiläufig, dass dies im Einzelfall zu unbilligen

---

[475] OLGZ 1974, S. 378-383.

Ergebnissen führen könne. Das Gebot der Rechtssicherheit verbiete es aber, eine formlose Zustimmung des Vertragspartners zu beeinträchtigenden Verfügungen zuzulassen[476].

Die Ehefrau könne der beeinträchtigenden testamentarischen Verfügung auch nicht in ihrer Eigenschaft als vertragsmäßig Bedachte formlos zustimmen. Zum einen begründe der Erbvertrag keine Anwartschaft, auf welche die Vertragserbin vor dem Erbfall i. S. d. § 397 BGB verzichten konnte. Zum anderen habe das BGB mit seinen Vorschriften über die Annahme oder Ausschlagung einer Erbschaft (§§ 1942 ff. BGB) und über die Anfechtung einer Verfügung von Todes wegen (§§ 2081 f. BGB) zu erkennen gegeben, dass diese erbrechtlichen Verhältnisse in bestimmten Formen und innerhalb bestimmter Fristen geklärt werden müssen[477].

Das OLG Hamm folgte damit im Wesentlichen der Argumentation des Kammergerichts[478] und stellte das Gebot der Rechtssicherheit in den Mittelpunkt der Betrachtung. Im Gegensatz zu dem Kammergerichtsbeschluss vom 28. Juli 1938 unterschied das OLG Hamm die Zustimmung in der Eigenschaft als Vertragserbe von der Zustimmung in der Eigenschaft als vertragsmäßig Bedachter.

b) Beschluss des BayObLG[479] vom 28. Oktober 1974 - BReg. 1 Z 47/74

Der Beschluss des BayObLG vom 28. Oktober 1974 führte die Entscheidung des OLG Hamm vom 27. Februar 1974[480] fort. Im Leitsatz der Entscheidung erklärte das BayObLG:

> „Eine vertragsmäßige Verfügung, durch die eine Erbeinsetzung angeordnet ist, kann von dem Erblasser nicht durch Testament aufgehoben werden. Zur Wirksamkeit der Aufhebung ist ein Aufhebungsvertrag (§ 2290 BGB), bei mehr als zwei Vertragsschließenden mindestens ein Zuwen-

---

[476] OLGZ 1974, 378, 381.

[477] OLGZ 1974, 378, 382.

[478] JW 1938, 2746, 2747.

[479] BayObLGZ 1974, S. 401-405.

[480] OLGZ 1974, S. 378-383.

dungsverzichtsvertrag (§ 2352 BGB) erforderlich. Eine formlose Zustimmung des vertraglich bedachten Erben genügt nicht".

Dem Beschluss lag folgender Sachverhalt zugrunde:

Die Erblasserin hatte einen Erbvertrag mit ihrer Tochter und ihrer Enkelin geschlossen, in dem sie beide je zur Hälfte als Erben einsetzte. Nach erfolgloser Anfechtung des Erbvertrages gegenüber ihrer Enkelin setzte die Erblasserin die schon im Erbvertrag bedachte und eine weitere Tochter testamentarisch je zur Hälfte als Erben ein. Das Amtsgericht hat den von der Enkelin gestellten Erbscheinsantrag zurückgewiesen und einen Erbschein zugunsten der beiden Töchter erteilt. Das Landgericht hat auf die Beschwerde der Enkelin hin den Beschluss des Amtsgerichtes aufgehoben und das Amtsgericht angewiesen, den Erbschein einzuziehen, um einen neuen Erbschein zu erteilen, der die Tochter und die Enkelin je zur Hälfte als Erben ausweist. Die hiergegen einlegte weitere Beschwerde der anderen Tochter hatte keinen Erfolg.

Das Landgericht hatte festgestellt, dass die Erblasserin von der erbvertraglichen Bindung weder durch Aufhebungsvertrag oder Zuwendungsverzichtsvertrag noch durch eine wirksame Anfechtung des Erbvertrages oder durch einen Rücktritt befreit worden sei. Der Auffassung der Tochter, nach der die Enkelin im Rahmen des über die Wirksamkeit der Anfechtung geführten Rechtsstreites auf ihr Erbrecht gegen Abfindung verzichtet habe, schloss sich das Landgericht nicht an. Im Übrigen wäre diese Zustimmung formlos gewesen und hätte die erbrechtliche Bindung der Erblasserin nicht beseitigen können. Nachdem das BayObLG in diesen rechtlichen Würdigungen keine Rechtsfehler erblickte, ging der Senat verstärkt auf die Problematik der formlosen Zustimmung ein. Er unterschied nicht wie das OLG Hamm[481] in dem Beschluss vom 27. Februar 1974 zwischen der formlosen Zustimmung des Vertragspartners einerseits und des Bedachten andererseits, sondern nur zwischen den Auswirkungen von Zustimmungen im Erbscheinsverfahren und denen im Zivilprozess[482]. Für das Erbscheinsverfahren komme es darauf an, ob eine Zustimmung die erbvertragliche Erbeinsetzung beseitige, und nicht, ob der Zustimmende sich schuldrechtliche Einwendungen wie z.B. Erwägungen nach Treu und Glauben entgegenhalten lassen müsse. Soll die vertragliche Erbeinsetzung im Einverständnis der Parteien aufgehoben werden, be-

[481] OLGZ 1974, S. 378-383.

[482] BayObLGZ 1974, 401, 404.

stehe dafür außerhalb der §§ 2290-2292, 2352 BGB keine rechtliche Möglichkeit[483]. Das BayObLG sah diese Normen ebenso wie das OLG Hamm[484] als abschließend an und verwies in diesem Zusammenhang auf die Motive. Die Redaktoren der ersten Kommission hatten den Aufhebungsvertrag gemäß § 1957 E 1 formalisiert, da dieser unter Umständen ebenso wichtig sei wie der Abschluss des Erbvertrages selbst[485]. Den Gedanken übertrug das BayObLG über § 2290 BGB hinaus auf die anderen Aufhebungs- bzw. Verzichtstatbestände, welche im Einverständnis der Beteiligten erfolgen[486]. Die Zulassung einer formlosen Zustimmung würde nach Ansicht des BayObLG diesen gesetzgeberischen Willen umgehen. Sie sei daher abzulehnen.

c) Beschluss des OLG Stuttgart[487] vom 25. Oktober 1978 - 8 W 256/78

Nachdem die Rechtsprechung bis 1970 die spätere Anordnung einer Testamentsvollstreckung einhellig als Beeinträchtigung des Rechtes des vertragsmäßig Bedachten einstufte[488], beschäftigte sich das OLG Stuttgart in dem Beschluss vom 25. Oktober 1978 mit der Frage, ob die einseitige nachträgliche Auswechslung des Testamentsvollstreckers ebenfalls eine Beeinträchtigung darstellt.

In einem mit seiner Ehefrau, seinem Adoptivsohn und dessen Ehefrau abgeschlossenen Erbvertrag hatte der Erblasser seine Ehefrau und seinen Adoptivsohn je zur Hälfte als Erben eingesetzt. Gleichzeitig behielten sich die Eheleute das Recht vor, die Ehefrau des Erblassers in einem gemeinschaftlichen Testament zur Testamentsvollstreckerin einzusetzen. In dem später errichteten gemeinschaftlichen Testament berief der Erblasser für den Fall seines Vorversterbens zwei andere Personen als Testamentsvollstrecker. Den Antrag der Beteiligten auf Erteilung eines Testamentvollstreckerzeugnisses hat das Nachlassgericht zurückgewiesen. Beschwerde und weitere Beschwerde blieben erfolglos.

Das Landgericht erklärte die Ernennung der Beschwerdeführer zu Testamentsvollstreckern gemäß § 2289 Abs. 1 S. 2 BGB für unwirksam, weil diese

---

483 BayObLGZ 1974, 401, 404.

484 OLGZ 1974, S. 378-383.

485 Motive V, S. 341.

486 BayObLGZ 1974, 401, 405.

487 OLGZ 1979, S. 49-52.

488 RJA 16, S. 253-257; BayObLGZ 30, S. 59-60; KG, HRR 1934 Nr. 17 und JW 1938, S. 2746 f.

eine über den Vorbehalt hinausgehende Beeinträchtigung des Vertragserben darstelle. Das OLG Stuttgart folgte dieser rechtlichen Würdigung und stützte die Zulässigkeit eines Vorbehaltes mit dem Inhalt, dem Erblasser die Anordnung einer Testamentsvollstreckung nur für den Fall zu gestatten, dass er eine bestimmte Person zum Testamentsvollstrecker ernennt, auf die Vertragsfreiheit[489]. Die Beschwerdeführer hatten sich auf den Standpunkt gestellt, die Auswechslung der Person des Testamentsvollstreckers stelle keine Änderung der Rechtsstellung des Erben dar und erfülle somit nicht das Tatbestandsmerkmal der „Beeinträchtigung". Dass es „eine gewissermaßen abstrakte Testamentsvollstreckung" gebe, bei welcher der Person des Testamentsvollstreckers keine besondere Bedeutung zukomme, hat das OLG Stuttgart nicht bestritten. Es sah diese aber als Ausnahmefall an:

> „Der gesetzliche Regelfall ist ... die auf eine bestimmte Person bezogene Testamentsvollstreckung (§ 2197 Abs. 1 BGB). Auf eine solche ist der Vorbehalt im vorliegenden Fall beschränkt. Danach kann das Recht des Vertragserben eingeschränkt werden, wenn der Erblasser diese bestimmte Person beruft. Entstehen und Dauer der Beschränkung sind außerdem davon abhängig, ob und wie lange sie das Amt ausüben kann und will (§§ 2201, 2202, 2225 bis 2227 BGB). Die Rechtsposition des Erben ist hier günstiger als bei einer Testamentsvollstreckung, für deren Eintritt und Wegfall diese zusätzlichen, auf eine konkrete Person bezogenen Voraussetzungen ohne Bedeutung sind"[490].

Nach Ansicht des OLG Stuttgart bewirkt die Auswechslung des Testamentsvollstreckers daher eine „über den vorbehaltenen Umfang hinausgehende Beeinträchtigung des Vertragserben"[491]. Unklar bleibt in den Ausführungen, welche Definition das OLG Stuttgart dem Tatbestandsmerkmal der „Beeinträchtigung" in § 2289 Abs. 1 BGB zugrundelegt hat. Eine rein rechtliche Betrachtungsweise scheint dies nicht zu sein, da dem Erben bei einer Testamentsvollstreckung im Regelfall unabhängig von der das Amt ausübenden

---

[489] OLGZ 1979, 49, 51.

[490] OLGZ 1979, 49, 52.

[491] OLGZ 1979, 49, 52.

Person die Verfügungs- und Verwaltungsbefugnis entzogen wird, §§ 2205, 2211 BGB. Auch eine wirtschaftliche Benachteiligung ist nicht ersichtlich. Offenbar berücksichtigt das OLG Stuttgart bei der Frage der Beeinträchtigung das Vertrauen, welches die Vertragsparteien durch die Einsetzung einer nahestehenden Person als Testamentsvollstrecker dokumentiert haben, und damit persönliche bzw. ideelle Gesichtspunkte.

Die Auffassung des OLG Stuttgart, der vorliegende Vorbehalt gebe dem Erblasser nicht die Möglichkeit, andere Personen als Testamentsvollstrecker einzusetzen, ist abzulehnen. Sie widerspricht dem Willen des historischen Gesetzgebers und ist nicht mit §§ 2278 Abs. 2, 2289 Abs. 1 BGB zu vereinbaren. Nach dem in den Protokollen niedergefassten Willen der Kommissionen[492] sollte in Ansehung eines möglichen Wechsels der Verhältnisse und der Gesinnung des Ernennenden der Widerruf des in einem Erbvertrag ernannten Testamentsvollstreckers jederzeit möglich sein. Auch wenn sich diese Forderung der ersten und der zweiten Kommission nur auf den Fall bezog, dass die Testamentsvollstreckung im Erbvertrag angeordnet wurde, lässt sich hieraus und im Umkehrschluss aus § 2278 Abs. 2 BGB der gesetzgeberische Wille entnehmen, dass eine Testamentsvollstreckung in keinem Fall bindenden Charakter haben dürfe. Deshalb muss der Widerruf der Vorbehaltsbestimmung durch Auswechslung der Person des Testamentsvollstreckers möglich sein. Eine andere Sichtweise würde Gefahr laufen, den § 2278 Abs. 2 BGB auszuhöhlen und die Person eines bestimmten Testamentsvollstreckers über den Umweg eines Änderungsvorbehaltes zum Inhalt einer von § 2289 Abs. 1 BGB geschützten Rechtsstellung des Bedachten zu erheben[493]. Aus diesen Gründen kann es für die vorliegende Problematik dahinstehen, ob in dem Erbvertrag eine Testamentsvollstreckung angeordnet worden ist oder ein Vorbehalt besteht, welcher nur erlaubt, bestimmte Personen zu Testamentsvollstreckern einzusetzen. In keiner der beiden Fälle stellt die Auswechslung des Testamentsvollstreckers durch eine mit gleichen Rechten und

[492] Protokolle I, S. 10017, abgedruckt bei: Jakobs/Schubert, Die Beratung des Bürgerlichen Gesetzbuchs, Erbrecht, 2. Teilband, S. 1714; Protokolle II, S. 7304; vgl. auch Motive V, S. 334.

[493] Ebenso, Soergel-Wolf, 12. Auflage, § 2289 Rn. 10.

Pflichten ausgestattete Person eine zusätzliche Beeinträchtigung i. S. d. § 2289 Abs. 1 S. 2 BGB dar.

d) Urteil des BGH[494] vom 2. Dezember 1981 – IV a ZR 252/80

In der Entscheidung vom 2. Dezember 1981 gab der Bundesgerichtshof obiter dictum zu verstehen, dass die nachträgliche Änderung einer im Erbvertrag angeordneten Teilungsanordnung keine Beeinträchtigung im Sinne von § 2289 Abs. 1 BGB darstelle, indem er ausführte:

> „Eine solche Teilungsanordnung lässt die Höhe der Erbteile der einzelnen Miterben unberührt und nimmt an der Bindungswirkung des Erbvertrages nicht teil, ohne daß es hierfür eines besonderen „Vorbehaltes" bedürfte. Die Erblasserin war daher nicht gehindert, die in dem Erbvertrag enthaltenen Teilungsanordnungen nachträglich aufzuheben oder durch andere zu ersetzen. Sollte es sich hier tatsächlich (nur) um Teilungsanordnungen handeln, dann könnte der Bekl. aus ihnen im Hinblick auf das anderslautende Testament der Erblasserin keine Rechte herleiten"[495].

e) Urteil des BGH[496] vom 12. Juli 1989 - IV a ZR 174/88

Der Entscheidung vom 12. Juli 1989 lag der Sachverhalt zugrunde, dass der Vertragserbe vor dem Erbfall einer ihn im Sinne von § 2287 BGB beeinträchtigenden Schenkung durch mündliche Erklärung zugestimmt hatte. Der Bundesgerichtshof nahm den Fall zum Anlass, um neben der Analyse des § 2287 BGB auch zu den Auswirkungen einer formlosen Zustimmung des Vertragspartners zu einer beeinträchtigenden Verfügung von Todes wegen Stellung zu beziehen. Der Bundesgerichtshof hat diese Rechtsfrage nunmehr dahingehend entschieden, dass eine formlose Zustimmung eine beeinträchtigende Verfügung von Todes wegen nicht in Wirksamkeit versetzen kann. Mit

---

[494] NJW 1982, S. 441-443.

[495] NJW 1982, 441, 442.

[496] BGHZ 108, S. 252-255.

dieser Einschätzung liegt er auf einer Linie mit dem BayObLG[497] und dem OLG Hamm[498]. Zu Begründung führte der Bundesgerichtshof aus:

> „Die gegenteilige Rechtsprechung des Reichsgerichts nimmt nicht genügend Bedacht darauf, daß das Gesetz sowohl die Aufhebung eines Erbvertrages als auch den Verzicht auf berechtigte Erberwartungen (§ 2348 BGB) an die Einhaltung strenger Formvorschriften knüpft. Diesem Gesichtspunkt hat der Bundesgerichtshof besonderes Gewicht beigelegt. Demgemäß hat der frühere IV. Zivilsenat des Bundesgerichtshofs bereits in seiner in BGHZ 26, 204 veröffentlichten Grundsatzentscheidung ausgesprochen, daß die Freistellungsklausel, durch die dem Erblasser in einem Erbvertrag vorbehalten wird, über die Vergabe seines Nachlasses in bestimmtem Rahmen anders zu verfügen, als in dem Erbvertrag vorgesehen ist, der Form des § 2276 BGB bedarf"[499].

Mit dieser Linie wäre es nach Ansicht des Bundesgerichtshofs unvereinbar, die Bindung des Erblassers mit der formlosen Zustimmung des Erbvertragspartners oder des Bedachten enden zu lassen[500]. Obiter dictum führte der Senat aus, auch die formlose Zustimmungserklärung des erbvertraglich Bedachten zu der ihn beeinträchtigenden späteren Verfügung könne im Einzelfall unter dem Gesichtspunkt des Arglisteneinwandes beachtlich sein[501].

Eingehend beschäftigte sich Stumpf in einer Urteilsanmerkung mit den vom Bundesgerichtshof aufgestellten Thesen[502] und stimmte diesen im Ergebnis zu. Stumpf wählte einen differenzierteren Ansatz. In einem ersten Schritt untersuchte sie, ob die Regelungen der §§ 2290-2292, 2352 BGB die nachträgliche Aufhebung der Bindungswirkung abschließend regeln. Nach Verneinung dieser Frage[503] prüfte Stumpf, ob für die Zustimmung des Vertrags-

---

[497] Vgl. S. 134 f.

[498] Vgl. S. 133 f.

[499] BGHZ 108, 252, 254.

[500] BGHZ 108, 252, 254 f.

[501] BGHZ 108, 252, 255.

[502] FamRZ 1990, S. 1057-1060.

[503] Kritisch hierzu Reimann/Bengel-Mayer, 3. Auflage, § 2289 Rn. 43.

partners bzw. des Bedachten zu beeinträchtigenden Verfügungen von Todes wegen eine Form erforderlich ist. Während Stumpf die Form der notariellen Beurkundung über eine Analogie zu § 2291 Abs. 2 BGB herleitet[504], erreicht der Bundesgerichtshof dieses Ergebnis im Hinblick auf die Zustimmung des Vertragserben zu lebzeitigen Verfügungen des Erblassers durch einen Verweis auf die Nähe zum Erbverzicht[505] und die Formvorschriften der §§ 2348, 2352 S. 2 BGB.

M.E. bedürfen Zustimmungserklärungen zu beeinträchtigenden Verfügungen von Todes wegen nicht nur der notariellen Beurkundung, sondern sie müssen grundsätzlich in einem Vertrag niedergefasst sein.

Für den Vertragspartner ergibt sich diese Forderung aus dem Rechtsgedanken des § 2290 BGB. § 2290 BGB liegt der gesetzgeberische Wille zugrunde, der Erbvertrag solle in der gleichen Weise aufgehoben werden, wie er errichtet wurde[506]. Die Ansicht von Stumpf, die bereits eine einseitige notariell beurkundete Zustimmungserklärung ausreichen lässt, um eine beeinträchtigende Verfügung von Todes wegen in Wirksamkeit zu versetzen, lässt diesen gesetzgeberischen Willen außer acht. Denn durch die Zustimmung sollen die gleichen Wirkungen wie durch die von § 2290 BGB vorausgesetzte beiderseitige Aufhebung erreicht werden. Wer aber die gleichen Rechtswirkungen wie durch eine Aufhebung erreichen will, muss sich auch an dessen formellen Voraussetzungen messen lassen. Eine einseitige notariell beurkundete Zustimmungserklärung ist daher nur ausnahmsweise entsprechend § 2291 BGB zulässig, wenn die spätere Verfügung ein vertragsmäßiges Vermächtnis oder eine Auflage beeinträchtigt.

Der Wille des Gesetzgebers und die gesetzliche Systematik fordern zudem, dass nicht nur die Zustimmungserklärungen des Vertragspartners sondern auch diejenigen des vertragsmäßig bedachten Dritten in einem notariell beurkundeten Vertrag niedergefasst werden müssen. Der gesetzliche Anhalts-

---

[504] FamRZ 1990, 1057, 1060.

[505] BGHZ 108, 252, 255.

[506] Siehe Fn. 485.

punkt hierfür ist § 2352 BGB. Die Redaktoren der ersten Kommission haben sich für die Vertragsform des Erbverzichts entschieden, da „Erbverzichte im Allgemeinen von nicht geringerer Bedeutung sind als Erbeinsetzungsverträge“[507]. In der Literatur wird die Vertragsform gelegentlich damit begründet, dass „mögliche Erben nicht ohne Willen oder Wissen des Erblassers eine Bestimmung über dessen Nachlaß treffen sollen"[508]. Diese Gefahr des Übergehens des Erblasserwillens würde bei der Zustimmung des vertragsmäßig Bedachten zwar nicht bestehen, da der Zustimmung ein inhaltlich gleicher Wille des Erblassers, manifestiert in einer Verfügung von Todes wegen, vorausgeht. Das ändert aber nichts an der vom Gesetzgeber gewählten Entscheidung, dass die erbvertragliche Bindung zwischen dem Erblasser und dem Dritten nur durch einen Vertrag beseitigt werden kann, § 2352 S. 2 i. V. m. S. 1 BGB. Ausnahmen von diesem Grundsatz, wie für oben den Vertragspartner vorgeschlagen, sind nicht zu machen. Zwar erklärten die Redaktoren auch einen teilweisen Erbverzicht für zulässig. Im Gegensatz zu den Regelungen über die Aufhebung erbvertraglicher Verfügungen, sah man hierbei aber davon ab, Formerleichterungen zu normieren. An dieser gesetzgeberischen Entscheidung ist im Sinne der Rechtsklarheit und Rechtssicherheit festzuhalten.

f) Urteil des OLG Hamm[509] vom 8. Oktober 1990 – 8 U 38/90

In der Entscheidung vom 8. Oktober 1990 befasste sich das OLG Hamm mit der Frage, ob die testamentarische Einsetzung eines Schiedsgerichts eine beeinträchtigende Verfügung i. S. v. § 2289 BGB darstelle. Es führte hierzu aus:

> „Die Frage, ob die Einsetzung eines Schiedsgerichts eine beeinträchtigende Verfügung i.S. von § 2289 BGB ist, ist – soweit ersichtlich – obergerichtlich noch nicht entschieden worden. Nach Auffassung des Senats ist diese Frage eindeutig zu bejahen. Durch die nachträgliche Einsetzung

---

[507] Motive V, S. 475.

[508] Keim, Zuwendungsausgleich durch Erbverzicht, S. 21.

[509] NJW-RR 1991, S, 455-456.

eines Schiedsrichters wird der durch den Erbvertrag bedachte Vermächtnisnehmer der uneingeschränkten Interpretationsmacht des Schiedsrichters unterworfen und zugleich der Möglichkeit beraubt, die ordentlichen Gerichte anzurufen. Daß darin eine Beeinträchtigung der Rechtsstellung des Bedachten liegt, kann nach Ansicht des Senats nicht ernsthaft in Abrede gestellt“[510].

Diese Rechtsauffassung hat in der Literatur neben Zustimmung[511] auch Ablehnung[512] erfahren. Nach Ansicht von Lange/Kuchinke betrifft die testamentarische Einsetzung eines Schiedsgerichts nur den Rechtsschutz der Erbbeteiligten. Die Anordnung selbst sei aber keine erbrechtliche Verfügung. Aus diesem Grunde liege keine Beeinträchtigung i. S. v. § 2289 BGB vor[513]. Zu dem selben Ergebnis gelangt Mayer. Nach seiner Auffassung ist die testamentarische Einsetzung eines Schiedsgerichts nur der Form nach eine letztwillige Verfügung[514].

Der Ansicht von Lange/Kuchinke und Mayer ist zu folgen. In der Tat lässt die testamentarische Einsetzung eines Schiedsgerichts eine erbrechtliche Schlechterstellung der vertragsmäßig Bedachten vermissen. Sie ist auch nicht mit der Anordnung einer Testamentsvollsteckung zu vergleichen. Die Testamentsvollstreckung greift in die Verwaltungs- und Verfügungsbefugnis des Erben ein. Beide Befugnisse gehen auf den Erben erst mit dem Erbfall über. Das Schiedsgerichtsverfahren nimmt dem Erben dagegen keine derartigen Befugnisse.

---

510 NJW-RR 1991, 455, 456.

511 Soergel-Wolf, 12. Auflage, § 2289 Rn. 9; Palandt-Edenhofer, 61. Auflage, § 2289 Rn. 9; Jauernig-Stürner, 9. Auflage, § 2289 Anm. 1 b.

512 Lange/Kuchinke, Erbrecht, 4. Auflage, § 32 II 4; Reimann/Bengel-Mayer, 3. Auflage, § 2289 Rn. 36.

513 Lange/Kuchinke, Erbrecht, 4. Auflage, § 32 II 4.

514 Reimann/Bengel-Mayer, 3. Auflage, § 2289 Rn. 36.

g) Beschluss des OLG Düsseldorf[515] vom 17. Juni 1994 - 3 Wx 218/94

Das OLG Düsseldorf bewertete in dem Beschluss vom 17. Juni 1994 die Auswechslung der im Erbvertrag eingesetzten Person des Testamentsvollstreckers nicht als eine unzulässige Beeinträchtigung der Rechte der vertragsmäßig Bedachten.

Zwei Schwestern hatten einen Erbvertrag geschlossen und vier Personen zu Erben der Überlebenden eingesetzt. Für den Nachlass der überlebenden Schwester wurde Testamentsvollstreckung angeordnet. Nach dem Tod ihrer Schwester berief die Erblasserin durch privatschriftliches Testament eine andere Person als die im Erbvertrag bestimmten Rechtsanwälte zum Testamentsvollstrecker. Zugunsten dieser Person wurde nach dem Tod der Erblasserin ein Testamentsvollstreckerzeugnis ausgestellt. Einer der Erben beantragte dieses wegen Unrichtigkeit einzuziehen. Während das Amtsgericht den Antrag zurückgewiesen hat, ordnete das LG auf die Beschwerde des Erben die Einziehung des Testamentsvollstreckerzeugnisses an. Gegen diese Entscheidung legte der letztwillig zum Testamentsvollstrecker Eingesetzte mit Erfolg weitere Beschwerde beim OLG Düsseldorf ein.

Nach Ansicht des OLG Düsseldorf ist nicht ersichtlich, inwiefern die Schlusserben rechtlich oder wirtschaftlich dadurch beeinträchtigt sein könnten, dass der ursprünglich berufene Testamentsvollstrecker durch eine in vergleichbarer Funktion tätige andere Person ersetzt wurde. Das Gericht wandte sich in dem Beschluss ferner gegen die vom Landgericht vertretene Rechtsauffassung, nach der ein Erblasser auf sein Recht auf Auswechslung des Testamentsvollstreckers „durch eindeutige Verfügung von Todes wegen" verzichten könne, da sich niemand einseitig seiner Testierfreiheit begeben könne[516].

Die Entscheidung berücksichtigt die in den Protokollen niedergefasste Intention des Gesetzgebers, dass aufgrund der dem Testamentsvollstrecker eingeräumten Vertrauensstellung bei einem möglichen Wechsel der Verhältnisse und der Gesinnung des Ernennenden der Widerruf jederzeit offen bleiben müsse[517]. Der Beschluss stimmt mit der herrschenden Lehre[518] und der für

---

[515] ZEV 1994, S. 302-303.

[516] ZEV 1994, 302.

[517] Protokolle I, S. 10017, abgedruckt bei: Jakobs/Schubert, Die Beratung des Bürgerlichen Gesetzbuchs, Erbrecht, 2. Teilband, S. 1714; Protokolle II, S. 7304; vgl. auch Motive V, S. 334.

das gemeinschaftliche Testament ergangenen Entscheidung des Kammergerichts[519] aus dem Jahre 1977 überein. Dort hatte das Kammergericht ausgeführt, eine messbare Benachteiligung sei für den Bedachten bei der Auswechslung eines Testamentsvollstreckers nicht zu erkennen.

h) Zusammenfassung und Vergleich mit der Literatur

Der Bundesgerichtshof hatte in BGHZ 26, 204 die für die Auslegung des Begriffs „Beeinträchtigung" maßgeblichen Gesichtspunkte untersucht und in der Entscheidung ausgeführt, dass auch Verfügungen, die nicht in Widerspruch zu den vertragsmäßigen stehen, die aber dennoch das Recht des vertragsmäßig Bedachten wirtschaftlich beeinträchtigen, unwirksam seien[520].

Gegen diese Rechtsauffassung wendet sich mittlerweile der überwiegende Teil der neueren Literatur[521]. § 2289 Abs. 1 BGB stelle auf die Beeinträchtigung des Rechts des vertragsmäßig Bedachten ab, und nicht auf den wirtschaftlichen Vorteil des Erwerbs[522]. Dieser Streit hat auf die Rechtsprechung zur erbvertraglichen Bindungswirkung keine Auswirkungen. Die neuere Rechtsprechung beruft sich an keiner Stelle auf die wirtschaftlichen Erwägungen des Bundesgerichtshofs, sondern untersucht stets, ob die betreffende Verfügung die Rechtsstellung des vertragsmäßig Bedachten beeinträchtigt[523]. Als beeinträchtigende Verfügungen i. S. d. § 2289 Abs. 1 BGB wurden die nachträgliche Einsetzung eines Testamentsvollstreckers[524], die Berufung ei-

---

518 Palandt-Edenhofer, 61. Auflage, § 2289 Rn. 5; MüKo-Musielak, 3. Auflage, § 2289 Rn. 10; Soergel-Wolf, 12. Auflage, § 2289 Rn. 10; Kuchinke, Festschrift v. Lübtow (1991), 283, 284.

519 FamRZ 1977, S. 485-487.

520 BGHZ 26, 204, 213 f.

521 Reimann/Bengel-Mayer, 3. Auflage, § 2289 Rn. 16; Kuchinke, Festschrift v. Lübtow (1991), 283, 288; Staudinger-Kanzleiter, 13. Auflage, § 2289 Rn. 14; Hülsmeier, Die bindende Wirkung des Erbvertrags, S. 63; MüKo-Musielak, 3. Auflage, § 2289 Rn. 10; Brox, Erbrecht, 19. Auflage, Rn. 157.

522 Kuchinke, Festschrift v. Lübtow (1991), 283, 288.

523 Vgl. OLG Hamm, OLGZ 1974, 378, 379; BGH, NJW 1982, S. 441-443; OLG Hamm, NJW-RR 1991, 455, 456.

524 OLG Hamm, FamRZ 1996, 637; LG Stuttgart, Rpfleger 1993, 68 [auch wenn der Erbe über die Hälfte des Nachlasses frei verfügen kann].

nes Nacherben[525] sowie die Anordnung eines Schiedsrichters[526] angesehen. Die Auswechslung des im Erbvertrag benannten Testamentsvollstreckers[527] und die nachträgliche Änderung einer Teilungsanordnung[528] stellen nach Ansicht der Rechtsprechung keine Beeinträchtigung der Rechte der vertragsmäßig Bedachten dar.

Ist der vertragsmäßig Bedachte vor Eintritt des Erbfalls verstorben, so kann nach Ansicht der neueren Rechtsprechung ebenso wie eine frühere letztwillige Verfügung i. S. d. § 2289 Abs. 1 S. 1 BGB[529] auch keine spätere Verfügung von Todes wegen i. S. d. § 2289 Abs. 1 S. 2 BGB[530] dessen Rechte beeinträchtigen. Maßgeblich für die Beurteilung einer Beeinträchtigung solle im Einklang mit der herrschenden Lehre[531] der Zeitpunkt des Erbfalls sein.

In vier Entscheidungen haben die Gerichte ausgesprochen, eine formlose Zustimmung des vertragsmäßig Bedachten sei nicht geeignet, die sich aus § 2289 Abs. 1 S. 2 BGB ergebende Unwirksamkeit zu beseitigen[532]. Unklar blieb in den Entscheidungen, ob eine formalisierte Zustimmungserklärung die Rechtsfolge des § 2289 Abs. 1 S. 2 BGB ausschließen kann. Konkreter ist die herrschende Lehre. Sie unterscheidet bei der Zustimmungsproblematik zwischen den Erklärungen des Vertragspartners und denen des bedachten Dritten. Die vor dem Erbfall erklärte Zustimmung des Vertragspartners sei wirksam, wenn die für die Aufhebung des Erbvertrages vorgesehene Form

---

525 OLG Hamm, OLGZ 1974, 378, 379.

526 OLG Hamm, NJW-RR 1991, 455, 456.

527 OLG Düsseldorf, ZEV 1994, 302, 303; ebenso die herrschende Lehre, s. Fn. 518.

528 BGH obiter dictum, NJW 1982, 441, 442; ebenso Kuchinke, Festschrift v. Lübtow (1991), 283, 288; Reimann/Bengel-Mayer, 3. Auflage, § 2289 Rn. 35; a.A. Soergel-Wolf, 12. Auflage § 2289 Rn. 9; Staudinger-Kanzleiter, 13. Auflage, § 2289 Rn. 12.

529 OLG Zweibrücken, ZEV 1999, 439, 440.

530 OLG Zweibrücken, FamRZ 1977, S. 485-487 und FamRZ 1989, 1353, 1355.

531 Reimann/Bengel-Mayer, 3. Auflage, § 2289 Rn. 11, 22; MüKo-Musielak, 3. Auflage, § 2289 Rn. 4; 13; RGRK-Kregel, 12. Auflage, § 2289 Rn. 2, 3; Staudinger-Kanzleiter, 13. Auflage, § 2289 Rn. 8, 15; Soergel-Wolf, 12. Auflage, § 2289 Rn. 6, 11; Brox, Erbrecht, 19. Auflage, Rn. 157; Erman-Schmidt, 10. Auflage, § 2289 Rn. 4.

532 OLG Hamm, OLGZ 1974, S. 378-383; BayObLG, BayObLGZ 1974, S. 401-405; BGH, BGHZ 108, S. 252-255; OLG Köln, NJW-RR 1994, 651, 653.

(§§ 2290 Abs. 4, 2276 BGB) eingehalten wurde. Für Ehegatten gelte die Formerleichterung des § 2292 BGB. Die Zustimmungserklärung des Vertragspartners zu beeinträchtigenden Vermächtnissen und Auflagen müsse lediglich i. S. d. § 2291 Abs. 2 BGB notariell beurkundet werden. Eine vor dem Erbfall geäußerte Zustimmung des vertragsmäßig Bedachten könne der beeinträchtigenden Verfügung hingegen nur in einem notariell beurkundeten Erbverzichtsvertrag, §§ 2352, 2348 BGB, Wirksamkeit verleihen[533]. Der Bundesgerichtshof hat diesen Gedanken bisher nur für die Einwilligung des bedachten Dritten in beeinträchtigende Schenkungen übernommen[534].

Ein großer Teil des Schrifttums hält auch eine nach dem Erbfall erklärte Zustimmung des bedachten Vertragspartners bzw. des vertragsmäßig bedachten Dritten für zulässig. Voraussetzung hierfür sei die Wahrung der für die Ausschlagung maßgeblichen Form und Frist, §§ 1944, 1945 BGB[535].

Einigkeit besteht zwischen dem überwiegenden Schrifttum[536] und der Rechtsprechung[537] insofern, als dass beide eine formlose Zustimmung zu der beeinträchtigenden Verfügung im Einzelfall unter dem Gesichtspunkt des Arglisteneinwandes für beachtlich halten, wenn sich der Bedachte auf die Unwirksamkeit der beeinträchtigenden Verfügung beruft.

---

533 Palandt-Edenhofer, 61. Auflage, § 2289 Rn. 7; Erman-Schmidt, 10. Auflage, § 2289 Rn. 6; MüKo-Musielak, 3. Auflage, § 2289 Rn. 18; Reimann/Bengel-Mayer, 3. Auflage, § 2289 Rn. 43; Soergel-Wolf, 12. Auflage, § 2289 Rn. 14; Michalski, Erbrecht, 2. Auflage, Rn. 308.

534 BGHZ 108, 252, 255.

535 Erman-Schmidt, 10. Auflage, § 2289 Rn. 6; Palandt-Edenhofer, 61. Auflage, § 2289 Rn. 7; Soergel-Wolf, 12. Auflage, § 2289 Rn. 14; Brox, Erbrecht, 19. Auflage, Rn. 163; Lange/Kuchinke, Erbrecht, 4. Auflage, § 25 VI 3.

536 Staudinger-Kanzleiter, 13. Auflage, § 2289 Rn. 19; Erman-Schmidt, 10. Auflage, § 2289 Rn. 6; Palandt-Edenhofer, 61. Auflage, § 2289 Rn. 7; Soergel-Wolf, 12. Auflage, § 2289 Rn. 14; Reimann/Bengel-Mayer, 3. Auflage, § 2289 Rn. 45; MüKo-Musielak, 3. Auflage, § 2289 Rn. 18.

537 OLG Hamm, OLGZ 1974, 378, 383; BayObLG, BayObLGZ 1974, 401, 405; BGH, BGHZ 108, 252, 255.

IV. Schlussbetrachtung

Die Rechtsprechung des 20. Jahrhunderts hat den Vertragserben in weitem Umfang gegenüber früheren und späteren Verfügungen von Todes wegen geschützt. Diese Aussage gründet sich auf folgende Beobachtung: Die Gerichte haben nur in zwei der untersuchten Entscheidungen, in denen der Vertragserbe den Erbfall tatsächlich erlebt hat, eine Beeinträchtigung seiner Rechtsstellung durch eine frühere oder spätere letztwillige Verfügung verneint. Dies sind das Urteil des Reichsgerichts vom 1. Dezember 1931 und der Beschluss des OLG Düsseldorf vom 17. Juni 1994. Hierbei ist jedoch zu erwähnen, dass die in dem Reichsgerichtsurteil vertretene Rechtsauffassung weder in der Rechtsprechung der Instanzgerichte noch in der Rechtsprechung des Bundesgerichtshofs Zuspruch erhalten hat. Der zweiten verneinenden Entscheidung des OLG Düsseldorf lag die Besonderheit zugrunde, dass der Erblasser den Vertragserben nicht mit einer zusätzlichen Belastung testamentarisch beschwert hat, sondern nur die im Erbvertrag angeordnete durch eine andere gleichen Inhalts austauschte. Beide Entscheidungen ändern damit nichts an der vertragserbenfreundlichen Rechtsprechungstendenz.

C. Die Wirkung der erbvertraglichen Bindung auf lebzeitige Verfügungen

I. Einführung

Im vorherigen Kapitel wurde dargestellt, dass die Rechtsprechung des 20. Jahrhunderts den Vertragserben weitreichend vor beeinträchtigenden Verfügungen von Todes wegen geschützt hat. In diesem Kapitel soll herausgearbeitet werden, in welchem Umfang die Gerichte im Verlaufe des 20. Jahrhunderts dem Vertragserben Schutz vor lebzeitigen Verfügungen des Erblassers gewährten. Diese Fragestellung hat große praktische Bedeutung, denn das BGB lässt in § 2286 ebenso wie das Sächsische Gesetzbuch (§ 2548) und das ALR (1. Theil 12. tit. § 624) die Befugnis des Erblassers, über sein Vermögen durch Rechtsgeschäft unter Lebenden zu verfügen, trotz erbvertraglicher Bindung unberührt. Um den Vertragserben vor einem Missbrauch dieses Verfügungsrechtes des Erblassers durch Schenkungen zu schützen, hat der Gesetzgeber § 2287 BGB geschaffen. Voraussetzung für den Rückforderungsanspruch aus § 2287 BGB ist, dass der Erblasser in der „Absicht, den Bedachten zu beeinträchtigen“ eine Schenkung vorgenommen hat. Zu dem subjektiven Element heißt es in den Protokollen zu dem zweiten Entwurf:

> „Es sei darauf hingewiesen, daß die Untersuchung darüber, welche Absichten der Erblasser bei einer Handlung gehabt habe, stets mißlich sei, und daß in vielen Fällen, wenn der Erblasser mehrere Zwecke im Auge gehabt habe und der Dolus nicht offensichtlich prävalire, der Vertragserbe schutzlos sein würde“[538].

Trotz der vorhergesagten Beweisschwierigkeiten entschied sich die zweite Kommission gegen eine über § 2287 BGB hinausgehende Begrenzung der lebzeitigen Verfügungsfreiheit und verwies darauf, dass § 749 E 2 (§ 826 BGB) in eklatanten Fällen ein Handhabe biete, um „einem illoyalen Verhalten zu begegnen“[539]. Inwiefern § 2287 BGB in der Praxis des 20. Jahr-

---

[538] Protokolle II, S. 7283.

[539] Protokolle II, S. 7282. Die erste Kommission vertrat die Auffassung, dass „die Entscheidung der Frage, ob der Erwerber unter Umständen nach den Grundsätzen über unerlaubte Handlungen haftpflichtig werden könne, der Doktrin und Praxis

hunderts dem Vertragserben einen effektiven Schutz vor lebzeitigen Schenkungen gewährte, und welche Lösungsansätze die Rechtsprechung für die nicht von § 2287 BGB erfassten Missbrauchsfälle entwickelt hat, soll die folgende Rechtsprechungsanalyse zeigen.

II. Die Rechtsprechung von 1900-1918

1. Urteil des BayObLG[540] vom 22. November 1902 - Reg. I 147/1902

In dem Urteil vom 22. November 1902 untersuchte der I. Zivilsenat des BayObLG die Rechtslage nach gemeinem Recht. Im Mittelpunkt der Entscheidung stand die Frage, welche subjektiven Vorstellungen beim Erblasser vorliegen müssen, um dem Vertragserben ein Anfechtungsrecht hinsichtlich lebzeitiger Verfügungen des Erblassers einzuräumen.

Der Erblasser hatte mit seiner Frau einen Ehe- und Erbvertrag geschlossen. Später verpachtete er das unter Gütergemeinschaft stehende Anwesen an seinen Sohn mit der Besonderheit, dass der Verpächter mit vierteljähriger Kündigungsfrist jederzeit kündigen konnte. Dieses Kündigungsrecht hoben Vater und Sohn durch eine nachträgliche Vereinbarung auf. Nachdem der Erblasser verstorben war, erhob seine Witwe Räumungsklage vor dem Landgericht. Sie rügte unter anderem die Zulässigkeit des Kündigungsverzichtes. Das Landgericht hat die Klage abgewiesen. Das Oberlandesgericht hat der Berufung der Klägerin stattgegeben. Die Revision des Beklagten vor dem BayObLG hatte Erfolg.

Das BayObLG erklärte gemäß Art. 214 Abs. 2 EGBGB neben dem allgemein gehaltenen Verfügungsverbot des Bayerischen Landrechts[541] für die Frage, in welchem Maße der Erblasser trotz erbvertraglicher Bindung Verfügungen unter Lebenden vornehmen konnte, die Grundsätze des gemeinen Rechts für anwendbar. Nach der gemeinrechtlichen Praxis verpflichtete der Erbvertrag den Erblasser nicht, sich solcher Verfügungen zu enthalten, von denen er wusste, dass sie sich im Falle seines Todes als Benachteiligung des Vertragserben darstellen würden. Der Erblasser durfte aber keine Schenkungen oder entgeltliche Rechtsgeschäfte in der Absicht vornehmen, das Recht des Vertragserben zu beeinträchtigen. Ein Geschäft, dessen einziger oder dessen

anheimzustellen sei", Protokolle I, S. 9992, abgedruckt bei: Jakobs/Schubert, Die Beratung des Bürgerlichen Gesetzbuchs, Erbrecht, 2. Teilband, S. 1783.

540 BayObLGZ 3, S. 965-973.

541 Codex Max. Bav. 3. Theil 11. Kap. § 1 11 mo.

Hauptzweck in der Benachteiligung des Vertragserben lag, verstieß gegen den Sinn des Erbvertrages[542]. Das BayObLG hielt es für möglich, dass der Hauptzweck des Verzichts nicht in der Benachteiligung der Vertragserbin, sondern in dem Schutz des Sohnes gegen die Änderung seiner Rechtslage nach Übergang des Kündigungsrechtes auf die Mutter zu sehen war. Da das Berufungsgericht dies nicht berücksichtigt hatte, verwies das BayObLG die Sache zur anderweitigen Verhandlung und Entscheidung an das Berufungsgericht zurück[543].

Das BayObLG beschäftigte sich in dem Urteil vorwiegend mit den Voraussetzungen, die nach gemeinem Recht an eine Beeinträchtigungsabsicht des Erblassers zu stellen waren. Ebenso wie in vielen im 19. Jahrhundert veröffentlichten Entscheidungen[544] geschehen, legte der I. Zivilsenat des BayObLG den Begriff eng aus. Beeinträchtigungsabsicht liege in der Regel nur dann vor, wenn festgestellt werden könne, dass die Benachteiligung des Vertragserben der Hauptzweck der Schenkung oder des entgeltlichen Geschäftes gewesen sei[545]. Die weitere Analyse wird zeigen, dass diese gemeinrechtliche Praxis die Rechtsprechung zu § 2287 BGB bis Anfang der 1970iger Jahre bestimmte.

2. Urteil des BayObLG[546] vom 22. Oktober 1906 - Reg. I 168/ 1906

Mit dem Urteil vom 22. Oktober 1906 führte der I. Zivilsenat des BayObLG seine für die Auslegung der Beeinträchtigungsabsicht eingeschlagene Linie fort. Die Entscheidung hatte einen vor dem 1.1.1900 errichteten Erbvertrag zum Gegenstand, so dass wiederum bayerisches Landrecht in Verbindung mit gemeinem Recht Anwendung fand.

---

542 BayObLGZ 3, 965, 971.

543 BayObLGZ 3, 965, 972 f.

544 OAG Oldenburg, SeuffA 17, 264; OG Wolfenbüttel, SeuffA 23, 198; Obertribunal Berlin, SeuffA 32, 58; AG Celle, SeuffA 32, 255.

545 So schon Beseler, Erbverträge, 2. Teil, 1. Band, S. 261; vgl. Hartmann, Erbverträge und gemeinschaftliche Testamente, S. 58; Stobbe, Privatrecht, Band V, § 311 VII.

546 BayObLGZ 7, S. 511-516.

Die verwitwete Erblasserin hatte ihre beiden Stiefkinder vertraglich zu ihren Erben eingesetzt. Später schloss sie mit der Stieftochter einen notariell beurkundeten „Abnährungsvertrag". In diesem verpflichtete sich letztere, der Erblasserin lebenslange Unterkunft und Verköstigung zu gewähren sowie sie zu pflegen. Die Erblasserin verzichtete dafür auf eine Darlehensforderung in Höhe von 4.100 Mark. Im Gegenzug für die Verpflegung und Unterkunft der letzten 16 Jahre verzichtete die Erblasserin zudem auf Forderungen in Höhe von insgesamt 6.000 Mark. Nach dem Tod der Erblasserin erhob der Stiefsohn Klage und forderte die Zuweisung der Hälfte der erlassenen Forderungen. Das Landgericht hat der Klage teilweise stattgegeben und den Vertrag zwischen der Erblasserin und der Stieftochter, soweit es sich um den Erlass der Forderung von 6.000 Mark handelte, dem Stiefsohn gegenüber für unwirksam erklärt. Es sah in dem Verzicht auf die 6.000 Mark keine Entlohnung für geleistete Dienste, sondern eine von Benachteiligungsabsicht getragene Schenkung. Das Berufungsgericht hat das Urteil aufgehoben. Die Revision wurde vom BayObLG zurückgewiesen.

Das BayObLG wandte sich gegen die von der Revision vorgetragene Behauptung, für die Beeinträchtigungsabsicht genüge das Bewusstsein des Erblassers, den Vertragserben durch die getätigte Schenkung zu beeinträchtigen. Die Revision hatte zur Unterstützung ihrer Rechtsauffassung das Gesetz betreffend die Anfechtung von Rechtshandlungen eines Schuldners außerhalb des Konkursverfahrens vom 21. Juli 1879 vergleichend herangeführt[547]. Für die in § 3 Ziff. 1, 2 AnfG a.F. normierte Gläubigerbenachteiligungsabsicht hatte sich schon wenige Jahre nach Verkündung des Gesetzes in der Literatur eine Auslegung verfestigt, wonach bereits das Bewusstsein des Schuldners von der Schädigung des Gläubigers genüge, sofern der eingetretene Erfolg an und für sich als rechtswidrig anzusehen ist[548]. In diesem Sinne hatte auch das Reichsgericht die „fraudulöse Absicht des schenkenden Erblassers" in einer Entscheidung aus dem Jahre 1898 ausgelegt[549]. Ohne auf die abweichende Auffassung des Reichsgerichts einzugehen, lehnte das BayObLG eine Übertragung der für das AnfG maßgeblichen Auslegung auf den Erbvertrag mangels vergleichbarer Interessenlage ab. Bei einem Erbvertrag gebe es

---

[547] BayObLGZ 7, 511, 515 f.

[548] Neben den von Jaeger, AnfG, § 3 Anm. 12 f., genannten Autoren noch Hartmann, AnfG, S.3.

[549] Urteil vom 5. Mai 1898, RGZ 41, S. 168-170; vgl. zu § 24 Ziff. 1 KO a.F. das Urteil vom 20. Mai 1884 – Rep. II 504/83: „Die erforderliche Absicht wird nun allerdings gegeben sein, wenn der Schuldner das Bewußtsein hat, die Rechtshandlung müsse notwendig oder wenigstens aller Wahrscheinlichkeit, d.h. dem gewöhnlichen Laufe der Dinge nach, eine Benachteiligung der Gläubiger zur Folge haben", RGZ 11 173, 175.

weder Schuldner noch Gläubiger[550]. Der Anspruch des Vertragserben beschränke sich auf das, was der Erblasser ihm übriglasse[551]. Im Übrigen sei bei Schenkungen das Bewusstsein, dass dadurch dem Vertragserben ein Vorteil entgehe, stets vorhanden[552].

Das BayObLG untersuchte nun wie in der Entscheidung BayObLG 3, 965, ob der Schwerpunkt des Vertrages zwischen der Erblasserin und der Beschenkten darin lag, den Stiefsohn zu beeinträchtigen. Der vergütende Charakter der Schenkung schließe eine Beeinträchtigungsabsicht zwar nicht aus. Die Absicht, geleistete Dienste zu entlohnen, begünstige aber die Annahme, dass die Absicht, einen anderen zu schädigen, nicht vorhanden gewesen sei. Schenkungen seien dem Erblasser erlaubt, auch wenn sie auf bloßem Wohlwollen beruhten. Dies müsse um so mehr gelten, wenn das Wohlwollen durch Dienstleistungen hervorgerufen worden sei[553].

3. Urteil des RG[554] vom 9. Oktober 1911 - IV 39/11

Nachdem der IV. Zivilsenat des Reichsgerichts in der Entscheidung vom 25. April 1904[555] die Anwendbarkeit des § 2287 BGB auf gemeinschaftliche Testamente ausgesprochen hatte, untersuchte er in dem Urteil vom 9. Oktober 1911 erstmalig die einzelnen Voraussetzungen des § 2287 Abs. 1 BGB.

Ehegatten hatten sich in einem gemeinschaftlichen Testament gegenseitig zu Erben eingesetzt und bestimmt, dass nach dem Tod des Überlebenden der beiderseitige Nachlass an die Verwandten der Ehefrau, den späteren Klägern, fallen solle. Nachdem seine Ehefrau verstorben war, wandte der Erblasser seinen eigenen Verwandten Wertpapiere in Höhe von je 10.000 Mark zu. Die Erben begehrten die Herausgabe der Wertpapiere. Die Beklagten behaupteten, ihnen seien die Wertpapiere von dem Erblasser geschenkt worden. Sowohl das Landgericht Berlin als auch das Kammergericht haben die Beklagten zur Herausgabe der Wertpapiere verurteilt. Die gegen das Berufungsurteil eingelegte Revision hatte Erfolg.

---

550 Vgl. hierzu Protokolle II, S. 7282.

551 BayObLGZ 7, 511, 516; vgl. Protokolle II, S. 7279.

552 BayObLGZ 7, 511, 515.

553 BayObLGZ 7, 511, 516.

554 RGZ 77, S. 111-114.

555 RGZ 58, S. 64-66.

Das Berufungsgericht hat den Standpunkt vertreten, dass nach dem Gesamtinhalt des gemeinschaftlichen Testaments den Verwandten der Ehefrau der Stamm des Vermögens erhalten bleiben solle. Daher seien dem überlebenden Ehegatten nur solche Schenkungen gestattet, die diesem Zweck nicht widersprechen. Die streitige Schenkung sei dem Erblasser durch das gemeinschaftliche Testament untersagt gewesen. Unter denen dem Erblasser nach § 2287 BGB erlaubten Schenkungen seien nur kleine Gelegenheitsgeschenke zu verstehen, nicht hingegen so erhebliche Beträge wie im Streitfall.

Das Reichsgericht wandte sich gegen diese Auslegung. Es sei rechtlich unmöglich, jemanden zum Vollerben einzusetzen, ihm aber gleichzeitig Vorschriften über sein Tun und Lassen mit der Erbschaft mit dem Inhalt aufzuerlegen, dass eine Missachtung dieser Vorschriften die Unwirksamkeit der betreffenden Verfügung bewirke [556]. Wolle man den überlebenden Ehegatten hinsichtlich lebzeitiger Verfügungen über den Nachlass in seiner Verfügungsbefugnis beschränken, so müsse dies über den Weg einer Vor- und Nacherbfolge geschehen. Da das Berufungsgericht das gemeinschaftliche Testament im Sinne des § 2269 BGB verstanden habe, seien die Grenzen der Verfügungsfreiheit des überlebenden Ehegatten allein nach § 2287 BGB zu bestimmen. Das Reichsgericht ließ für die in § 2287 BGB enthaltene „Absicht, den Vertragserben zu beeinträchtigen" das Bewusstsein des Schenkenden von der Beeinträchtigung des Vertragserben nicht genügen. Der Schenkende müsse „die Beeinträchtigung des Erben als den mit der Schenkung zu erreichenden Erfolg bezweckt oder doch mitbezweckt haben". Der Beeinträchtigungswille müsse zwar nicht der ausschließliche, aber doch „der eigentlich treibende Beweggrund zur Vornahme der Schenkung gewesen sein"[557].

Der IV. Zivilsenat des Reichsgerichts folgte mit seiner Auslegung des § 2287 BGB der gemeinrechtlichen Rechtsprechung des 19. Jahrhunderts, auch wenn diese vom „Hauptbeweggrund" und nicht vom „treibenden Beweggrund" sprach. Überraschenderweise fehlt in dem Urteil sowohl ein

---

[556] RGZ 77, 111, 112.
[557] RGZ 77, 111, 113.

Verweis auf die gemeinrechtliche Praxis als auch eine Auseinandersetzung mit dem Reichsgerichtsurteil vom 5. Mai 1898, in dem der VI. Zivilsenat das Bewusstsein von der Beeinträchtigung der Absicht gleichstellte.

4. Vergleich mit der Rechtsprechung der Instanzgerichte

Der Tatbestand des § 2287 BGB stimmt in wesentlichen Zügen mit der gemeinrechtlichen Praxis überein[558]. Er stellt den Begriff „Beeinträchtigungsabsicht" in den Mittelpunkt des Tatbestandes. Es wäre daher die Annahme nahelegend gewesen, dass die Gerichte sich zu Beginn des 20. Jahrhunderts bei der Auslegung der Beeinträchtigungsabsicht i. S. d. § 2287 BGB der Judikatur des gemeinen Rechts anschließen würden. Das dargestellte Reichsgerichtsurteil vom 9. Oktober 1911 ist diesen Weg gegangen, indem es untersuchte, ob der treibende Beweggrund der Schenkung in der Beeinträchtigung des Bedachten lag[559]. Die Instanzgerichte haben teilweise eine andere Auslegung gewählt. Das OLG Kiel führte in einer zum gemeinschaftlichen Testament ergangenen Entscheidung[560] aus, der Grundgedanke des § 2287 BGB gehe dahin, dass der durch den Erbvertrag gebundene Erblasser seine lebzeitige Verfügungsbefugnis nicht dazu missbrauchen dürfe, durch Schenkungen den wirtschaftlichen Erfolg des Erbvertrages ganz oder zum überwiegenden Teil zu vereiteln. Daher könne die Schenkung bereits dann angefochten werden, wenn sie in bewusster Untreue gegen den Sinn des Erbvertrages und daher zugleich gegen Treu und Glauben vorgenommen wurde[561]. Während das OLG Kiel ein Untreuebewusstsein für § 2287 BGB ausreichen ließ, sah das Kammergericht den Tatbestand als erfüllt, wenn die Schenkung einem Widerruf der wechselseitigen Verfügungen des Zuwendenden sachlich gleichstand[562].

---

558 Vgl. BayObLGZ 5, 511, 515.

559 Für das gemeinschaftliche Testament ferner: OLG Marienwerder, OLGRsp. 21, S. 361-362; RG, WarnRsp. 1912 Nr. 89; OLG Hamburg, OLGRsp. 40, S. 150-151.

560 Urteil des 3. Zivilsenates vom 25. November 1911, SchlHolstAnz 1912, S. 33-35.

561 SchLHolstAnz 1912, 33, 34.

562 Urteil des 3. Zivilsenates vom 6. April 1911, OLGRsp. 24, 81, 82.

5. Vergleich mit der Literatur

Die Literatur hat den Begriff „Beeinträchtigungsabsicht“ zu Beginn des 20. Jahrhunderts meist nur negativ definiert. Sie verneinte den Tatbestand des § 2287 BGB im Hinblick auf die Motive zu § 1952 des ersten Entwurfs[563] in den Fällen, in denen durch die Schenkung einer sittlichen Pflicht oder einer auf den Anstand zu nehmenden Rücksicht entsprochen wurde[564]. Nach Veröffentlichung der Entscheidung RGZ 77, 111 wandelte sich dieses Bild, und die Literatur bediente sich der Formel des Reichsgerichts. Danach musste die Beeinträchtigung als der zu erreichende Erfolg bezweckt sein und den treibenden Beweggrund der Schenkung darstellen[565].

Das Schrifttum betrachtete den Schutz des Vertragserben vor lebzeitigen Verfügungen durch den Erblasser überwiegend allein nach § 2287 BGB. Gelegentlich wurde diskutiert, ob und inwieweit § 826 BGB neben § 2287 BGB Anwendung finden sollte[566]. Leonhard sah für die Anwendung des § 826 BGB ein erhebliches Bedürfnis, da der Anspruch aus § 2287 BGB erst mit dem Anfall der Erbschaft entstehe und somit vor diesem Zeitpunkt nicht durch ein Sicherungsmittel geschützt werden könne[567]. In der Rechtsprechung bis 1918 findet sich nur im Urteil des BayObLG vom 22. November 1902 obiter dictum die Anmerkung, dass § 826 BGB gegen den Beschenkten greife, wenn ein bewusstes Zusammenwirken zum Nachteil des Vertragserben festgestellt werden könne[568].

---

563 Motive V, S. 330.

564 Planck-Ritgen, 1./2. Auflage, § 2287 Anm. 2 a; Staudinger-Herzfelder, 7./8. Auflage, § 2287 Anm. 2 a; Dernburg, § 99 II 1, S. 277.

565 Kretzschmar, Erbrecht, 2. Auflage, S. 344; RGRK, 2. Auflage, § 2287 Anm. 2; Endemann III, § 83 III a; Leonhard, 2. Auflage, § 2287 Anm. II D.

566 Staudinger-Herzfelder, 7./8. Auflage, § 2286 Anm. 4; Leonhard, 2. Auflage, § 2287 Anm. IV B; Planck-Ritgen, 1./2. Auflage, § 2287 Anm. 2 b; Strohal, Erbrecht, 3. Auflage, § 45 Fn. 34.

567 Leonhard, 2. Auflage, § 2287 Anm. IV B.

568 BayObLGZ 3, 964, 972.

III. Die Rechtsprechung von 1919-1945

1. Urteil des RG[569] vom 28. April 1919 - IV 449/18

In dem Urteil vom 28. April 1919 untersuchte der IV. Zivilsenat des Reichsgerichts, wie sich die Vereinbarung der Vertragsparteien, dass die Erben nur den Überrest erhalten sollen, auf deren Recht aus § 2287 BGB auswirkt.

Eheleute hatten sich in einem notariell beurkundeten Ehe- und Erbvertrag gegenseitig zu Erben eingesetzt. Ferner bestimmten sie in einem Nachtrag, dass nach dem Tod des Letztlebenden der gemeinschaftliche Nachlass zu einer Hälfte an die gesetzlichen Erben des Mannes und zur anderen Hälfte an die gesetzlichen Erben der Frau fallen solle. Die gesetzlichen Erben sollten als Nacherben aber nur das erhalten, was beim Eintritt der Nacherbfolge übrig sei. Nach dem Tod des Ehemannes hatte die Ehefrau den späteren Beklagten einen Betrag von 13.600 Mark unentgeltlich zugewendet. Nachdem die Erblasserin verstorben war, forderten die Kläger von den Beklagten die Herausgabe der Hälfte des Betrages. Sie stützten ihr Begehren auf §§ 2113 Abs. 2, 2279 BGB sowie auf § 2287 BGB. Beide Vorinstanzen haben der Klage stattgegeben. Die Revision der Beklagten hatte keinen Erfolg.

Ebenso wie das Berufungsurteil stufte der IV. Zivilsenat des Reichsgerichts die Erbeinsetzung der gesetzlichen Erben nicht als Nacherbeneinsetzung, sondern aufgrund der Zweifelsregelung der §§ 2280, 2269 BGB als Schlusserbeneinsetzung ein. Daher prüfte das Reichsgericht das Herausgabebegehren der Kläger allein im Hinblick auf den Tatbestand des § 2287 BGB. Der IV. Zivilsenat unterstützte hierbei die Annahme des Berufungsgerichts, dass in dem Erbvertragsnachtrag die Rechte der Vertragserben nach § 2287 BGB nicht ausgeschlossen worden seien. Die Vereinbarung allein, dass die gesetzlichen Erben nur den Überrest erhalten sollen, genüge hierfür nicht. Dies ergebe ein Vergleich mit den §§ 2137, 2136, 2113 Abs. 2 BGB, nach denen der auf den Überrest eingesetzte Nacherbe zur Anfechtung von Schenkungen des Vorerben berechtigt bleibe. Ob das Reichsgericht diese Rechtsauffassung bereits der Entscheidung RGZ 58, 64 zugrundegelegt hatte, wie dies der IV. Zivilsenat in dem Urteil vom 29. April 1919 aussprach, muss offen bleiben. Ausdrückliche Hinweise hierauf finden sich in RGZ 58, 64 zumindest nicht.

Der IV. Zivilsenat machte weder in der vorliegenden Entscheidung noch in RGZ 58, 64 deutlich, inwiefern die Vertragsparteien überhaupt die sich aus

---

[569] Zeitschrift für Rechtspflege in Bayern 1919, S. 322.

§ 2287 BGB für den Vertragserben ergebenden Rechte ausschließen können. Diese Frage wurde in der Literatur des beginnenden 20. Jahrhunderts unterschiedlich beantwortet. Der überwiegende Teil[570] erachtete einen Ausschluss des Anspruchs aus § 2287 BGB durch eine entsprechende Klausel, in der sich der Erblasser völlige Freiheit in der Vornahme von Schenkungen vorbehielt, als zulässig. Zur Begründung verwiesen die Autoren auf § 2293 BGB: Da sich der Erblasser das Recht vorbehalten dürfe, von dem Erbvertrage zurückzutreten, könne der Vorbehalt zur Vornahme von beliebigen Schenkungen nicht unzulässig sein[571]. Nach der Gegenansicht lasse sich „die Unsittlichkeit eines Vertrages, durch den sich jemand das Recht vorbehält, einen anderen absichtlich zu benachteiligen, auf keine Weise wegreduzieren"[572] und sei analog § 276 Abs. 3 BGB als nichtig einzustufen[573].

2. Urteil des RG[574] vom 29. Oktober 1934 - IV 157/34

In dem Urteil vom 29. Oktober 1934 untersuchte das Reichsgericht erstmalig den Schenkungsbegriff in § 2287 BGB. Der IV. Zivilsenat gelangte zu dem Ergebnis, dass auch gemischte Schenkungen mit ihrem unentgeltlichen Teil unter den Tatbestand des § 2287 BGB fallen. Voraussetzung für jede Schenkung i. S. d. § 2287 BGB sei aber die Einigkeit der Vertragsparteien über die Unentgeltlichkeit der Zuwendung. Für gemischte Schenkungen bedeute dies, dass den Vertragsparteien der Mehrwert der verschenkten Sache gegenüber dem Kaufpreis bewusst sein müsse[575].

---

570 Planck-Ritgen, 1./2. Auflage, § 2287 Anm. 8; Staudinger-Herzfelder, 7./8. Auflage, § 2287 Anm. 6; Kretzschmar, Erbrecht, 2. Auflage, S. 345; Endemann III, § 83 III a; RGRK, 2. Auflage, § 2287 Anm. 1; Strohal, Erbrecht, 3. Auflage, § 45 Fn. 36; Crome V, § 660 Fn. 90.

571 RGRK, 2. Auflage, § 2287 Anm. 1; Kretzschmar, Erbrecht, 2. Auflage, S. 345; Crome V, § 660 Fn. 90.

572 Kipp, Erbrecht, 3. Auflage, § 34 II Fn. 5. Weitere Vertreter dieser Auffassung waren: Leonhard, 2. Auflage, § 2287 Anm. V; Dernburg, § 99 Anm. 13; Schiffner, Erbvertrag, S. 123.

573 Leonhard, 2. Auflage, § 2287 Anm. V.

574 JW 1935, S. 275-277 mit zustimmender Anmerkung von Raape.

575 JW 1935, 275, 276.

Ehegatten hatten sich in einem Erbvertrag gegenseitig zu Alleinerben eingesetzt und einen gemeinsamen Sohn als Erben des Längstlebenden bestimmt. Dieser sollte seinen Geschwistern deren gesetzlichen Erbteil am Mobiliarnachlass als Vermächtnis auszahlen. Das Haus sollte der Vertragserbe allein erhalten, da er das zum Erwerb notwendige Geld vorgestreckt hatte. Nach dem Tod der Mutter verkaufte der Vater das Hausgrundstück an einen zweiten Sohn, den späteren Beklagten, für 6.500 Reichsmark. Der Kaufpreis entsprach im Wesentlichen den Belastungen, die auf dem Grundstück lagen. Nach dem Tod des Vaters beantragte der Vertragserbe, den Beklagten zu verurteilen, das Grundstück an ihn aufzulassen und die erforderlichen Eintragungsbewilligungen in der gesetzlich vorgeschriebenen Form zu erteilen. Das Landgericht hat die Klage abgewiesen. Das OLG hat dem Hauptantrag entsprochen. Das Reichsgericht verwies die Sache an das Berufungsgericht zurück.

Das Berufungsgericht erblickte in der Übertragung des Hausgrundstückes eine Schenkung. Das Katasteramt habe den Wert auf 25.000 Reichsmark geschätzt und den Einheitswert auf 13.000 Reichsmark festgesetzt. Damit wäre hinreichend bewiesen, dass der tatsächliche Wert über dem vereinbarten Kaufpreis von 6.500 Reichsmark liege. Um wie vieles der tatsächliche Wert über dem Kaufpreis lag, ermittelte das Berufungsgericht nicht. Diesem Gesichtspunkt, so das Reichsgericht, komme für die Frage, ob das Geschäft nicht als entgeltliches gewollt sei, erhebliche Bedeutung zu. Jedenfalls, so der IV. Zivilsenat, könne ein Geschäft nicht allein schon deshalb als Schenkung angesehen werden, weil objektiv ein Missverhältnis zwischen Leistung und Gegenleistung bestehe. Entscheidend sei, wie hoch die Parteien ihre Leistungen einschätzen würden[576].

Der Wertvorstellung der Parteien maß das Reichsgericht auch entscheidendes Gewicht für die Frage bei, ob das Hausgrundstück in der Absicht übertragen wurde, den Vertragserben zu beeinträchtigen. Für diese Wertvorstellung würden sich aus dem objektiven Wert gewisse Anhaltspunkte gewinnen lassen. Das Berufungsgericht hatte die Beeinträchtigungsabsicht daraus gefolgert, dass wirtschaftliche Gründe, die den Erblasser veranlasst haben könnten, das Haus gegen Übernahme der Belastungen zu veräußern, weder ersichtlich gewesen noch vorgebracht worden seien. Neben dem tatsächlichen Grundstückswert hatte das Berufungsgericht einen Beweisantrag des Beklagten bei der Prüfung des § 2287 BGB außer Acht gelassen. Danach habe

---

[576] JW 1935, 275, 276

der Erblasser kurz vor seinem Tod einem Zeugen gegenüber erklärt, der Kläger habe ihn durch hemmungsloses Schuldenmachen um sein Vermögen gebracht. Das Reichsgericht sah daher die Möglichkeit, dass der Erblasser das Grundstück nicht übertragen habe, um den Vertragserben zu beeinträchtigen, sondern um die Nachteile, die sich aus der nachträglichen Gestaltung der Verhältnisse zuungunsten der Geschwister des Vertragserben ergeben hätten, auszugleichen[577]. Selbst dann, wenn eine von Beeinträchtigungsabsicht getragene gemischte Schenkung des Erblassers vorliegen würde, stehe dem Kläger kein Auflassungsanspruch zu. Der Anspruch des Vertragserben beinhalte in einem solchen Fall die Herausgabe des Mehrwertes der verkauften Sache über dem Kaufpreis[578]. Der IV. Zivilsenat hatte sich zur Begründung der Auffassung auf ein Urteil vom 2. Mai 1908[579] berufen, ohne dabei festzustellen, dass diese Entscheidung zum Widerruf einer Schenkung wegen groben Undanks erging. Zudem stellte sich der Kaufvertrag in dem zitierten Urteil im Gegensatz zu der vorliegenden Entscheidung nur zu einem kleineren Teil als Schenkung dar[580]. Inwiefern den Bereicherungsansprüchen der §§ 531 Abs. 2, 2287 BGB eine vergleichbare Interessenlage zugrunde liegt und ob das Verhältnis von entgeltlichem und unentgeltlichem Teil Auswirkungen auf den Rückforderungsanspruch des Vertragserben hat, erörterte der Senat nicht.

3. Urteil des RG[581] vom 27. Oktober 1935 - IV 154/35

In dem Urteil vom 27. Oktober 1935 beschäftigte sich das Reichsgericht mit dem Inhalt des Anspruchs aus § 2287 BGB.

In einem Erbvertrag setzten sich Ehegatten zu Alleinerben ein und bestimmten vier Personen als Erben des zuletzt versterbenden Ehegatten. Der spätere Kläger wurde im Erbvertrag zum Testamentsvollstrecker ernannt. Nachdem der Mann gestorben war, verkaufte die Ehefrau ein Hausgrundstück, den Hauptbestandteil des Vermögens, an ihren Neffen. Dieser war nach

[577] JW 1935, 275, 276.

[578] JW 1935, 275, 277.

[579] RGZ 68, S. 326-329.

[580] Das Berufungsgericht bezifferte den unentgeltlichen Teil des Rechtsgeschäfts auf ein Drittel, RGZ 68, 326, 327.

[581] SeuffA 90, S. 116-118.

dem Tod seiner Mutter an deren Stelle als Vertragserbe zu 1/3 getreten. Der vereinbarte Kaufpreis sollte durch frühere Dienstleistungen und die Übernahme der künftigen Verpflegung abgegolten sein. Der Kläger rügte eine Verletzung der Rechte der übrigen Vertragserben aus § 2287 BGB und berief sich darauf, dass ihm der Anspruch von diesen abgetreten worden sei. Der Kläger beantragte, den Beklagten zur Herausgabe von einem 2/3 Anteil des Grundstücks an ihn und zur Einwilligung in die Umschreibung des Grundstücks zu 2/3 auf ihn zu verurteilen. Das Landgericht hat den Beklagten antragsmäßig verurteilt. Das Oberlandesgericht hat die Berufung des Beklagten zurückgewiesen. Das Reichsgericht hob das Berufungsurteil auf und verwies die Sache an das OLG zurück.

Das Oberlandesgericht betrachtete den Kaufvertrag als eine verschleierte Schenkung. Das Reichsgericht erklärte hingegen die Rüge der Revision für begründet, da das Berufungsgericht zu Unrecht Behauptungen des Beklagten nicht berücksichtigt habe, welche für die Entscheidung der Frage, ob es sich bei der Zuwendung des Hausgrundstückes um eine reine oder gemischte Schenkung handele, erheblich seien. Zudem wandte sich der IV. Zivilsenat gegen die Annahme des Berufungsgerichts, die Schenkung sei in „böslicher" Absicht erfolgt. Das Berufungsgericht hatte dies damit begründet, dass die Absicht den Beklagten zu begünstigen, nicht ohne die gleichzeitige Absicht, die anderen Vertragserben zu benachteiligen, denkbar sei. Das Reichsgericht forderte wie schon in RGZ 77, 111, dass die Schädigung der Vertragserben der Zweck der Schenkung gewesen sein müsse. Bei mehreren Beweggründen sei zu prüfen, welcher der eigentlich treibende und bestimmende Beweggrund gewesen sei. Diese Prüfung habe das Berufungsgericht nicht vorgenommen und sei diesbezüglich vorgebrachten Behauptungen des Beklagten nicht nachgegangen[582].

Die umfangreichsten Ausführungen in der Entscheidung machte der IV. Zivilsenat zum Inhalt und Fassung der von den Vorinstanzen gewählten Urteilsformel. In diesem Zusammenhang führte das Reichsgericht aus, dass es sich bei dem Herausgabeanspruch aus § 2287 BGB um einen persönlichen Anspruch handele, der jedem der beeinträchtigten Vertragserben in der Höhe des seinem Erbteil entsprechenden Bruchteils selbständig zustehe[583]. Der Anspruch gehöre nicht zum Nachlass und könne deshalb vom Testamentsvoll-

---

[582] SeuffA 90, 116, 117.
[583] SeuffA 90, 116, 118.

strecker nicht geltend gemacht werden[584]. Aus diesen Gründen habe der Klageantrag nur auf Grund der von den Vertragserben erfolgten Abtretung erhoben werden können. Inhaltlich wandte sich das Reichsgericht gegen die Urteilsformel des Berufungsgerichtes. Zum einen könne nur auf Einräumung des Mitbesitzes an dem Grundstück geklagt werden, da es keinen auf einen ideellen Teil einer Sache beschränkten Besitz gebe. Zum anderen entspreche die erfolgte Verurteilung zur Einwilligung in die Umschreibung der Grundstücksanteile auf die Vertragserben nicht dem § 2287 BGB. § 2287 BGB gebe dem Vertragserben nur einen Herausgabeanspruch nach Bereicherungsrecht. Dieser beinhalte, sofern es sich bei der Schenkung um eine Grundstücksübertragung handele, einen Auflassungs- und keinen Grundbuchberichtigungsanspruch. Der Klageantrag könne daher nur auf Abgabe einer Auflassungserklärung gerichtet sein[585].

Das Urteil lag auf einer Linie mit drei früheren Entscheidungen des IV. Zivilsenats, welche zum gemeinschaftlichen Testament in Zusammenhang mit § 2287 BGB ergangen waren[586]. Der IV. Zivilsenat hatte bereits in dem Urteil vom 19. Juni 1911[587] die Auffassung vertreten, dass der Anspruch des § 2287 BGB nicht zum Nachlass gehöre und daher vom Testamentsvollstrecker nicht geltend gemacht werden könne. Zur Begründung hatte das Reichsgericht auf die Konsequenzen einer anderen Sichtweise aufmerksam gemacht: Wäre das Recht aus § 2287 BGB als ein zum Nachlass gehörender Vermögensanteil anzusehen, so würde dies bedeuten, dass der Erblasser das Recht hätte, eine Schenkung mit der Begründung zurückzufordern, er habe

---

[584] SeuffA 90, 116, 117.

[585] SeuffA 90, 116, 118.

[586] RG, RGZ 77, 5, 7 f.; RG, WarnRsp. 1912 Nr. 89; RG, JW 1915, 1015; vgl. OLG Marienwerder, OLGRsp. 21, 361, 362.

[587] RGZ 77, S. 5-8.

absichtlich den von ihm eingesetzten Vertragserben beeinträchtigt[588]. Diese Auffassung entsprach der herrschenden Lehre[589].

4. Urteil des RG[590] vom 16. Juni 1938 - IV 42/38

Eine Abweichung von der bisher skizzierten Rechtsprechung des Reichsgerichts stellt die Entscheidung des IV. Zivilsenats vom 16. Juni 1938 dar. Im Vergleich zu den bisher dargestellten Urteilen liegt die Besonderheit dieser Entscheidung darin, dass der IV. Zivilsenat erstmalig geringere Anforderungen an die Darlegungs- und Beweislast des Vertragserben hinsichtlich der „Beeinträchtigungsabsicht" stellte.

Eheleute hatten sich in einem Erbvertrag zu Vorerben und einen Sohn sowie eine Tochter zu Nacherben eingesetzt. Noch am Tage der Errichtung des Erbvertrages erließ der Vater dem Sohn eine Schuld von 32.000 Reichsmark. Die Tochter klagte auf Feststellung, dass der Erlass ihr gegenüber unwirksam sei, da der Erlass entweder ein Scheingeschäft darstelle oder eine Schenkung, mit der beabsichtigt sei, ihren Erbteil aus dem Erbvertrag zu kürzen. Während das Landgericht den Antrag ablehnte, hat das Berufungsgericht die Unwirksamkeit des Erlasses festgestellt. Das Reichsgericht hob das Berufungsurteil auf und verwies die Sache zur erneuten Verhandlung zurück.

Das Berufungsgericht erblickte in dem Erlass des Vaters eine wirtschaftliche und materielle Abänderung des Erbvertrages zu Lasten der Klägerin. Allen Beteiligten habe klar sein müssen, dass der Erlass auf Kosten des künftigen Anteils der Klägerin gehe. Da der Erblasser unmittelbar nach Abschluss des Erbvertrages verfügte, könne nur die Absicht bestanden haben, die Klägerin zugunsten des Beklagten, den Lieblingssohn der Eltern, zu benachteiligen. Der erkennende IV. Senat des Reichsgerichts billigte diese knappen Ausführungen, obwohl das Berufungsgericht nicht im Sinne ständiger Reichsgerichtsrechtsprechung festgestellt hatte, welcher der treibende Grund für die Vornahme der Schenkung war. Im Ergebnis wurde das Bewusstsein der Beeinträchtigung mit der Benachteiligungsabsicht gleichgesetzt.

---

[588] RGZ 77, 5, 7.

[589] Staudinger-Herzfelder, 9. Auflage, § 2287 Anm. 2 c; Soergel, 4. Auflage, § 2287 Anm. 2; RGRK-Seyffarth, 8. Auflage, § 2287 Anm. 3; Planck-Greiff, 4. Auflage, § 2287 Anm. 3; Endemann III, § 83 III c; Dernburg, § 99 II 1 d; Crome V, § 660 Fn. 95.

[590] DJ 1938, S. 1368-1369.

Das Reichsgericht hob das Berufungsurteil dennoch auf, da das Oberlandesgericht nicht geprüft hatte, ob die Anwesenheit der Klägerin bei der Unterzeichnung des Erlasses durch den Erblasser ein Einverständnis bedeute und einer Berufung auf § 2287 BGB entgegenstehe.

5. Zusammenfassung und Vergleich mit der Literatur

Der IV. Zivilsenat des Reichsgerichts hielt in der Zeit zwischen 1919 und 1945 an seiner zu § 2287 BGB eingeschlagenen Linie fest und forderte in subjektiver Hinsicht, dass die Absicht, den Vertragserben zu schädigen, der treibende Beweggrund der Schenkung gewesen sein müsse[591]. Diese Auslegung führte zur Ablehnung vieler der zu § 2287 BGB gestellten Anträge, da der Kläger die Beeinträchtigungsabsicht kaum beweisen konnte. Jener Umstand könnte den IV. Zivilsenat dazu bewogen haben, in der Entscheidung vom 16. Juni 1938 geringere Anforderungen an die Darlegungs- und Beweislast des Vertragserben zu stellen. In dem Zeitraum zwischen 1919 und 1945 war der Rückforderungsanspruch aus § 2287 BGB bei zwei von neun aufgefundenen Entscheidungen begründet[592]. Dieses Ergebnis entsprach dem Willen der zweiten Kommission, der zwar die aufgetretenen Beweisschwierigkeiten bewusst waren, welche aber der lebzeitigen Verfügungsfreiheit des Erblassers gegenüber den Schutzinteressen des Vertrageserben den Vorrang eingeräumt hatte[593]. Das Reichsgericht schwächte die Position des Vertragserben zusätzlich, indem es den Herausgabeanspruch aus § 2287 BGB

---

[591] JW 1935, 275, 276; SeuffA 90, 116, 117; DJ 1938, 1368, 1369; WarnRsp. 1926 Nr. 188.

[592] Urteil des RG vom 28. April 1919 – IV 449/18, Zeitschrift für Rechtspflege in Bayern, S. 322; Urteil des RG vom 20. September 1926 – IV 136/26, WarnRsp. 1926 Nr. 188. Unbegründet war der Anspruch aus § 2287 BGB in folgenden Fällen: Urteil des OLG Kiel vom 17. März 1920 – 3 U 323/19, SchlHolstAnz 1920, S. 106-107; Urteil des RG vom 26. April 1920 – IV 524/19, unveröffentlicht; Urteil des RG vom 24. Juni 1920 – IV 144/20, unveröffentlicht; Urteil des OLG Kiel vom 15. Juni 1932 – 1 U 314/31, SchlHolstAnz 1933, S. 106-109. In drei Fällen hat das RG an das Berufungsgericht zurückverwiesen: Urteil vom 29. Oktober 1934 – IV 157/34, JW 1935, S. 275-277; Urteil des RG vom 27. Oktober 1935 – IV 153/35, SeuffA 90, 55; Urteil des RG vom 16. Juni 1938 – IV 42/38, DJ 1938, S. 1368-1369.

[593] Protokolle II, S. 7279 und S. 7283 f.

im Falle einer gemischten Schenkung in einen Geldanspruch in Höhe des Mehrwertes umwandelte[594].

Das Schrifttum beschränkte sich hinsichtlich der Auslegung der Beeinträchtigungsabsicht darauf, die Leitsätze der zum gemeinschaftlichen Testament ergangenen Entscheidungen RGZ 77, 111 und JW 1912, 142 wiederzugeben[595]. Dass der Vertragserbe aufgrund der engen Auslegung den Schenkungen des Erblassers in den meisten Fällen schutzlos gegenüberstand, nahm die Literatur überwiegend hin. Lediglich Greiff und Köhler machten hiervon eine Ausnahme. Köhler sprach sich ohne nähere Begründung dafür aus, in der Regel dann von einer absichtlichen Schädigung des Vertragserben auszugehen, wenn der Erblasser „eine beträchtliche Summe durch Vertrag zugunsten Dritter einer Person zuwendet, die nicht Vertragserbe ist"[596]. Greiff erklärte, dass die Voraussetzungen des § 826 BGB unter besonderen Umständen auch bei einer Schenkung Anwendung vorliegen könnten.

IV. Die Rechtsprechung von 1946-1970

1. OGH britische Zone und IV. Zivilsenat des Bundesgerichtshofs

a) Urteil[597] vom 19. Mai 1949 - I 232/48

Mit dem Urteil vom 19. Mai 1949 leitete der OGHBrZ eine Rechtsprechungsepoche ein, die dem Vertragserben mehr Schutz vor lebzeitigen Zweitverfügungen des Erblassers bringen sollte. Nachdem das Reichsgericht in seiner letzten zu § 2287 BGB veröffentlichten Entscheidung[598] erstmalig geringere Anforderungen an die Darlegungs- und Beweislast des Vertragserben gestellt hatte, führte der OGHBrZ diese Linie fort und ließ im konkreten Fall den Beweis des ersten Anscheins genügen. Bedeutung erlangte das

---

594 JW 1935, 275, 277.

595 RGRK-Seyffarth, 6. Auflage, § 2287 Anm. 2; Soergel, 4. Auflage, § 2287 Anm. 1; Planck-Greiff, 4. Auflage, § 2287 Anm. 2 a; Staudinger-Herzfelder, 9. Auflage, § 2287 Anm. 2 b; Kipp, Erbrecht, 8. Auflage, § 34 I 1.

596 Seine Auffassung ist abgedruckt bei: Schubert, Akademie für Deutsches Recht 1933-1945, Protokolle der Ausschüsse, Band III, 8, S. 456.

597 OGHZ 2, S. 160-171.

598 Urteil vom 16. Juni 1938, s. S. 115 f.

Urteil des OGHBrZ zudem durch das Aufwerfen der Frage, ob der Übertragungsvertrag wegen Umgehung des § 2271 Abs. 2 BGB nichtig sei.

Der Kläger wurde in einem gemeinschaftlichen Testament zum Erben des überlebenden Ehegatten eingesetzt. Nach dem Vorversterben der Ehefrau übertrug der Erblasser fast sein ganzes Vermögen auf die Beklagte. Diese verpflichtete sich in dem Übergabevertrag, den Erblasser und den Kläger sowie dessen Ehefrau zu unterhalten, ihnen bestimmten Wohnraum zu überlassen und dem Kläger und seiner Frau eine monatliche Vergütung für die von dem Kläger zu entrichtenden Arbeiten auf dem Grundstück zu zahlen. Später errichtete der Erblasser ein Testament, wonach der Beklagten zudem Geldbeträge aus einem Sparguthaben zukommen sollten. Der Kläger begehrte, die Beklagte zur Auflassung zu verurteilen. Das Berufungsgericht hat dem Auflassungsbegehren stattgegeben. Die Revision der Beklagten führte zur Zurückweisung an das OLG.

Der OGHBrZ betonte zwar, der lebzeitigen Verfügungsfreiheit des überlebenden Ehegatten seien vom Gesetz her nur durch die §§ 2287 f. BGB Grenzen gesetzt, erkannte aber, dass der Erbe hierdurch nicht immer ausreichend geschützt werde. In diesem Zusammenhang führte der OGHBrZ zur Umgehung des § 2271 Abs. 2 BGB aus:

> „Es mag darüber hinaus zu erwägen sein, ob trotz des gekennzeichneten generellen Unterschiedes zwischen Verfügungen unter Lebenden und von Todes wegen eine Übertragung des gesamten Vermögens gegenüber einer bindenden Erbeinsetzung im Einzelfalle als unwirksamer Versuch der Umgehung des Widerrufsverbotes aus § 2271 Abs. 2 BGB angesehen werden kann“[599].

Der OGHBrZ konnte hierfür im konkreten Fall keine Anhaltspunkte erblicken. Der erkennende Senat ließ es nicht ausreichen, dass sich die Übertragung wirtschaftlich als eine vorweggenommene Erbfolge darstelle. Andernfalls werde § 2286 BGB die Bedeutung genommen und der Tatbestand des § 2287 BGB durch die aus § 2271 Abs. 2 BGB oder § 134 BGB herzuleitende Rechtsfolge, Unwirksamkeit oder Nichtigkeit, verdrängt[600]. So konzentrierte sich die Prüfung des I. Zivilsenats des OGHBrZ auf § 2287 BGB. Nach ständiger Rechtsprechung setze die Beeinträchtigungsabsicht voraus, dass die Benachteiligung des Klägers für

[599] OGHZ 2, 160, 163.
[600] OGHZ 2, 160, 163.

den Erblasser das treibende Motiv zum Abschluss des Übertragungsvertrages gewesen sei. Zur Beweispflicht des Klägers führte der erkennende Senat aus:

> „Die Revision rügt, daß das Berufungsgericht die Beweislast verkannt habe. In der Tat gibt der Wortlaut des Berufungsurteils Zweifeln in dieser Hinsicht darüber Raum. Ausgangspunkt des Berufungsurteil ist aber erkennbar, daß es die Benachteiligungsabsicht nach den Grundsätzen des ersten Anscheins als erwiesen ansieht und nun prüft, ob die Beklagte diesen Anscheinsbeweis entkräftet hat. Dem ist beizutreten. Bei Verträgen der hier zur Entscheidung stehenden Art spricht an sich schon eine Vermutung für Benachteiligungsabsicht des Erblassers. Trägt dazu die Beklagte selbst in Übereinstimmung mit dem Kläger noch vor, daß zwischen Erblasser und Kläger schwere Differenzen bestanden, so schafft sie damit vollends den Anschein gegen sich, daß ein Übertragungsvertrag zum Nachteil eines bindend eingesetzten Erbanwärters, mit dem der Übertragsgeber sich verfeindet hat, in dieser Feindschaft seinen Grund hat und demgemäß in Benachteiligungsabsicht geschlossen ist“[601].

Die Ausführungen des I. Zivilsenats lassen nicht erkennen, warum gerade „bei Verträgen der hier zur Entscheidung stehenden Art“ eine Vermutung für eine Benachteiligungsabsicht bestehe. Kennzeichnend für den abgeschlossenen Vertrag war, dass der Erblasser den ganzen Grundbesitz, und damit wesentliche Vermögensteile, auf die Beklagte übertrug. Der hinter dieser Handlung verborgene Wille kann zweierlei sein: Entweder wollte der Erblasser einen anderen begünstigen oder es kam ihm in erster Linie auf die Schädigung des Erben an. Eine Lebenserfahrung, dass typischerweise die Schädigungsabsicht das leitende Motiv der Schenkung von wesentlichen Vermögensteilen ist, kann aber nicht festgestellt werden. Eine Ausnahme erscheint dann sachgerecht, wenn Erblasser und Bedachter sich nach Abschluss einer Verfügung von Todes wegen wie im vorliegenden Fall verfeindet haben. In einem solchen Fall wird der Erblasser häufig versuchen, den Nachlass sehr klein zu halten, um den gemeinschaftlich testamentarisch oder erbvertraglich Bedachten leer ausgehen zu lassen. Somit ist der Verwendung des An-

---

[601] OGHZ 2, 160, 167.

scheinsbeweises auf den vorliegenden Fall im Ergebnis zuzustimmen. Im Rahmen der Erschütterung dieser Vermutung hatte das Berufungsgericht das Vorbringen und Beweiserbieten der Beklagten, es sei dem Vater in erster Linie um die Vermeidung befürchteter Zwangsmaßnahmen der Militärregierung gegangen, nicht hinreichend gewürdigt und die Beweise zu Unrecht nicht erhoben. Aus diesem Grunde verwies der OGHBrZ zur erneuten Prüfung an das OLG zurück.

Neben der Beweiserleichterung erfuhr die Vertragserbenstellung durch die Ausführungen des OGHBrZ zum Inhalt des Anspruchs aus § 2287 BGB für gemischte Schenkungen eine weitere Stärkung. Das Reichsgericht hatte dem Vertragserben bei Vorliegen der Anspruchsvoraussetzungen lediglich einen Geldanspruch in Höhe des Mehrwertes des Gegenstandes zugebilligt[602]. Nach Ansicht des OGHBrZ wird eine solch generelle Betrachtung dem Schutzgedanken des § 2287 BGB nicht gerecht. Um der Wertung des § 2287 BGB vollends gerecht zu werden, verwehrte der I. Zivilsenat dem Vertragserben nur noch dann den Anspruch auf Herausgabe, wenn festgestellt wurde, dass der Gegenstand dem Beschenkten auch ohne die teilweise Schenkung zugefallen wäre. Der OGHBrZ verlangte somit einen negativen Kausalitätsbeweis des Vertragserben. Der I. Zivilsenat übertrug damit die vom II. Zivilsenat[603] im Rahmen des § 531 Abs. 2 BGB für die Rückforderung gemischter Schenkungen wegen groben Undanks vertretene Rechtsauffassung auf den Tatbestand des § 2287 BGB.

b) Urteil[604] vom 27. November 1952 - IV ZR 146/52

Der Bundesgerichtshof beschäftigte sich erstmalig in dem Urteil vom 27. November 1952 mit § 2287 BGB und nahm dort in Anknüpfung an die Entscheidung des OGHBrZ zum Anspruchsinhalt des § 2287 BGB bei einer gemischten Schenkung Stellung. Dem Urteil lag folgender Sachverhalt zugrunde:

---

602 JW 1935, 275, 277.

603 Urteil vom 18. November 1948, OGHZ 1, 258, 261 f.

604 LM Nr. 2 zu § 2287 BGB (Entscheidungsgründe).

Die Eltern der Parteien setzen sich erbvertraglich gegenseitig zu Alleinerben ein. Als Erbe des Längstlebenden wurde zunächst der Beklagte eingesetzt. Kurz vor dem Tod der Mutter änderten die Vertragsparteien den Erbvertrag und bestimmten nunmehr den Kläger zum Erben des Längstlebenden. Nach dem Tod seiner Ehefrau verkaufte der Erblasser das Hausgrundstück, das nahezu das gesamte Vermögen darstellte, an den Beklagten für 3.000 Mark. Der Beklagte verpflichtete sich gleichzeitig, seinem Vater in dem Haus ein Wohnrecht einzuräumen. Der Kläger erblickte in der Übertragung des Hauses eine Schenkung, die sein Vater in der Absicht vorgenommen habe, ihn zu benachteiligen. Dem auf Auflassung des Grundstücks an sich und Einwilligung in die Eigentumsübertragung im Grundbuch lautende Antrag des Klägers hat das Landgericht stattgegeben. Die Berufung des Beklagten ist zurückgewiesen worden. Die Revision führte zur Aufhebung des Berufungsurteils und zur Zurückweisung an das OLG.

Ebenso wie der I. Zivilsenat des OGHBrZ erkannte der IV. Zivilsenat des Bundesgerichtshofs die für den Vertragserben missliche Lage, dass dieser nach der Rechtsprechung des Reichsgerichts[605], selbst wenn er die Voraussetzungen des § 2287 Abs. 1 BGB beweisen konnte, den vom Erblasser verschenkten Gegenstand für den in der Praxis häufig gegebenen Fall einer gemischten Schenkung nicht zurückfordern konnte. Andererseits, so der Bundesgerichtshof, könne das Schutzbedürfnis des Vertragserben nicht weiter gehen, als die Unentgeltlichkeit des Rechtsgeschäftes reiche. Um beiden Gesichtspunkten Rechnung zu tragen, sprach sich der IV. Zivilsenat dafür aus, dem Vertragserben nur dann einen Anspruch auf Herausgabe der Sache zu geben, wenn der unentgeltliche Teil des Vertrages überwiege. Im Übrigen müsse sich der Vertragserbe mit einem Geldanspruch in Höhe des Mehrwertes begnügen. Für die Prüfung, ob der unentgeltliche Teil des Geschäftes überwiege, gebe ein Vergleich des Wertes des überlassenen Gegenstandes mit dem Wert der Gegenleistung einen Anhaltspunkt[606]. Die vom OGHBrZ vertretene Gegenansicht lehnte der Bundesgerichtshof aus praktischen Erwägungen ab:

> „Von Ausnahmefällen vielleicht abgesehen, würde nicht festgestellt werden können, welche Vorstellungen und Absichten die Vertragsparteien bei Vertragsabschluß über den – gar nicht zur Erörterung stehenden – Fall eines voll entgeltlichen Vertrages hatten, sondern es werde in aller Regel

[605] JW 1935, 275, 277.

[606] LM Nr. 2 zu § 2287 BGB.

vermutet werden können, wozu sich die Vertragsparteien entschlossen haben würden, wenn der eine oder andere Teil es abgelehnt hätte, den in Frage stehenden Gegenstand teilweise zu schenken bzw. sich schenken zu lassen“[607].

c) Urteil[608] vom 8. Juli 1954 - IV ZR 229/ 53

Auch wenn der Bundesgerichtshof die Stellung des Vertragserben in der Entscheidung vom 27. November 1952 insofern gestärkt hatte, als dass dieser den verschenkten Gegenstand im Falle einer gemischten Schenkung bei einem Überwiegen des unentgeltlichen Charakters zurückfordern konnte, blieben die Beweisschwierigkeiten bestehen. Um den Schutzinteressen des vertraglich bzw. wechselbezüglich Bedachten gerecht zu werden, entwickelte der IV. Zivilsenat in der Entscheidung vom 8. Juli 1954 das Rechtsinstitut der sogenannten Aushöhlungsnichtigkeit.

Eheleute setzten sich in einem gemeinschaftlichen Testament gegenseitig zu Erben und die Töchter zu Schlusserben ein. Da die beklagte Schwester eine Aussteuer von 10.000 Mark erhalten hatte, ordnete das Ehepaar zugunsten der Klägerin in dieser Höhe ein Vorausvermächtnis an, falls sie beim Tod des Letztlebenden noch keine Aussteuer erhalten haben sollte. Nach dem Tod des Mannes errichtete die Erblasserin ein Testament, in dem sie der Beklagten ein Hausgrundstück und eine Grundschuld zuteilte. Wenige Monate später übertrug die Mutter durch notariellen Vertrag das Grundstück „als Vorwegnahme und unter Anrechnung auf das vorbeschiedene Vater- und Muttererbe“ auf die Beklagte. Die Klägerin begehrte die Verurteilung der Beklagten zu der Einwilligung, dass die Parteien als Miterben in ungeteilter Erbengemeinschaft im Grundbuch als Eigentümer eingetragen werden. Das Landgericht und das Berufungsgericht haben dem Begehren stattgegeben. Die Revision der Beklagten blieb erfolglos.

Das Berufungsgericht hatte in einem Vorprozess die testamentarischen Änderungen der Erblasserin insoweit für unwirksam erklärt, als dadurch über Nachlasswerte verfügt, eine Verwirkungsklausel angeordnet und das Vorausvermächtnis für die Klägerin in Fortfall gebracht worden sei. Der notarielle Übertragungsvertrag zwischen der Erblasserin und der Beklagten, welcher nur die äußere Form eines „Rechtsgeschäftes unter Lebenden“ habe, sei daher nichts anderes als die Vorwegnahme der Ausführung einer nicht zulässi-

---

607 LM Nr. 2 zu § 2287 BGB.

608 DNotZ 1955, S. 85-87.

gen Verfügung von Todes wegen. Der IV. Zivilsenat des Bundesgerichtshofs machte sich die Ausführungen des Berufungsgerichts zu eigen und zog aus ihnen den Schluss, dass eine lebzeitige Verfügung denselben Schranken unterliegen müsse wie eine entsprechende letztwillige Verfügung, an deren Stelle und zu deren Ausführung sie getreten sei. Die Unwirksamkeit der testamentarischen Anordnungen begründe somit die Nichtigkeit der lebzeitigen Verfügung[609]. Diese Ausführungen für sich allein hätten wohl keine derartige Fülle von Folgeentscheidungen und deren eingehende Beleuchtung im Schrifttum hervorgerufen. In allen bisher untersuchten Fällen war der lebzeitigen Zweitverfügung des Erblassers keine beeinträchtigende Verfügung von Todes wegen vorausgegangen.

Besondere Bedeutung erlangte die Entscheidung vor allem durch die Ausführungen des Bundesgerichtshofs zur Umgehung der bindenden Wirkung eines gemeinschaftlichen Testaments. Der IV. Zivilsenat sah die Besonderheit des Falles darin, dass die Erblasserin mit der Übereignung des Grundstücks an die Beklagte einen vertragswidrigen Zweck verfolgt habe. Sie habe die mit dem Tod ihres Mannes gemäß § 2271 Abs. 1 S. 2 BGB entstandene Bindung an das gemeinschaftliche Testament zu umgehen versucht, indem sie ein Grundstück, den Hauptteil ihres Vermögens, „vorwegnehmend" auf die Beklagte übertrug[610]. Dadurch sei das Testament ausgehöhlt und gegenstandslos geworden. Grundlage der Ausführungen des IV. Zivilsenats war die Annahme, der zu beurteilende Sachverhalt könne von § 2287 BGB nicht erfasst werden. Dieser Gedanke sollte die Rechtsprechung des Bundesgerichtshofs und der Instanzgerichte bis Anfang der siebziger Jahre in besonderem Maße prägen. In der Tat gab § 2287 BGB aufgrund der dargestellten Beweisschwierigkeiten nach der bisherigen Rechtsprechung des Reichsgerichts und des V. Zivilsenats des Bundesgerichtshofs[611] dem Vertragserben vor übermäßigen Schenkungen des Erblassers nur einen

---

[609] DNotZ 1955, 85, 87.

[610] DNotZ 1955, 85, 87.

[611] Dieser hatte in dem Urteil vom 26. Juni 1953 die „Formel vom treibenden Beweggrund" bestätigt und eine erweiternde Auslegung der „Beeinträchtigungsabsicht" im Sinne des § 31 KO bzw. § 3 Ziff. 1, 2 a.F. AnfG abgelehnt, LM Nr. 1 zu § 146 KO.

geringen Schutz. Dieser Umstand änderte aber nichts daran, dass gemäß § 2286 BGB das Recht des Erblassers, über sein Vermögen durch Rechtsgeschäft unter Lebenden zu verfügen, nicht beschränkt war. Der Gesetzgeber wollte der lebzeitigen Verfügungsfreiheit des erbvertraglich gebundenen Erblassers nur im Rahmen der §§ 2287, 2288 BGB und gegebenenfalls des § 826 BGB Grenzen setzen[612]. Über diesen Gesichtspunkt ging der Bundesgerichtshof in der Entscheidung vom 8. Juli 1954 stillschweigend hinweg. Somit blieb in dieser wie in den folgenden Entscheidungen offen, warum der Bundesgerichtshof, anstatt über eine Erweiterung des Anwendungsbereiches von § 2287 BGB nachzudenken, mit der Aushöhlungsnichtigkeit ein neues Rechtsinstitut schuf, dass in seinen Wirkungen über die Rechtsfolge des § 2287 BGB hinausging und durch die Verwendung von unbestimmten Rechtsbegriffen wie „Umgehung" oder „Aushöhlung" eine kaum zu überwindende Rechtsunsicherheit in sich barg. Um dieser Gefahr ansatzweise vorzubeugen, hätte der Bundesgerichtshof darlegen müssen, nach welchen Normen die Umgehung der Bindungswirkung eine Nichtigkeit der Zweitverfügung begründe[613] und welche Kriterien hierfür maßgeblich seien.

Obwohl der Bundesgerichtshof kaum Gründe für seinen Wechsel der bis dato von § 2287 BGB geprägten Rechtsprechung gab[614], erhielt das Urteil in der Lehrbuch- und Kommentarliteratur zunächst uneingeschränkten Zuspruch[615]. Eine kritische Untersuchung findet sich im unmittelbaren Anschluss an die

---

[612] Motive V, S. 330; Protokolle II, S. 7282.

[613] Die Ausführungen des Bundesgerichtshofs deuten auf eine Nichtigkeit gemäß § 134 BGB (Gesetzesumgehung) oder § 2271 Abs. 2 (Vorwegnahme der Erbfolge) hin.

[614] Dies ist auch insofern verwunderlich, als dass der IV. Zivilsenat zwei Monate vor Verkündung des Urteils in der unveröffentlichten Entscheidung vom 6. Mai 1954 - IV ZR 217/53, S. 10, einen Einwand der Revision, der sich auf die Umgehung des Widerrufsverbotes des § 2271 Abs. 2 BGB durch lebzeitigen Übergabevertrag bezog, für unbeachtlich hielt, da das Widerrufsverbot keine Verfügungen durch Rechtsgeschäfte unter Lebenden ausschließe.

[615] Palandt-Rechenmacher, 15. Auflage, § 2271 Anm. 3 c; Kipp/Coing, Erbrecht, 10. Auflage, § 28 Fn. 32 a; RGRK-Kregel, 11. Auflage, § 2271 Anm. 14; Staudinger-Dittmann 10./11. Auflage, § 2271 Rn. 84.

Entscheidung nur bei Burkart[616]. Burkart beurteilte einen Übergabevertrag dann als Vorwegnahme einer letztwilligen Verfügung, wenn der Übernehmer im Sinne des § 2301 Abs. 1 BGB vor dem Ableben des Übergebers diesem gegenüber noch keine Rechte erworben habe. Schaffe die Vereinbarung hingegen Rechtsansprüche des Übernehmers, so sei der Vertrag ein Rechtsgeschäft unter Lebenden. Habe die Prüfung wie in der Entscheidung vom 8. Juli 1954 ergeben, dass ein zulässiger Vertrag unter Lebenden vorliege, könne die betreffende Verfügung dennoch im Einzelfall unter dem Aspekt der Umgehung der §§ 2271 Abs. 2 S. 1, 2289 Abs. 1 S. 2 BGB die Unwirksamkeit begründen[617]. Voraussetzung hierfür sei die Feststellung einer Umgehungsabsicht. Diese liege vor, wenn kein wirtschaftlicher und ethischer Grund zum Abschluss des Vertrages vorgelegen habe, der Übergabevertrag mithin nur den Zweck verfolge, die in dem gemeinschaftlichen Testament Bedachten zu beeinträchtigen[618]. Im Rahmen der Prüfung der Umgehungsabsicht müsse besonderes Gewicht auf die Feststellung des Parteiwillens der Erblasser im Errichtungszeitpunkt gelegt werden. Ohne die Prüfung, was die Ehegatten vernünftigerweise gewollt haben, sei kaum feststellbar, ob die vom Überlebenden vorgenommene Verfügung im Bereich der ihm im Testament eingeräumten Ermächtigung liege[619]. Dies habe der Bundesgerichtshof in der Entscheidung vom 8. Juli 1954 verkannt.

d) Urteile vom 9.03.1955[620] - IV 121/54 - und 8.02.1957[621] - IV ZR 216/56

Die Urteile vom 9. März 1955 und 8. Februar 1957 sollen exemplarisch verdeutlichen, dass der IV. Zivilsenat neben der Entwicklung des Rechtsinstituts der Aushöhlungsnichtigkeit die vom Reichsgericht eingeschlagene Linie zur

---

616 NJW 1956, S. 1501-1505.

617 NJW 1956, 1501, 1503.

618 Als Beispiel für ein schutzwürdiges Interesse des Erblassers führte Burkart die Sicherung der Altersversorgung an, NJW 1956, 1501, 1504.

619 NJW 1956, 1501, 1504.

620 Unveröffentlicht.

621 FamRZ 1957, S. 171-173.

Auslegung des § 2287 BGB beibehielt. Auf eine ausführliche Auseinandersetzung wird mangels richtungsweisender neuer Erkenntnisse verzichtet.

In der Entscheidung vom 9. März 1955 hatte die Revision die Ansicht, dass die Schädigungsabsicht der treibende – wenn auch nicht ausschließliche – Beweggrund sein müsse, als zu eng bezeichnet. Stattdessen müsse genügen, wenn dem Erblasser die Schädigung des Vertragserben bewusst sei. Unter Berufung auf den Wortlaut des § 2287 BGB lehnte der Bundesgerichtshof diese Rechtsauffassung ab:

> „Diese Meinung ist aber mit dem eindeutigen Wortlaut des § 2287 BGB nicht vereinbar, der zur Voraussetzung des Bereicherungsanspruchs macht, daß der Erblasser in Beeinträchtigungsabsicht gehandelt habe. Daß dem Gesetzgeber der Unterschied zwischen Vorsatz und Absicht nicht bekannt gewesen sei, kann nicht angenommen werden. ... Eine derartige Beschränkung des Erblassers ist nach dem Wortlaut des § 2287 BGB nicht gewollt. Der Senat sieht hiernach keinen Anlass, von der ständigen Rechtsprechung des Reichsgerichts ... und des Obersten Gerichtshofs für die Britische Zone ... abzuweichen“[622].

In dem Urteil vom 8. Februar 1957 präzisierte der IV. Zivilsenat die innere Willensrichtung. Die Beeinträchtigungsabsicht sei nur dann gegeben, wenn irgendwelche mit der Person des Vertragserben zusammenhängende Umstände erkennbar waren, die den Erblasser veranlasst haben, diesen zu schädigen. Eine Beeinträchtigungsabsicht könne dagegen nicht festgestellt werden, wenn es in der Hauptsache allein in der Person des Erwerbers liegende Umstände gewesen seien, die den Erblasser veranlasst hätten, diesem den Gegenstand zuzuwenden[623].

---

622 IV ZR 216/56, unveröffentlicht, S. 7.

623 FamRZ 1957, 171, 173.

e) Urteil[624] vom 24. Januar 1958 - IV ZR 234/57

In der Entscheidung vom 24. Januar 1958 betonte der IV. Zivilsenat, dass die in dem Urteil vom 8. Juli 1954 entwickelten Rechtsgrundsätze nicht ohne weiteres auf anders gelagerte Fälle übertragen werden könnten[625].

Eheleute hatten sich in einem gemeinschaftlichen Testament gegenseitig zu Erben eingesetzt und bestimmt, das Hausgrundstück an zwei Kinder, spätere Kläger und Beklagte, zu einem festen Preis von 8.000 Mark zu verkaufen. Der Kaufpreis sollte ein Jahr nach dem Tod des Letztlebenden an die anderen Kinder ausbezahlt werden. Nachdem ihr Ehemann verstorben war, verkaufte die Erblasserin das Hausgrundstück an die Beklagte und ließ es ihr auf. Der Kaufpreis sollte in Höhe von 8.000 Mark teilweise mit vergangenen und zukünftigen Versorgungsleistungen der Tochter beglichen sein. Der Kläger beantragte, die Beklagte zu verurteilen, darin einzuwilligen, dass als Eigentümer des Grundstücks die aus den Geschwistern bestehende Erbengemeinschaft eingetragen werde. Der Kläger vertrat die Ansicht, die Auflassung des Grundstücks an die Beklagte sei nichtig, da die Erblasserin damit die bindenden Anordnungen des gemeinschaftlichen Testaments habe umgehen wollen. Die Vorinstanzen gaben dem Antrag des Klägers statt. Die Revision führte zur Abweisung der Klage.

Der Bundesgerichtshof prüfte in einem ersten Schritt, ob die Grundstücksübertragung eine verschleierte Verfügung von Todes wegen darstellte, um nach Verneinung dieser Frage den Gesichtspunkt der Gesetzesumgehung zu untersuchen[626]. Mit diesem methodischen Vorgehen reagierte der IV. Zivilsenat offenbar auf den Aufsatz von Burkart, der die Grundsätze der Entscheidung vom 8. Juli 1954 systematisiert und die nunmehr vom IV. Zivilsenat gewählte Stufenprüfung vorgeschlagen hatte[627].

Im Rahmen der ersten Stufe führte der Bundesgerichtshof aus, die Mutter der Parteien habe bereits zu ihren Lebzeiten über das ihr gehörende Grundstück verfügt. Sie habe alles von ihrer Seite Erforderliche getan, um der Beklagten das Eigentum an dem Grundstück vor ihrem Tod zuzuwenden (Auflassung,

---

624 BGHZ 26, S. 274-282.

625 Auch in seinem unveröffentlichten Urteil vom 27. November 1957 - IV ZR 198/57, S. 15, hatte der IV. Zivilsenat den Ausnahmecharakter der Entscheidung vom 8. Juli 1954 betont.

626 Ähnlich ging der IV. Zivilsenat in der Entscheidung vom 27. November 1957 - IV ZR 198/57, S. 15 f., vor: 1. Vollzug der Schenkung im Sinne des § 2301 Abs. 2 BGB? 2. Umgehung des Testierverbotes der §§ 2271 Abs. 2, 2289 Abs. 1 S. 2 BGB?

627 NJW 1956, 1501, 1503 f.

Einwilligung in die Eintragung der Beklagten ins Grundbuch). In diesem Zusammenhang erkannte der Senat für entscheidungserheblich, dass die Mutter der Parteien schon zu Lebzeiten Vorteile aus der Veräußerung des Grundstücks erzielt habe (Übertragung der Lasten des Grundstücks, Pflege und Versorgung durch die Beklagte)[628]. Aufgrund dieser Erwägungen liege keine verschleierte Verfügung von Todes wegen vor. Die Grundstücksübertragung könne daher nur dann nichtig sein, wenn die Vertragsteile bezweckt hätten, die sich aus dem gemeinschaftlichen Testament ergebende Bindung in einer gesetzes- und sittenwidrigen Weise zu umgehen. Anzeichen hierfür konnte der Bundesgerichtshof jedoch nicht erkennen[629].

Der IV. Zivilsenat leitete die Nichtigkeit einer „aushöhlenden“ Zweitverfügung in der Entscheidung vom 24. Januar 1958 offenbar aus den §§ 134, 138 BGB her. Wann eine Verfügung im Einzelnen die Sittenwidrigkeit nach sich ziehe bzw. gegen welches Verbotsgesetz verstoßen werden müsse, um die Rechtsfolge der Nichtigkeit zu begründen, blieb hingegen offen. Der Bundesgerichtshof betonte nur, ein „regelndes Eingreifen“ durch die Gerichte über die §§ 2287, 2288 BGB hinaus sei auf grobe Sittenverstöße zu beschränken. Für das gemeinschaftliche Testament verwies der IV. Zivilsenat darauf, dass die lebzeitige Verfügungsfreiheit des überlebenden Ehegatten bei einer gegenseitigen Vollerbeneinsetzung dem Willen der Eheleute entspreche[630].

f) Zusammenfassung

Die höchstrichterliche Rechtsprechung untersuchte erstmals in dem Urteil des OGHBrZ vom 19. Mai 1949, ob eine Vermögensübertragung im Einzelfall als unwirksamer Versuch der Umgehung des Widerrufsverbotes aus § 2271 Abs. 2 BGB angesehen werden könne. Seit der Leitentscheidung des IV. Zivilsenats des Bundesgerichtshofs vom 8. Juli 1954 wurde dieser Ge-

---

[628] Auch dieser Gedanke findet sich bereits in dem Aufsatz von Burkart, NJW 1956, 1501, 1504, allerdings behandelte Burkart diesen Gesichtspunkt unter dem Begriff der Beeinträchtigungsabsicht.

[629] BGHZ 26, 274, 277.

[630] BGHZ 26, 274, 278.

sichtspunkt in Rechtsprechung und Literatur unter dem Begriff „Aushöhlung von Erbverträgen und gemeinschaftlichen Testamenten“ bzw. „Aushöhlungsnichtigkeit“ erörtert. Der IV. Zivilsenat nahm in drei Urteilen[631] zu der Problematik Stellung. Eine Nichtigkeit wurde nur in der Leitentscheidung bejaht. In den beiden späteren Urteilen betonte der IV. Zivilsenat, dass eine lebzeitige Verfügung nur ausnahmsweise als nichtig gewertet werden könne[632]. Gemeinsam war den Entscheidungen das Abstellen auf die Kriterien „Vorwegnahme der Erbfolge“ und „Umgehung des Testierverbotes“. Im Rahmen des ersten Kriteriums berücksichtigte der IV. Zivilsenat im Einzelnen den Zusammenhang der lebzeitigen Verfügung mit einem Widerrufstestament, den Vollzug der Schenkung zu Lebzeiten des Erblassers, und die Frage, ob der Erblasser aus der Verfügung bis zu seinem Tod Vorteile erzielt habe. Während der erste Umstand in der Leitentscheidung als Indiz für die „unzulässige Vorwegnahme der Erbfolge“ gesehen wurde, betrachtete der Bundesgerichtshof die anderen Umstände als Anzeichen dafür, dass keine verschleierte Verfügung von Todes wegen vorliege. Es gelang dem IV. Zivilsenat aber in keiner der Entscheidungen, das Kriterium „Umgehung des Testierverbotes“ zu konkretisieren. Auch nannte der Bundesgerichtshof keine gesetzliche Grundlage für die Nichtigkeit. Die Entscheidung vom 24. Januar 1958 deutete durch die Formulierung „in einer gesetz- und sittenwidrigen Weise zu umgehen“ an, dass die §§ 134, 138 BGB als dogmatische Grundlage der „Aushöhlungsnichtigkeit“ gesehen wurden. Der OGHBrZ erwog die Anwendung von § 2271 Abs. 2 BGB und § 134 BGB[633].

2. V. Zivilsenat des Bundesgerichtshofs

a) Urteil[634] vom 26. Februar 1958 - V ZR 127/ 56

Im Jahre 1958 fand ein Wechsel in der Geschäftsverteilung des Bundesgerichtshofs statt. Für Erbrechtsstreitigkeiten war nunmehr der V. Zivilsenat

---

[631] DNotZ 1955, S. 85-87; Urteil vom 27. November 1957 - IV ZR 198/57; BGHZ 26, S. 274-282.

[632] Urteil vom 27.November 1957 - IV ZR 198/57, S. 16; BGHZ 26, 274, 276.

[633] OGHZ 2, 160, 167.

[634] DNotZ 1958, S. 654-656.

zuständig. In dem Urteil vom 26. Februar 1958 behandelte dieser erstmals die Problematik um die Aushöhlungsnichtigkeit. Er schloss sich hierbei den vom IV. Zivilsenat in der Leitentscheidung vom 8. Juli 1954 aufgestellten Grundsätzen an. Im Gegensatz zu dem Urteil des IV. Zivilsenats vom 24. Januar 1958 ließ es der erkennende Senat bei der Übernahme der Grundsätze bewenden. Offen blieb vor allem, in welchem Verhältnis die Kriterien „Vorwegnahme der Erbfolge" und „Umgehung des Testierverbotes" zueinander stehen. Wie in den bisher dargestellten Urteilen fehlte auch in der Entscheidung vom 26. Februar 1958 eine methodische Herleitung der Nichtigkeit „aushöhlender Verfügungen".

In einem gemeinschaftlichen Testament setzten sich Ehegatten gegenseitig zu Alleinerben ein. Nach dem Tod des Längstlebenden sollte der Sohn ein Hausgrundstück, den wesentlichen Vermögensteil, gegen anteiligen Wertausgleich gegenüber seinen Geschwistern erhalten. Nach dem Tod des Mannes übertrug die Ehefrau das Grundstück für 22.000 DM auf den Sohn. Die Geschwister sahen sich hierdurch benachteiligt und erhoben Klage. Zum einen habe der Verkehrswert beim Tod der Mutter 55.000 bis 60.000 DM betragen, zum anderen werde der Kaufpreis und der hieraus resultierende Wertausgleich anstatt sofort erst fünf Jahre nach dem Tod der Mutter fällig. Das OLG hat der Klage stattgegeben. Die Revision der Beklagten blieb erfolglos.

Nach Ansicht des V. Zivilsenats war ein Übergabevertrag nur dann einer Verfügung von Todes wegen gleichzustellen und wie eine solche zu behandeln, wenn dieser einen Hof im Sinne der HöfeO für die britische Zone zum Gegenstand habe[635]. Für Übergabeverträge, die keinen Hof betreffen, führte der Bundesgerichtshof aus:

> „Ausnahmsweise kann jedoch auch ein solches Rechtsgeschäft – abgesehen von sonstigen Nichtigkeitsgründen – nach § 2271 Abs. 2 S. 1 BGB unwirksam sein. Das ist der Fall, wenn durch eine unter Lebenden erfolgte Verfügung des durch ein wechselseitiges Testament gebundenen Erblassers in offenem Widerspruch zu einem unwiderruflich gewordenen gemeinschaftlichen Testament die Erbfolge vorweggenommen, das Testierverbot des § 2271 Abs. 2 BGB umgangen und damit das wechselseitige Testament ausgehöhlt wird ... . Ein solches Rechtsgeschäft ist der Sache nach die Vorwegnahme einer nicht zulässigen Verfügung von Todes we-

[635] Der Bundesgerichtshof verwies hierzu auf die Beschlüsse V BLw 2/52 und V BLw 3/53.

gen und deshalb unwirksam. Die Frage, ob die Voraussetzungen für eine Unwirksamkeit des Vertrages vorliegen, unterliegt der Beurteilung des Tatrichters“[636].

Obwohl der V. Zivilsenat in dieser Formulierung die Prüfungspunkte „Vorwegnahme der Erbfolge“ und die „Umgehung des Testierverbotes“ zur „Aushöhlung des wechselbezüglichen Testaments“ verbunden hatte, beschränkte sich seine anschließende Prüfung auf das Kriterium der „Umgehungsabsicht“. Überlegungen zu § 2287 BGB stellte er nicht an.

Der erkennende Senat ging zunächst richtigerweise davon aus, dass den Kindern beim Tod des Letztlebenden nur der Überrest zukommen sollte, dem überlebenden Ehegatten mithin keine Verfügungsbeschränkungen auferlegt wurden. Gleichzeitig entnahm der Bundesgerichtshof dem gemeinschaftlichen Testament den Willen der Eltern, alle Kinder gleichmäßig zu bedenken. Aus der einseitigen Bevorzugung des einen Sohnes und der damit einhergehenden Abweichung von der testamentarischen Regelung folgerte der V. Zivilsenat dann aber die Absicht, die Bindung an das gemeinschaftliche Testament zu umgehen und dieses auszuhöhlen. Der Bundesgerichtshof verstand in diesem Zusammenhang den Begriff der „Umgehungsabsicht“ als Bewusstsein, dass das Testierverbot durch das lebzeitige Verfügungsgeschäft gegenstandlos werde[637]. Aus diesem Verständnis der Umgehungsabsicht resultierte, dass lebzeitige Verfügungen des Erblassers schon dann die Nichtigkeit nach sich zogen, wenn wesentliche Vermögensteile übertragen wurden.

Münzenberger kritisierte als erster dieses Ergebnis. Durch eine solche Rechtsanwendung gelte das aus § 2286 BGB resultierende Recht des Erblassers zur freien Verfügung unter Lebenden für den Fall eines Übergabevertrages nicht mehr. Er ging sogar soweit, dass bei einem nach § 2269 BGB auszulegenden Berliner Testament der überlebende Ehegatte nach der Rechtsprechung des Bundesgerichtshofs schlechter als bei der Anordnung einer Vor- und Nacherbfolge stehe. Im letzten Fall könne der überlebende Ehegatte

---

636 DNotZ 1958, 654, 656.

637 DNotZ 1958, 654, 656.

wenigstens über sein eigenes Vermögen zu Lebzeiten frei verfügen[638]. Auch Dittmann stellte sich auf den Standpunkt, die Rechtsprechung des Bundesgerichtshofs rücke die Position des überlebenden Ehegatten in die Nähe eines befreiten Vorerben[639]. Der Bundesgerichtshof gewähre durch seine neue Linie dem wechselbezüglich oder vertraglich Bedachten praktisch eine gewisse Anwartschaft. Damit setze er sich in Widerspruch zur allgemeinen Meinung, dass der Bedachte vor dem Erbfall keine Rechte erwerbe[640]. Trotz dieser und weiterer Bedenken[641] stimmte Dittmann dem Urteil im Ergebnis unter dem Gesichtspunkt einer erweiterten Anwendung der §§ 138, 826 BGB zu.

b) Urteil[642] vom 17. November 1959 - V ZR 18/59

In der Entscheidung vom 17. November 1959 ersetzte der V. Zivilsenat den objektiven Begriff „Umgehung des Testierverbotes" durch das subjektive Merkmal „Umgehungsabsicht". Maßgebend für die Nichtigkeit der Zweitverfügung sei allein, ob der Erblasser mit der lebzeitigen Verfügung beabsichtige, das Testierverbot zu umgehen. Dem Kriterium der „Vorwegnahme der Erbfolge" käme daneben keine eigenständige Bedeutung mehr zu. Der Entscheidung lag folgender Sachverhalt zugrunde:

Die Klägerin wurde in einem gemeinschaftlichen Testament zur alleinigen Schlusserbin eingesetzt. Nach dem Tod seiner Frau heiratete der Erblasser erneut. Die Eheleute errichteten ein gemeinschaftliches Testament und setzten sich gegenseitig zu Alleinerben ein. Die Klägerin wurde nicht mehr berücksichtigt. Am selben Tag schenkte der Erblasser der Beklagten in notarieller Urkunde die streitigen Grundstücke. Die Grundstücke wurden alsbald auf den Namen der Beklagten umgeschrieben. Hinsichtlich des einen Grundstücks behielt sich der Erblasser den lebenslänglichen Nießbrauch vor. Die Klägerin beantragte, die Beklagte zu verurteilen, die Grundstücke herauszugeben und in die Umschreibung auf sie einzuwilligen. Das LG hat die Klage abgewiesen, das Berufungsgericht hat ihr stattgegeben. Die Revision der Beklagten hatte keinen Erfolg.

---

638 BWNotZ 1958, 143, 146.

639 DNotZ 1958, 619, 626 f.

640 Dittmann verwies in diesem Zusammenhang auf BGHZ 12, S. 115-124. Dort hatte der Bundesgerichtshof im LS 2 ausgeführt, dass der Vermächtnisnehmer, selbst wenn das Vermächtnis auf einem Erbvertrag beruhe, weder einen künftigen Anspruch noch eine rechtlich gesicherte Anwartschaft, sondern lediglich eine tatsächliche Aussicht erlange.

641 DNotZ 1958, 619, 627 f.

642 FamRZ 1960, S. 145-148.

Im Gegensatz zu den bisher zur Aushöhlungsnichtigkeit dargestellten Urteilen des Bundesgerichtshofs untersuchte der V. Zivilsenat in der Entscheidung vom 17. November 1959 zunächst die Vereinbarkeit der Grundstücksübertragung mit § 2287 BGB. Einen Verstoß gegen die Schutzbestimmung konnte der Bundesgerichtshof jedoch nicht feststellen, da die Schädigungsabsicht nicht erwiesen war. Sodann prüfte der Bundesgerichtshof die Gesetzesumgehung. Hierzu verwies er auf seine neuere Rechtsprechung:

> „Nimmt ein an ein gemeinschaftliches Testament gebundener Erblasser nach dem Tod seines Ehegatten ein Rechtsgeschäft unter Lebenden vor, das der Sache nach die Ausführung einer dem Testament widersprechenden und damit unzulässigen Verfügung von Todes wegen bildet, so müsse der Vorschrift des § 2271 BGB der Vorrang vor jener allgemeinen Regel der freien Verfügungsbefugnis eingeräumt werden. Denn ein vom Gesetz mißbilligter, unzulässiger Erfolg dürfe nicht durch Umgehung des Gesetzes erreicht werden ... . Eine Umgehung des Gesetzes liege aber vor, wenn eine unzulässige Verfügung von Todes wegen auf dem Umwege über ein Rechtsgeschäft unter Lebenden Wirksamkeit erlangen solle. Die Umgehung des Gesetzes führe zur Nichtigkeit des Rechtsgeschäfts unter Lebenden, die auch für die Verfügung von Todes wegen trifft (§ 134 BGB)“[643].

Der V. Zivilsenat erklärte, dass er trotz der kritischen Stimmen in der Literatur an seiner Nichtigkeitsrechtsprechung für die Fälle festhalten wolle, „in denen der Erblasser das Testierverbot durch ein den Vollzug einer unwirksamen Verfügung von Todes wegen vorwegnehmendes Rechtsgeschäft unter Lebenden zu umgehen beabsichtigt“[644]. Zur Unterstützung seiner Auffassung berief sich der V. Zivilsenat auf eine Anmerkung von Boehmer im Kommentar von Staudinger[645]:

> „Es sei ein unablehnbares Postulat sowohl der Rechtswahrheit und Folgerichtigkeit wie der Aufrechterhaltung und Sicherung der formellen und

---

[643] FamRZ 1960, 145, 146.

[644] FamRZ 1960, 145, 146.

[645] Staudinger-Boehmer, V. Band, 10./11. Auflage, Einl. § 27 Rn.18.

sachlichen Sonderordnung, dass man sich gegen alle Versuche, durch Tarngeschäfte unter Lebenden die zur Teilnahme am Nachlaß Berechtigten in ihren Rechten zu schmälern, energisch zur Wehr setze“ [646].

Der Bundesgerichtshof konkretisierte die Umgehungsabsicht anhand von drei Indizien: 1. Eintritt der Wirkungen des Zweitgeschäftes erst nach dem Tod des Erblassers, 2. zeitlicher Zusammenhang der Zweitverfügung mit einer nach § 2271 Abs. 2 bzw. § 2289 Abs. 1 S. 2 BGB unwirksamen Verfügung von Todes wegen, 3. Verfügung über das ganze oder nahezu das ganze Vermögen[647]. Durch die Bildung von Fallgruppen schränkte der V. Zivilsenat die in der Entscheidung vom 26. Februar 1958 aufgestellte Definition der Umgehungsabsicht, nach welcher bereits das Bewusstsein genügte, dass durch die lebzeitige Verfügung das Testierverbot gegenstandslos werde, erheblich ein[648]. Im konkreten Fall waren alle drei Fallgruppen einschlägig und die Grundstücksschenkungsverträge deshalb nichtig. Hieran ändere auch die Unkenntnis des Beschenkten von der Umgehungsabsicht nichts:

> „Da aber das vom Erblasser beabsichtigte Umgehungsgeschäft in der Gestalt eines Rechtsgeschäftes unter Lebenden rechtlich nicht anders zu behandeln ist wie die in ihrem Erfolg damit vorweggenommene unzulässige Verfügung von Todes wegen, kann es auf die Kenntnis oder Unkenntnis des Vertragspartners von der Umgehungsabsicht des Erblassers nicht ankommen“[649].

c) Urteil[650] vom 12. Oktober 1960 - V ZR 65/59

Mit dem Urteil vom 12. Oktober 1960 fand ein weiterer Wechsel in der Rechtsprechung zur Aushöhlungsnichtigkeit statt. Nachdem der IV. Zivilsenat in dem Urteil vom 24. Januar 1958 zwischen den Kriterien „Vorwegnahme der Erbfolge“ und „Gesetzesumgehung“ eine Stufenordnung her-

---

[646] FamRZ 1960, 145, 146.

[647] FamRZ 1960, 145, 146.

[648] DNotZ 1958, 654, 656.

[649] FamRZ 1960, 145, 147.

[650] FamRZ 1961, S. 76-79.

stellte, hat der V. Zivilsenat in der Entscheidung vom 17. November 1959 dem Gesichtspunkt „Vorwegnahme der Erbfolge“ nur noch eine Indizfunktion im Rahmen der „Umgehungsabsicht“ beigemessen. In dem Urteil vom 12. Oktober 1960 stellte der Bundesgerichtshof nunmehr das „lebzeitige Vermögensopfer“ als entscheidendes Abgrenzungskriterium in den Mittelpunkt der Prüfung. Damit drängte er die „Umgehungsabsicht“ zurück.

In dem konkreten Fall hatten sich Ehegatten in einem Erbvertrag gegenseitig zu Alleinerben eingesetzt und für den Fall der Kinderlosigkeit und Nichtwiederheirat die Verwandten des Mannes zu $^2/_3$ und die der Frau zu $^1/_3$ als ihre Erben bestimmt. Nach dem Tod seiner Frau übertrug der Erblasser ein Anwesen, den Kern seines Vermögens, gegen Leibgeding auf den Beklagten. Das Landgericht hat den Beklagten zur Herausgabe des Anwesens an die Erben und zur Zustimmung zu deren Eintragung ins Grundbuch verurteilt. Die Berufung ist in der Hauptsache zurückgewiesen worden. Der Bundesgerichtshof hob das Berufungsurteil auf und verwies die Sache an das Oberlandesgericht zurück.

Der V. Zivilsenat prüfte die Aushöhlungsnichtigkeit unter dem Gesichtspunkt eines objektiven Verstoßes gegen Gesetz und die guten Sitten. Dabei ging der Bundesgerichtshof vor allem auf den Opfergesichtspunkt ein. Hierzu führte er aus:

> „... wenn der Erblasser das mit dem Zweitgeschäft verbundene Vermögensopfer schon zu Lebzeiten selbst erbringt, ist grundsätzlich eine vom Gesetz ausdrücklich gestattete Verfügung unter Lebenden i. S. v. § 2286 BGB und deshalb weder ein Verstoß gegen die Bindung von Todes wegen (§ 2289 I 2, § 134 BGB) noch gegen die guten Sitten (§ 138 BGB) gegeben“[651].

Nach Ansicht des Bundesgerichtshofs hatte der Erblasser das Vermögensopfer bereits zu Lebzeiten erbracht, so dass es an dem Hauptansatzpunkt für die Nichtigkeit des Vertrages fehle. Zwar untersuchte der Senat daneben noch, ob das Zweitgeschäft mit einer zusätzlich getroffenen (unwirksamen) Verfügung von Todes wegen in zeitlichem Zusammenhang stehe, verneinte aber einen solchen Zusammenhang[652]. Liege nach den objektiven Umständen ein

---

651 FamRZ 1961, 76, 78.

652 Die Ausführungen erwecken den Anschein, dass der V. Zivilsenat diesem Umstand im Allgemeinen kein entscheidendes Gewicht neben dem Opfergesichtspunkt beigemessen hat.

Verstoß gegen das Gesetz oder gegen die guten Sitten nicht vor, so könne die etwaige Absicht des Erblassers, den Erbvertrag zu umgehen, nicht zur Nichtigkeit des (schuldrechtlichen und dinglichen) Rechtsgeschäftes führen. Zur Begründung verwies der Bundesgerichtshof auf § 2287 BGB, „der sogar für den besonders schwerwiegenden Fall der Beeinträchtigungsabsicht nur eine schuldrechtliche Rechtsfolge bestimmt“[653].

Mit dieser gesetzessystematischen Überlegung wandte sich der V. Zivilsenat von den Grundsätzen der nichtigkeitsbejahenden Entscheidung vom 17. November 1959[654] ab. Mit dem Begriff des „lebzeitigen Vermögensopfers“ gab der Bundesgerichtshof den Instanzgerichten erstmalig ein objektives Kriterium an die Hand, welches in der Rechtsanwendung zu klaren Ergebnissen führen sollte und die Aushöhlungsnichtigkeit in den folgenden Jahren zunächst „auf einen Erinnerungswert reduzierte“[655]. Durch das Abstellen auf das Vermögensopfer blieb in diesem wie in folgenden Urteilen die Tatsache unberücksichtigt, dass der Erblasser über den Hauptvermögensgegenstand verfügte. Dies entspricht der gesetzgeberischen Wertung der §§ 2271 Abs. 2, 2289 Abs. 1 S. 2 BGB. Beide Normen lassen die Unwirksamkeit unabhängig von dem materiellen Ausmaß der beeinträchtigenden Verfügungen von Todes wegen eintreten.

Die in dem Urteil eingeschlagene Linie ist von Bundesrichter Mattern bereits in einem im Januar 1960 veröffentlichten Aufsatz[656] vertreten worden. Mattern sah den gesetzlichen Anhaltspunkt für seine Rechtsauffassung in der Vorschrift des § 2301 BGB und betonte, dass im Rahmen der Prüfung des lebzeitigen Vermögensopfers eine rechtliche Sichtweise zu wählen sei. Der Bundesgerichtshof berief sich erst in der Entscheidung vom 2. Oktober 1963 auf § 2301 BGB[657].

---

653 FamRZ 1961, 76, 78. Dieser Gedanke tauchte erstmalig in dem unveröffentlichten Teil des Urteils des V. Zivilsenats vom 22. Oktober 1958 - V ZR 29/58, S. 13, auf.

654 Siehe S. 180 f.

655 Lange, NJW 1963, 1571, 1576.

656 MDR 1960, S. 1-5.

657 NJW 1964, 547, 548.

d) Urteil[658] vom 6. Juli 1962 - V ZR 41/61

Nachdem der V. Zivilsenat seine neue Linie zur Aushöhlungsnichtigkeit in einer Entscheidung vom 22. Februar 1961[659] bestätigt hatte, konkretisierte er in dem Urteil vom 6. Juli 1962 den nunmehr entscheidenden Gesichtspunkt des „lebzeitigen Vermögensopfers".

Dem Urteil lag der Sachverhalt zugrunde, dass Eheleute sich gegenseitig in einem Erbvertrag zu Alleinerben und zwei Kinder zu Schlusserben einsetzten. Wenige Jahre nach Abschluss des Vertrages übertrug der Erblasser durch zwei aufeinanderfolgende Geschäfte zwei Grundstücke, die den Vermögenskern darstellten auf den Enkel gegen Verrechnung einer Gegenforderung in Höhe von 1.000 DM und Monatszahlungen in Höhe von 100 DM auf Lebenszeit des Erblassers sowie weiteren 100 DM auf 8 ½ Jahre an den Erblasser oder die Erben.

Der erkennende Senat begründete die Gegenwärtigkeit des Vermögensopfers mit der abgeschlossenen Eigentumsübertragung. Er gab damit zu verstehen, dass es im Rahmen der Prüfung des Vermögensopfers auf eine rechtliche Sichtweise ankomme[660]. In einer Hilfsbegründung stellte der Bundesgerichtshof auch eine wirtschaftliche Vermögenseinbuße fest, da der Enkel den Besitz und das Recht auf Nutzungen noch zu Lebzeiten des Erblassers erworben habe. Hieran ändere auch der Umstand nichts, dass die Kaufpreisraten ungefähr den bisherigen Mieteinnahmen entsprochen hätten[661]. Andernfalls würden entgeltliche Zweitgeschäfte eher nichtig sein als unentgeltliche. Aufgrund des festgestellten lebzeitigen Vermögensopfers verneinte der V. Zivilsenat die Nichtigkeit der Grundstücksübertragungen. Die beiden Gesichtspunkte „Erfassung des Gesamtvermögens" und „Zusammenhang mit bindungswidrigen Zweittestament" ließ der Bundesgerichtshof gegenüber der Gegenwärtigkeit des Vermögensopfers zurücktreten.

---

658 BWNotZ 1962, S. 262-264.

659 Der V. Zivilsenat stellte in der genannten Entscheidung ebenso wie in dem Urteil vom 12. Oktober 1960, s. S. 182 f., allein auf das Kriterium des „lebzeitigen Vermögensopfers" ab. Der Umstand, dass die lebzeitige Verfügung das Kernstück des Erblasservermögens umfasste, sowie eine überwiegende Unentgeltlichkeit würden zur Nichtigkeit nicht genügen, FamRZ 1961, 271, 272.

660 Mattern, seiner Zeit Mitglied des V. Zivilsenats, hatte diesen Standpunkt bereits in einem Aufsatz aus dem Jahre 1960 vertreten, MDR 1960, 1, 4 f.

661 BWNotZ 1959, 262, 263.

e) Urteil[662] vom 2. Oktober 1963 - V ZR 140/61

Auch das Urteil des V. Zivilsenats vom 2. Oktober 1963 stellte das Opferkriterium in den Mittelpunkt der Prüfung der Aushöhlungsnichtigkeit. Als dogmatische Grundlage der Aushöhlungsnichtigkeit nannte der Bundesgerichtshof § 134 BGB und § 138 BGB.

In einem Erbvertrag setzte sich ein Ehepaar gegenseitig zu Erben ein. Als Schlusserben bestimmten sie die Enkel. Die vier Söhne sollten nach dem Tod des Längstlebenden den Nießbrauch am Nachlass als Vermächtnis erhalten. Nach dem Tod seiner Ehefrau bestellte der Erblasser den Klägern, einem der Söhne und dessen Frau, gegen Zahlung von monatlich 200 DM und gegen Gewährung von Pflege und Versorgung den lebenslänglichen Nießbrauch an einem Hausgrundstück, dem Hauptnachlassgegenstand. Der Nießbrauch war beim Tod des Erblassers noch nicht im Grundbuch eingetragen, da die Bewilligung auf ein falsches Grundstück lautete. Die Kläger beantragten daher, die Erben zur Bewilligung der Eintragung des Nießbrauchs auf dem richtigen Grundstück zu verurteilen. Das Landgericht hat der Klage stattgegeben, das OLG auf Berufung die Klage abgewiesen. Der Bundesgerichtshof hob das Berufungsurteil auf und verwies an das OLG zurück.

Das OLG stufte die Nießbrauchsbestellung gemäß § 134 BGB als nichtig ein. Der Erblasser habe in der Absicht gehandelt das Testierverbot zu umgehen. Dies ergebe sich daraus, dass die wesentlichsten Wirkungen des Zweitgeschäfts nach dem Willen der Parteien erst nach dem Tod des Erblassers eintreten sollten.

Nach Ansicht des Bundesgerichtshofs rechtfertigten die Ausführungen des OLG keine Nichtigkeit wegen Umgehung des Testierverbotes. Der Bundesgerichtshof widmete einen großen Teil der Urteilsbegründung der Zusammenfassung seiner bisherigen Rechtsprechung zur Aushöhlungsnichtigkeit[663]. Zur neuen Linie des V. Zivilsenats sagte er:

> „In der Rechtsprechung des Senats wurde - damit im Hinblick auf die gesetzliche Unterscheidung in § 2301 Abs. 1 und 2 übereinstimmend - stetig mehr als entscheidendes Kennzeichen eines Rechtsgeschäftes, das einer Verfügung von Todes wegen im Sinne von § 2289 Abs. 1 BGB gleichgestellt werden kann, der Umstand betrachtet, dass der Erblasser nicht schon vor seinem Tod das Opfer definitiver Entäußerung gebracht hat, und um-

[662] NJW 1964, S. 547-549.

[663] NJW 1964, 547, 548.

gekehrt die Nichtigkeit des Rechtsgeschäftes abgelehnt, wenn der Erblasser das damit verbundene Vermögensopfer schon zu seinen Lebzeiten erbracht hat“[664].

Im Rahmen der Prüfung des Opferkriteriums stellte der V. Zivilsenat wie schon in der Entscheidung vom 6. Juli 1962[665] darauf ab, ob das Zweitgeschäft rechtlich bereits zu Lebzeiten vollzogen war. Maßgeblich hierfür sei nicht der objektive Rechtsübergang, sondern der hierauf gerichtete Wille der Vertragsparteien[666]. Einen solchen Willen nahm der Bundesgerichtshof im konkreten Fall an. Durch die subjektive Betrachtung schränkte der V. Zivilsenat seine ohnehin schon enge Linie zur Aushöhlungsnichtigkeit weiter ein. Nach Ansicht des Senats war weder entscheidend, dass sich der Erblasser wirtschaftlich nicht anders stellte, als er gestanden hätte, wenn sein Eigentum unbelastet gewesen wäre, noch dass die Nießbrauchsbewilligung auf ein falsches Grundstück lautete.

f) Zusammenfassung

Der V. Zivilsenat beschäftigte sich in dreizehn Entscheidungen mit der Aushöhlungsnichtigkeit[667]. Alle Entscheidungen betonten, dass ein Rechtsgeschäft unter Lebenden nur ausnahmsweise als unwirksam gewertet werden könne. Die Nichtigkeit wurde in den Urteilen vom 26. Februar 1958 und 17. November 1959 bejaht. In beiden Urteilen bediente sich der V. Zivilsenat zur Begründung des Kriteriums der „Umgehungsabsicht“. Diese machte er aber an objektiven Gesichtspunkten fest: Übertragung eines wesentlichen Vermö-

---

[664] NJW 1964, 547, 548.

[665] Siehe S. 185 f.

[666] Diese Ansicht hatte der V. Zivilsenat bereits in der Entscheidung vom 30. September 1958, BGHZ 31, 12, 21, vertreten. Die Besonderheit des Falles lag darin, dass der Erblasser vor dem dinglichen Vollzug der Grundstücksveräußerung gestorben war.

[667] Neben den dargestellten Entscheidungen: Urteil vom 22. Oktober 1958 - V ZR 29/58, BWNotZ 1959, 205; Urteil vom 30. September 1959 - V ZR 66/58, BGHZ 31, S. 12-24; Urteil vom 27. April 1960 - V ZR 4/59, unveröffentlicht; Urteil vom 22. Februar 1961 - V ZR 175/59, FamRZ 1961, S. 271-272; Urteil vom 16. Januar 1963 - V ZR 47/61, unveröffentlicht; Urteil vom 27. März 1963 - V ZR 117/61, unveröffentlicht; Urteil vom 16. Oktober 1963 - V ZR 73/61, FamRZ 1964, S. 429-431; Urteil vom 6. November 1963 - V ZR 191/62, unveröffentlicht.

gensteils, einseitige Bevorzugung eines Abkömmlings, Zusammenhang mit einem Verstoßtestament und Eintritt der Wirkungen des Zweitgeschäftes erst nach dem Tod des Erblassers. Seit der Entscheidung vom 12. Oktober 1960 prüfte der V. Zivilsenat die Aushöhlungsnichtigkeit allein unter objektiven Gesichtspunkten. Dies begründete er damit, dass das Gesetz selbst für den schwerwiegenden Fall der Beeinträchtigungsabsicht nur eine schuldrechtliche Rechtsfolge vorsehe. Das entscheidende Abgrenzungskriterium erblickte der V. Zivilsenat fortan in dem Begriff des „lebzeitigen Vermögensopfers". Habe der Erblasser das mit dem Zweitgeschäft verbundene Vermögensopfer bereits zu Lebzeiten erbracht, liege grundsätzlich eine von § 2286 BGB gestattete Verfügung unter Lebenden vor. Damit löste das Vermögensopfer den vom IV. Zivilsenat in den Mittelpunkt gestellten Umgehungsgesichtspunkt ab. Im Rahmen der Prüfung des Kriteriums stellte der V. Zivilsenat nicht auf wirtschaftliche, sondern allein auf rechtliche Gesichtspunkte wie etwa die Eigentums- oder Besitzübertragung ab. Maßgebend hierfür solle nicht der dingliche Rechtsübergang zu Lebzeiten des Erblassers, sondern der hierauf gerichtete Wille sein. Die dogmatische Grundlage für das Institut der „Aushöhlungsnichtigkeit" entnahm der V. Zivilsenat in der Entscheidung vom 22. Oktober 1958 zunächst § 138 BGB. Die Anwendung von § 134 BGB lehnte er bewusst ab. In späteren Urteilen ließ er es dahingestellt, ob § 134 BGB oder § 138 BGB oder § 2289 Abs. 1 S. 2 BGB bzw. § 2271 Abs. 2 BGB maßgeblich seien.

3. III. Zivilsenat des Bundesgerichtshofs

a) Urteil[668] vom 29. Oktober 1964 - III ZR 13/63

Der III. Zivilsenat schloss sich in zwei Entscheidungen vom 11. Mai 1964[669] und in einem Urteil vom 9. Juli 1964[670] der neuen Auffassung des V. Zivilsenats an und lehnte in allen Fällen die Nichtigkeit der Zweitverfügung ab. Zur Begründung führte er übereinstimmend an, dass der Erblasser das Vermö-

---

[668] DNotZ 1965, S. 617-620.

[669] III ZR 132/63, DNotZ 1965, 357, 358; III ZR 180/63, unveröffentlicht, S. 5 f.

[670] III ZR 239/62, unveröffentlicht, S. 8 f.

gensopfer schon zu Lebzeiten erbracht habe[671]. Von dieser Linie wich der III. Zivilsenat in dem Urteil vom 29. Oktober 1964 ab. Zwar untersuchte der III. Zivilsenat wie in den genannten Entscheidungen auch das Kriterium des „lebzeitigen Vermögensopfers“. Im Gegensatz zu der stetigen Rechtsprechung des V. Zivilsenats beschränkte er die Nichtigkeitsprüfung aber nicht auf diesen Gesichtspunkt, sondern stellte auf die Gesamtumstände des lebzeitigen Rechtsgeschäfts ab. Dies führte dazu, dass der Bundesgerichtshof erstmals seit dem 17. November 1959[672] wieder die Nichtigkeit einer Zweitverfügung bejahte.

In einem gemeinschaftlichen Testament wurde bestimmt, dass die Gütergemeinschaft nach dem Tod des erstversterbenden Ehegatten mit den Kindern fortgesetzt werden und die Klägerin Erbin des Letztversterbenden sein sollte. Nach dem Tod seiner Ehefrau hob der 91jährige Erblasser in einem Testament die Erbeinsetzung der Klägerin auf und entzog ihr wegen anstößigen und unsittlichen Lebenswandels den Pflichtteil. Am selben Tag übertrug er dem Sohn (Beklagten) ein Hausgrundstück und einige Tage danach ein Sparbuch mit einem Guthaben in Höhe von 3.000 DM. Als Gegenleistungen sollte der Beklagte dem Erblasser ein unentgeltliches Wohnrecht einräumen und nach seinem Tod Ausgleichszahlungen und Sachleistungen an Verwandte erbringen. Mit der vorliegenden Klage machte die Klägerin Ansprüche aus dem Sparbuch geltend. Das Landgericht hat die Klage abgewiesen. Das OLG gab ihr statt. Die Revision des Beklagten hatte keinen Erfolg.

Das Berufungsgericht stufte die Schenkung des Sparguthabens wegen Verstoßes gegen das Testierverbot des § 2271 BGB gemäß § 134 BGB als nichtig ein. Die Übertragung nahezu des ganzen Vermögens komme einer von dem gemeinschaftlichen Testament abweichenden Erbeinsetzung gleich und sei aufgrund der nach dem Tod des Vaters fälligen Ausgleichszahlungen zugunsten der Geschwister auch als solche gewollt. Der III. Zivilsenat billigte diese rechtlichen Wertungen des Berufungsgerichtes:

> „Danach steht im Vordergrund nicht, daß dem Beklagten – durch Rechtsgeschäfte unter Lebenden – etwas geschenkt wird, sondern der Erblasser hat ihm in Wirklichkeit – jedenfalls hat er das so gewollt – lediglich die Stellung des künftigen Erben eingeräumt und ihm Verpflichtungen gegen-

---

[671] III ZR 132/63, DNotZ 1965, 357, 359; III ZR 239/62, unveröffentlicht, S. 6; III ZR 239/62, unveröffentlicht, S. 9.

[672] Siehe S. 180 f.

über anderen Abkömmlingen auferlegt, wie sie im allgemeinen dem Erben als Vermächtnisse auferlegt werden".

Dieser Zweck werde durch das unwirksame Widerrufstestament bestätigt[673]. Dem Umstand, dass der Erblasser sich durch Auflassung des Grundbesitzes und Aushändigung des Sparbuchs seiner formellen Verfügungsbefugnis begeben habe, könne keine entscheidende Bedeutung beigemessen werden. Der Erblasser sei zu diesem Zeitpunkt bereits 91 Jahre gewesen und habe mit Rücksicht auf die im Übertragungsvertrag vorbehaltenen Rechte die Aufgabe der Verfügungsbefugnis praktisch bis zu seinem Tod überhaupt nicht zu spüren bekommen[674].

Der Bundesgerichtshof prüfte also im Wege einer Gesamtbetrachtung, ob der Erblasser mit der lebzeitigen Verfügung bezweckte, das Widerrufsverbot des § 2271 Abs. 2 BGB zu umgehen. Anhaltspunkte für einen derartigen Sinn und Zweck der Zweitverfügung sah der III. Zivilsenat zusammenfassend in folgenden Punkten: Der Erblasser habe dem Zuwendungsempfänger Verpflichtungen gegenüber anderen Abkömmlingen auferlegt. Die Verfügung sei in einem engen zeitlichen Zusammenhang mit einem Widerrufstestament erfolgt. Der Erblasser habe praktisch sein ganzes Vermögen übertragen, was er zu Lebzeiten überhaupt nicht zu spüren bekommen habe[675]. Diese Kriterien deckten sich teilweise mit denen, welche der V. Zivilsenat in dem Urteil vom 17. November 1959[676] für die Umgehungsabsicht herangezogen hatte.

---

[673] DNotZ 1965, 617, 619.

[674] DNotZ 1965, 617, 620. In der Entscheidung vom 27. März 1963 - V ZR 117/61, S. 11 f., hatte der V. Zivilsenat dem Umstand, dass die Erblasserin bei Vornahme der lebzeitigen Verfügung 90 Jahre alt war, keine entscheidende Bedeutung beigemessen. Der zugrundeliegende Sachverhalt unterschied sich jedoch insofern von dem vorliegenden, als dass die Erblasserin von der Zuwendungsempfängerin schon früher gepflegt worden war und auch in Zukunft versorgt werden sollte.

[675] DNotZ 1965, 617, 619.

[676] Siehe S. 180 f.

b) Urteil[677] vom 11. Mai 1966 - III ZR 206/64

In der Entscheidung vom 16. Mai 1966 betrachtete der III. Zivilsenat die Wirksamkeit des lebzeitigen Rechtsgeschäfts wie schon in früheren Entscheidungen[678] allein unter dem Gesichtspunkt des „lebzeitigen Vermögensopfers". Dem Urteil lag folgender Sachverhalt zugrunde:

Eheleute bestimmten in einem gemeinschaftlichen Testament, dass die Nichte nach dem Tod des Letztlebenden ein Hausgrundstück mit den dazu gehörigen Ländereien erhalten solle. Nach dem Tod seiner Frau vermietete der Ehemann das Hausgrundstück auf Lebenszeit an die Beklagte. Nach seinem Tod begehrte die Klägerin die Räumung und Herausgabe des Hausgrundstücks von der Beklagten. Das Landgericht hat die Klage abgewiesen, das Berufungsgericht verurteilte die Beklagte zur Räumung und Herausgabe. Die Revision führte zur Zurückweisung.

Das Berufungsgericht erklärte den Mietvertrag für nichtig. Er sei als Rechtsgeschäft unter Lebenden nur abgeschlossen worden, um die nach § 2271 Abs. 2 BGB bestehende Bindung an das Testament zu umgehen. Die Umgehungsabsicht ergebe sich aus dem Mietvertrag selbst, so dass dessen Nichtigkeit aus § 134 BGB folge. Hiergegen wandte sich der Bundesgerichtshof:

> „Gemessen an den Grundsätzen dieser neueren Rechtsprechung hat das Berufungsgericht zunächst verkannt, daß der von ihm festgestellten Umgehungsabsicht gar nicht die entscheidende Bedeutung zukommen kann, die es ihr beigelegt hat. Denn hätten die in dem Mietvertrag vorgesehenen und mit ihm angestrebten Regelungen nicht erst nach dem Tode des Erblassers, sondern bereits zu dessen Lebzeiten zum Tragen kommen und verwirklicht werden sollen, dann wäre der Mietvertrag selbst bei vorhandener Umgehungsabsicht grundsätzlich als gültig und nicht als unwirksamer Versuch zur Umgehung des Testierverbotes zu werten"[679].

Nach Ansicht des Bundesgerichtshofs war entscheidendes Gewicht auf das Kriterium des „lebzeitigen Vermögensopfers" zu legen. Diesbezüglich hatte

---

[677] Unveröffentlicht.

[678] III ZR 132/63, DNotZ 1965, 357, 359; III ZR 180/63, unveröffentlicht, S. 6; III ZR 239/62, unveröffentlicht, S. 9.

[679] III ZR 206/64, S. 14.

das OLG den Mietvertrag als eine Maßnahme angesehen, die für den Erblasser zu seinen Lebzeiten nicht mit einer nennenswerten rechtlichen oder wirtschaftlichen Einbuße verbunden gewesen sei. Diese Ausführungen des Berufungsgerichts riefen beim III. Zivilsenat Widerspruch hervor. Der Erblasser habe sich seines Alleinbesitzes an dem Haus begeben, diesen auf die Beklagte übertragen und somit zu Lebzeiten in rechtlicher Hinsicht ein Opfer auf sich genommen. Ausschlaggebend sei nicht, dass sich der Erblasser wirtschaftlich nicht wesentlich anders stellte, als er ohne den Abschluss des Mietvertrages gestanden hätte. Selbst wenn der Mietzins nur fingiert gewesen wäre, ändere dies nichts an dem Vermögensopfer. Vielmehr hätte der Erblasser mit dem Vertragsabschluss dann nicht nur ein rechtliches, sondern auch ein wirtschaftliches Opfer erbracht, da sich der Vertrag ertragsmindernd auf das Haus ausgewirkt und somit noch zu Lebzeiten des Erblassers seinen Wert im Hinblick auf eventuelle Verfügungsgeschäfte herabgemindert hätte (§ 571 BGB a.F.)[680].

Während der III. Zivilsenat in dem Urteil vom 29. Oktober 1964[681] dem hohen Alter des Erblasser (91 Jahre) zum Zeitpunkt der lebzeitigen Vermögensübertragung entscheidendes Gewicht im Rahmen der Prüfung des lebzeitigen Vermögensopfers beilegte, berücksichtigte er diesen Umstand in der vorliegenden Entscheidung – der Erblasser war im Zeitpunkt des Vertragsabschlusses 82 Jahre alt - überhaupt nicht. Dies dürfte daran gelegen haben, dass sich die Verfügung in der Entscheidung vom 29. Oktober 1964 nach Ansicht des Bundesgerichtshofs aufgrund der dem Bedachten auferlegten Verpflichtungen und der Übertragung nahezu des ganzen Vermögens als erbrechtliche Regelung darstellte. Beide Gesichtspunkte waren im konkreten Fall nicht gegeben.

680 III ZR 206/64, S. 14 f.

681 Siehe S. 188 ff.

c) Urteil[682] vom 14. März 1968 - III ZR 228/65

Wie in der Entscheidung vom 29. Oktober 1964 stufte der III. Zivilsenat in dem Urteil vom 14. März 1968 die Zweitverfügung als nichtig ein. Der Bundesgerichtshof erkannte, dass eine Nichtigkeit lediglich in ganz besonders gelagerten Ausnahmefällen angenommen werden könne. Diesen Ausnahmefall brachte er aber nur sehr unbestimmt zum Ausdruck:

> „Anders ausgedrückt hat eine auf § 134 BGB anzunehmende Unwirksamkeit zur Voraussetzung, daß der mit der Anerkennung des Rechtsgeschäfts nicht der Befugnis des Erblassers zur freien Verfügung über sein Vermögen durch Rechtsgeschäfte unter Lebenden Rechnung getragen, sondern eine dem Erblasser verwehrte und dem Gesetz zuwiderlaufende anderweitige Regelung der Erbfolge bestätigt würde“[683].

Ein Ehepaar hatte sich in einem gemeinschaftlichen Testament gegenseitig zu Erben und ihre Kinder zu Schlusserben eingesetzt. Nach dem Vorversterben ihres Mannes übertrug die Erblasserin ein Hausgrundstück, das im Wesentlichen ihr Vermögen ausmachte, „im Wege der vorgenommenen Erbfolge“ auf die Beklagte, eines ihrer zwei Kinder. Gleichzeitig behielt sie sich den lebenslangen Nießbrauch vor und legte der Beklagten die Verpflichtung auf, nach ihrem Tod für die Dauer von sechs Jahren monatliche Abfindungsbeträge in Höhe von 75 DM an die Klägerin und eine Tochter des Mannes aus erster Ehe zu zahlen. Diese Verpflichtung war davon abhängig, dass Pflichtteilsansprüche nicht geltend gemacht werden. Später bestimmte die Erblasserin eine Gesamtabfindung in Höhe von 1.000 DM. Die Klägerin begehrte die Einwilligung der Beklagten in die Eintragung der Erbengemeinschaft ins Grundbuch. Sie stützte ihr Begehren darauf, dass der zwischen der Erblasserin und der Beklagten geschlossene Übertragungsvertrag als Umgehungsgeschäft nichtig sei.

Das Berufungsgericht teilte die Rechtsauffassung der Klägerin und erklärte den Vertrag gemäß § 134 BGB für nichtig. Das OLG hielt die Zielsetzung für die einer letztwilligen Verfügung. Dies ergebe sich aus der Vertragsformulierung „im Wege der vorgenommenen Erbfolge“ und aus der Bestimmung, wonach bei Verlangen des Pflichtteils die Abfindungen entfallen sollen. Auch die wirtschaftlichen Folgen des Vertrages würden sich nicht von einer letztwilligen Verfügung unterscheiden. Dies folge aus dem lebzeitigen Nießbrauchsvorbehalt. Die Erblasserin habe das Vermögensopfer wirtschaftlich

---

682 NJW 1968, S. 2052-2055.

683 NJW 1968, 2052, 2053.

zu ihren Lebzeiten nicht voll auf sich genommen habe, zumal ihr die Nutzungen, die den wirtschaftlichen Hauptwert des Grundstücks ausmachten, bis zu ihrem Tod verblieben. Der III. Zivilsenat erhob gegen die Ausführungen des Berufungsgerichtes keine rechtlichen Bedenken. In Anlehnung an das Urteil vom 29. Oktober 1964 sah der Bundesgerichtshof den Sinn und Zweck der lebzeitigen Verfügung nicht darin, der Beklagten etwas zu schenken, sondern die Beklagte anstelle aller drei Töchter zur Erbin einzusetzen[684]. Dieser Wille werde dadurch zum Ausdruck gebracht, dass die Erblasserin der Beklagten Verpflichtungen zugunsten ihrer Schwestern auferlegt habe, wie sie im Allgemeinen auch dem Erben als Vermächtnisse auferlegt würden. Kritik übte der Bundesgerichtshof nur an den Ausführungen des Berufungsgerichts zum lebzeitigen Vermögensopfer:

> „Der ihr vorbehaltene Nießbrauch minderte zwar die wirtschaftlichen Auswirkungen der Übereignung bedeutsam herab, entscheidend müsste aber bleiben, daß die Mutter der Parteien noch zu ihren Lebzeiten ihre Rechtsstellung als Eigentümerin ihres Grundbesitzes aufgegeben und die Eigentümerstellung voll auf die Beklagte übertragen hatte“[685].

Obwohl der Nießbrauchsbestellung nicht die vom Berufungsgericht zugesprochene ausschlaggebende Bedeutung beigemessen werden könne, vervollständige sie, so der Bundesgerichtshof, jedenfalls das Gesamtbild einer erbrechtlichen Regelung[686]. Er betonte in diesem Zusammenhang, dass „nur sämtliche mit dem Rechtsgeschäft unter Lebenden verbundenen Umstände einen brauchbaren Beurteilungsmaßstab abgeben können“[687].

Das Urteil ist in einer Anmerkung von Speckmann[688] eingehend besprochen worden. Speckmann kritisierte, dass der Bundesgerichtshof „eine aus gewissen äußeren Umständen hergeleitete spezifisch erbrechtliche Willensrichtung“ genügen ließ, um ein objektiv durch § 2286 BGB gedecktes Rechtsge-

---

[684] NJW 1968, 2052, 2054.
[685] NJW 1968, 2052, 2055.
[686] NJW 1968, 2052, 2055.
[687] NJW 1968, 2052, 2053.
[688] NJW 1968, S. 2222-2228.

schäft als nichtiges Umgehungsgeschäft einzustufen. Bei einem Umgehungsgeschäft sei eine andere als die im Vertrag vereinbarte Regelung gewollt. Sei aber das konkret Vereinbarte auch vorbehaltlos gewollt und liege weiter nichts vor, als dass für den Versuch, die Regelung herbeizuführen, neben dem gesetzmäßigen auch ein gesetzeswidriger Weg zur Verfügung stehe, so fehle es, wenn der gesetzmäßige Weg gewählt werde, an jedem sachlichen Anhaltspunkt für die Feststellung, dass dennoch ein gesetzeswidriger Erfolg gewollt sei[689]. Speckmann wies zudem darauf hin, dass der Schlusserbe durch die Rechtsprechung des Bundesgerichtshofs gegenüber dem Nacherben trotz seiner grundsätzlich schwächeren Rechtsposition vor einem gutgläubigen Erwerb des Bedachten geschützt werde, der Nacherbe hingegen gemäß § 2113 Abs. 3 BGB hiervor schutzlos sei[690]. Aufgrund dieser Erwägungen sprach sich Speckmann dafür aus, lebzeitige Verfügungen des Erblassers grundsätzlich als von § 2286 BGB gedeckt anzusehen. Eine Ausnahme könne nur für die Fälle gemacht werden, in denen das Vermögensopfer rechtlich erst mit dem Tod des Erblassers entstehe[691]. Diese Sichtweise entsprach im Wesentlichen der vom V. Zivilsenat in den Jahren 1960-1963 praktizierten Rechtsauffassung.

d) Urteil[692] vom 20. April 1970 - III 247/68

In der Entscheidung vom 20. April 1970 prüfte der III. Zivilsenat wiederum im Wege einer Gesamtbetrachtung, ob sich die lebzeitige Zweitverfügung „als gegen die erbrechtliche Bindung verstoßend" darstellte. Der Bundesgerichtshof betonte, im Rahmen dieser Prüfung seien auch subjektive Gesichtspunkte zu berücksichtigen. In Anlehnung an das Urteil des IV. Zivilsenats vom 24. Februar 1958[693] genüge hierfür das Wissen des Erblassers, dass

---

[689] NJW 1968, 2222, 2224. Die Ansicht, dass ein die Bindung aushöhlendes Zweitgeschäft nicht unter den Tatbestand des § 134 BGB (arg. § 2286 BGB) falle, hatte Mattern bereits im Jahre 1960 vertreten, MDR 1960, 1, 4.

[690] NJW 1968, 2222, 2225. Dieser Gedanke findet sich schon bei Dittmann, DNotZ 1958, 619, 627.

[691] NJW 1968, 2222, 2228.

[692] FamRZ 1970, S. 638-641.

[693] Siehe S. 177 ff.

seine Verfügung eine Umgehung des Erbvertrages oder gemeinschaftlichen Testaments zur Folge habe und damit das Testierverbot gegenstandslos mache[694]. Der Entscheidung lag folgender Sachverhalt zugrunde:

In einem Erbvertrag hatten sich Ehegatten zu Alleinerben eingesetzt. Die beiden Kläger und deren Schwester bestimmten sie zu Erben des Letztversterbenden. Nach dem Tod seiner Frau belastete der Erblasser das streitige Hausgrundstück in Höhe von 19.000 DM. Schließlich verkaufte er es für 21.000 DM je zur Hälfte an die Vertragserbin und die Beklagte. Diese verpflichteten sich zur Übernahme der Hypothekenforderungen. Der Erblasser behielt sich den lebenslänglichen Nießbrauch an dem Grundstück vor. Auf diese Weise sollte der verbleibende Kaufpreisrest verrechnet werden. Mit der Klage beantragten die Kläger die Auflassung des Grundstücks an die Erbengemeinschaft. Nach Klageabweisung durch das Landgericht beantragten die Kläger vor dem Berufungsgericht erfolglos neben der Auflassung auch Herausgabe des Grundstückes und Einwilligung in die Eintragung der Erbengemeinschaft in das Grundbuch. Die Revision führte zur Zurückweisung an das OLG.

Der III. Zivilsenat erachtete die Ausführungen des OLG zur Aushöhlung des Erbvertrages als unzureichend, da es die Nichtigkeit nur unter dem Aspekt der Umgehungsabsicht geprüft und diese als notwendige Voraussetzung für ein Umgehungsgeschäft eingestuft habe[695]. Eine Umgehung des Testierverbotes sei vielmehr anzunehmen, wenn

> „die vorgesehenen Rechtsfolgen des unter Lebenden geschlossenen Rechtsgeschäfts erst nach dem Tode des Erblassers voll eintreten sollen und die angestrebte Regelung demgemäß erst nach seinem Tode zum Tragen kommen soll. Als Anzeichen dafür, ob ein Rechtsgeschäft eine derartige auf den Zeitpunkt des Todes bezogene Regelung enthält, ist – in Anlehnung an die Abgrenzung in § 2301 BGB – insbesondere der Umstand zu werten, ob der Erbl. das zugesagte Vermögensopfer zu seinen Lebzeiten vollzogen oder ob er es auf seinen Tod hinausgeschoben und damit letztlich seinen Vertragserben auferlegt hat“[696].

---

[694] FamRZ 1970, 638, 640.

[695] In der Entscheidung vom 9. Juli 1964 - III ZR 239/62, unveröffentlicht, S. 8, hatte der III. Zivilsenat ausgeführt, die Absicht der Erblasserin, von dem gemeinschaftlichen Testament abzuweichen, rechtfertige für sich allein die Annahme eines nichtigen Umgehungsgeschäfts nicht.

[696] FamRZ 1970, 638, 639.

Gegenüber diesem objektiven Kriterium müssten die subjektiven Momente zunächst in den Hintergrund treten[697]. Da das Berufungsgericht eine Umgehung des Testierverbotes in objektiver Hinsicht nicht geprüft habe, sei zur erneuten Verhandlung und Entscheidung zurückzuweisen. Im Rahmen der Prüfung der objektiven Voraussetzungen sei zu beachten, dass der lebenslange Nießbrauchsvorbehalt allein noch nicht für ein Umgehungsgeschäft spreche. Es komme vielmehr entscheidend auf die Würdigung der Gesamtumstände an. Hierbei müsse berücksichtigt werden, dass der Erblasser durch Aufgabe des Eigentums ein rechtliches Vermögensopfer zu Lebzeiten erbracht habe. Unter dem Gesichtspunkt der Gesamtbetrachtung könne der Nießbrauchsvorbehalt aber die Bedeutung der Übereignung in einem Maße herabgemindert haben, dass er

> „die Wirkungen der Eigentumsaufgabe zu Lebzeiten des Erblassers weitgehend aufhob. So dürfte ... der wirtschaftlich wesentlichste Teil der im Eigentum zusammengefassten Befugnisse weiterhin dem Erblasser verblieben sein mit der Folge, daß erst nach seinem Tode die Auswirkungen der Übereignung in rechtlich und wirtschaftlich erheblicher Weise für die Erwerberinnen zum Tragen kamen".

Zudem habe der Erblasser die Erfüllung der sich aus weiteren Verfügungsgeschäften ergebenden Verpflichtungen als zusätzliche Belastungen dem Nachlass aufgegeben. Die Gesamtbeurteilung der Verfügungen zugunsten der Beklagten deute daher auf eine Umgehung des Testierverbotes hin[698].

Der III. Zivilsenat stellte im Rahmen der Nichtigkeitsprüfung praktisch ausschließlich auf wirtschaftliche Aspekte ab: Weggabe des Vermögenskerns, Aufschub der wirtschaftlichen Auswirkungen der Verfügungen auf den Zeitpunkt des Todes[699]. Im Gegensatz dazu waren die Entscheidungen vom 29. Oktober 1964 und 14. März 1968 dadurch geprägt, dass „der Erblasser dem Bedachten Verpflichtungen gegenüber anderen Abkömmlingen auferlegte,

---

697 FamRZ 1970, 638, 640.

698 FamRZ 1970, 638, 640.

699 Vgl. Finger/Füser/Hamm/Weber, FamRZ 1975, 251, 253. Die Autoren sprachen von einer „wirtschaftlichen Gesamtschau".

wie sie allgemein dem Erben als Vermächtnisse auferlegt werden"[700]. Zwar untersuchte der III. Zivilsenat in diesen beiden Entscheidungen auch wirtschaftliche Gesichtspunkte, vordergründig führte er die Nichtigkeit aber auf das Einräumen einer Erbenstellung zurück.

Aufgrund dieser erheblichen Abweichungen zu früheren Entscheidungen sah Speckmann in dem Urteil vom 20. April 1970 einen Wandel in der Rechtsprechung des Bundesgerichtshofs zur Aushöhlungsnichtigkeit[701]. Er stützte seine Auffassung inhaltlich auf zwei Thesen. Zum einen stelle der Bundesgerichtshof im Rahmen der Prüfung des „lebzeitigen Vermögensopfers" entgegen seiner bisherigen Linie auf wirtschaftliche Gesichtspunkte ab. Zum anderen fordere er nunmehr neben objektiven Voraussetzungen für die Nichtigkeit auch ein subjektives Moment in Form eines Umgehungsvorsatzes.

Hinsichtlich der ersten Behauptung machte Speckmann die Beobachtung, dass der Bundesgerichtshof weder einen Hinweis noch eine Begründung für den Wechsel des Standpunktes hinsichtlich des „lebzeitigen Vermögensopfers" gegeben habe[702]. Ob der III. Zivilsenat dem Opferkriterium im Allgemeinen eine wirtschaftliche Betrachtungsweise zugrundelegen wollte, kann entgegen der Auffassung Speckmanns nicht abschließend beurteilt werden. Zwar legt eine Formulierung[703] aus den Entscheidungsgründen die Vermutung nahe, dass der Bundesgerichtshof entgegen früheren Entscheidungen bereits im Rahmen des Vermögensopfers wirtschaftliche Gesichtspunkte berücksichtigte. Anders ist nicht zu erklären, warum der III. Zivilsenat nach Feststellung einer rechtlichen Vermögenseinbuße dennoch im Ergebnis ein lebzeitiges Vermögensopfer des Erblassers verneinte. Gegen einen grundsätzlichen Standpunktwechsel spricht hingegen die letzte vom III. Zivilsenat zur Aushöhlungsnichtigkeit ergangene Entscheidung vom 12. Oktober

---

[700] DNotZ 1965, 617, 619; NJW 1968, 2052, 2054.

[701] NJW 1971, 176.

[702] NJW 1971, 176, 177.

[703] FamRZ 1970, 638, 640: „... die Annahme nahe, daß L. kein Vermögensopfer zu seinen Lebzeiten auf sich nahm, sondern die vermögensrechtliche Vollziehung seiner Verfügungen insgesamt bis zu seinem Tode aufschob".

1970[704], in welcher sich der Erblasser ebenfalls den lebenslänglichen Nießbrauch vorbehielt. Dort hatte der Bundesgerichtshof die Ausführungen des OLG zum „lebzeitigen Vermögensopfer" als objektiv richtig eingestuft, obwohl das Berufungsgericht für das Erbringen des lebzeitigen Vermögensopfers allein den Umstand der Eigentumsaufgabe und damit einen rechtlichen Umstand berücksichtigt hatte. Damit kann das Schweigen des Bundesgerichtshofs auch darin gründen, dass ein Wechsel in der Betrachtung des Vermögensopfers nicht stattgefunden hat. Zuzugeben ist Speckmann aber, dass der Bundesgerichtshof in dieser Entscheidung den wirtschaftlichen Auswirkungen des Zweitgeschäftes im Rahmen der Nichtigkeitsprüfung große Aufmerksamkeit schenkte und sich damit noch mehr von der Linie des V. Zivilsenats entfernte.

Inhaltlich bedenkenlos stellt sich die zweite Behauptung Speckmanns dar. Der III. Zivilsenat forderte für die Nichtigkeit erstmalig seit dem Urteil des V. Zivilsenats vom 17. November 1959 ein subjektives Moment in der Person des Erblassers. Allerdings leitete dieser Umstand noch keine Wende in der Rechtsprechung des III. Zivilsenats ein. Die vom Bundesgerichtshof geforderte Umgehungsabsicht dürfte in den meisten Fällen vorgelegen haben, da der III. Zivilsenat hierfür bereits ein Umgehungsbewusstsein genügen ließ.

e) Zusammenfassung

Nach einem erneuten Wechsel in der Senatszuständigkeit behandelte der III. Zivilsenat in zehn Entscheidungen die Problematik um die Aushöhlungsnichtigkeit[705]. In sechs der Entscheidungen prüfte der III. Zivilsenat wie schon der V. Zivilsenat den aushöhlenden Charakter der Zweitverfügung allein unter dem Gesichtspunkt des „lebzeitigen Vermögensopfers"[706] und ver-

---

[704] FamRZ 1971, S. 641-643.

[705] Neben den dargestellten Entscheidungen: Urteile vom 11. Mai 1964 - III ZR 132/63, DNotZ 1965, S. 357-360; Urteil vom 9. Juli 1964 - III ZR 239/62, unveröffentlicht; Urteil vom 23. Februar 1967 - III ZR 181/66, FamRZ 1967, S. 382-385; Urteil vom 26. Juni 1969 - III ZR 209/66, WM 1969, S. 1055-1057; Urteil vom 12. Oktober 1970 - III ZR 254/68, FamRZ 1971, S. 641-643.

[706] III ZR 239/62, S. 8 f.; DNotZ 1965, 357, 359; III ZR 180/63, S. 6; III ZR 206/64, S. 14; FamRZ 1967, 382, 385; WM 1969, 1055, 1056.

neinte in allen Fällen eine Nichtigkeit. Den übrigen Entscheidungen lag eine Gesamtbetrachtung zugrunde. In zwei Urteilen[707] bejahte der Bundesgerichtshof die Nichtigkeit der Zweitverfügung, in einem weiteren deute eine Gesamtbeurteilung auf eine Umgehung des Testierverbotes hin[708]. Dem Umstand, dass der Erblasser in allen drei Fällen ein lebzeitiges Vermögensopfer in rechtlicher Hinsicht durch Übertragung des Eigentums auf sich genommen hatte, maß der III. Zivilsenat keine entscheidende Bedeutung bei. Eine Gesamtschau habe vielmehr in den konkreten Fällen das Bild einer erbrechtlichen Regelung vermittelt. Im Rahmen der Gesamtbetrachtung berücksichtigte der III. Zivilsenat, dass der Erblasser dem Empfänger Verpflichtungen gegenüber anderen Abkömmlingen auferlegte[709]. Er ließ in seine Überlegungen den engen zeitlichen Zusammenhang mit einem Widerrufstestament einfließen[710]. Gleichermaßen beachtete er die Übertragung praktisch des ganzen Vermögens, die der Erblasser zu Lebzeiten aber nicht zu spüren bekam[711]. Der Senat wertete im Rahmen der Gesamtbetrachtung Vertragsformulierungen wie „im Wege vorweggenommener Erbfolge"[712]. Schließlich würdigte er, dass der Erblasser die Erfüllung der sich aus seinen Verfügungsgeschäften ergebenden Verpflichtungen dem Nachlass auferlegte[713]. Die dogmatische Grundlage der Nichtigkeit sah der III. Zivilsenat vorwiegend in § 134 BGB[714], teilweise auch in § 134 BGB i. V. m. § 2289 Abs. 1 S. 2 BGB bzw. § 2271 Abs. 2 BGB[715].

---

707 DNotZ 1965, S. 617-621; NJW 1968, S. 2052-2055.

708 FamRZ 1970, S. 638-641.

709 DNotZ 1965, 617, 619; NJW 1968, 2052, 2054.

710 DNotZ 1965, 617, 619.

711 FamRZ 1971, 641, 643; DNotZ 1965, 617, 619; FamRZ 1970, 638, 640; NJW 1968, 2052, 2054.

712 NJW 1968, 2052, 2053; FamRZ 1971, 641, 643; FamRZ 1970, 638, 640.

713 FamRZ 1970, 638, 640.

714 DNotZ 1965, 617, 620; NJW 1968, 2052, 2055; FamRZ 1971, 641, 642.

715 WM 1969, 1055, 1056; FamRZ 1970, 638, 640.

4. Zusammenfassung

a) § 2287 BGB

OGHBrZ und Bundesgerichtshof verstanden die Beeinträchtigungsabsicht in dem Zeitraum von 1945 bis 1970 im Sinne ständiger Reichsgerichtsrechtsprechung als Absicht im technischen Sinne. Zur Präzisierung bedienten sie sich der Formel vom treibenden Beweggrund[716]. Der Bundesgerichtshof vertrat in diesem Zusammenhang die Rechtsauffassung, dass bei einem Erblasser „mit einem normalen und gesunden sittlichen Empfinden", der eine Schenkungsverfügung treffe, der Begünstigungswunsch stärker sei als der Wille, den Vertragserben zu benachteiligen[717]. Diese Vermutung zu widerlegen bzw. zu beweisen, dass die Schädigungsabsicht im Vordergrund stand, oblag dem Vertragserben. Ihm erleichterte zwar der OGHBrZ den Beweis, indem er in der Entscheidung vom 19. Mai 1949[718] die Grundsätze des Beweises des ersten Anscheins anwandte. Der Bundesgerichtshof lockerte die Beweisanforderungen aber nicht. Dies führte im Ergebnis dazu, dass in den Jahren 1945-1970 nicht eine höchstrichterliche Entscheidung auffindbar war, in welcher der Vertragserbe die Beeinträchtigungsabsicht des Erblassers beweisen konnte.

Während der Bundesgerichtshof hinsichtlich der Anspruchsvoraussetzungen des § 2287 BGB der Linie des Reichsgerichts folgte, nahm er zum Anspruchsinhalt für den Fall einer gemischten Schenkung eine abweichende Rechtsauffassung ein. Danach müsse sich der Vertragserbe nur noch dann mit einem Geldanspruch in Höhe des Mehrwertes des überlassenen Gegenstandes gegenüber dem Wert der Gegenleistung begnügen, wenn der entgeltli-

---

[716] OGHBrZ: OGHZ 1, 161, 163; OGHZ 2, 161, 167; IV. Zivilsenat des Bundesgerichtshofs: LM Nr. 3 zu § 146 KO Bl. 3; Urteil vom 9. März 1955 - IV ZR 121/54, unveröffentlicht, S. 7 f.; FamRZ 1957, 171, 172; Urteil vom 27. November 1957 - IV ZR 198/57, unveröffentlicht, S. 18; V. Zivilsenat des Bundesgerichtshofs: BGHZ 31, 13, 23; FamRZ 1960, 145, 146; FamRZ 1961, 76, 78; FamRZ 1964, 429, 431; III. Zivilsenat des Bundesgerichtshofs: Urteil vom 11. Mai 1966 - III ZR 206/64, unveröffentlicht, S. 17; WM 1969, 1055, 1056.

[717] Urteil vom 27. November 1957, IV ZR 198/57, S. 18 f.

[718] Siehe S. 165 ff.

che Teil des Rechtsgeschäftes überwiege. Im Übrigen stehe dem Vertragserben ein Anspruch auf Herausgabe der Sache zu[719]. Nicht durchsetzen konnte sich die vom OGHBrZ vertretene Ansicht, nach der darauf abzustellen war, ob der Gegenstand dem Beschenkten auch ohne die teilweise Schenkung zugefallen wäre.

b) Aushöhlungsnichtigkeit

Seit der Leitentscheidung vom 8. Juli 1954 hat sich der Bundesgerichtshof in 26 Entscheidungen mit dem Verhältnis von lebzeitigen Verfügungen und erbrechtlicher Bindung auseinandergesetzt. Fünfmal sprach er die Nichtigkeit des lebzeitigen Rechtsgeschäfts aus. Auffällig erscheint dabei, dass drei der fünf nichtigkeitsbejahenden Urteile in den Beginn der Aushöhlungsrechtsprechung (1954-1959) fallen. Für die folgenden fünf Jahre finden sich dagegen nur nichtigkeitsverneinende Urteile. In den letzten sechs Jahren hat der Bundesgerichtshof dann noch zweimal die Unwirksamkeit des Zweitgeschäfts festgestellt.

Inhaltlich ist die Rechtsprechung des Bundesgerichtshofs durch einen ständigen Wechsel geprägt. Dies liegt vor allem daran, dass die verschiedenen Senate immer wieder neue Merkmale für die Nichtigkeit entwickelten und selbst die einzelnen Senate auf unterschiedliche Kriterien abstellten. Teilweise prüfte der Bundesgerichtshof die Nichtigkeit nur unter objektiven Gesichtspunkten, teilweise gab er subjektiven Momenten den Vorrang. Gelegentlich vermengte er auch beide Ansätze bzw. nahm eine Gesamtbetrachtung vor. Ebenso unterschiedlich wie die Auswahl der Kriterien waren die dogmatischen Begründungen für das Institut der Aushöhlungsnichtigkeit. Die rechtliche Grundlage sah der Bundesgerichtshof anfänglich alternativ in § 134 BGB oder § 138 BGB, später fügte er den beiden Normen die §§ 2271 Abs. 2, 2289 Abs. 1 S. 2 BGB hinzu. Zuletzt stellte er vorwiegend auf § 134 BGB ab.

---

719 LM § 2287 BGB Nr. 2; FamRZ 1964, 429, 430.

5. Vergleich mit der Literatur

a) § 2287 BGB

Das ganz überwiegende Schrifttum legte auch nach 1945 die Beeinträchtigungsabsicht im Sinne ständiger Reichsgerichtsrechtsprechung eng aus[720]. Mitte der sechziger Jahre kamen vereinzelt Stimmen im Schrifttum auf, die sich für eine Erweiterung des Anwendungsbereiches von § 2287 BGB aussprachen. Die ersten Überlegungen hierzu finden sich bei Lange:

> „Wenn die §§ 2287, 2288 auch nur einen postmortalen Zugriff gewähren, so kann ihr Anwendungsbereich dadurch erweitert werden, daß man an die bösliche Absicht des Erblassers nicht allzu hohe Beweisanforderungen stellt; hier kann man bei Gegenständen, die dem Bedachten einverständlich zugewiesen oder zugedacht sind, auch wenn keine Erhaltungspflicht anzunehmen ist, bei Weggabe ohne rechtfertigenden Grund das Vorliegen der subjektiven Seite dieser Bestimmungen vermuten“[721].

Nach Ansicht von Coing sei die Formel vom treibenden Beweggrund zwar mit dem allgemeinen Verständnis von dem Begriff der „Absicht“ zu rechtfertigen, sie schränke den Schutz des Vertragserben aber zu sehr ein. Um die Position des vertragsmäßig Bedachten zu stärken, müsse genügen, dass die Schädigungsabsicht neben anderen Motiven bestimmend gewesen sei[722]. Weniger konkret waren dagegen die Forderungen nach ausdehnender Auslegung durch Keidel[723] und Bund[724]. Beide versäumten es, ihre Auffassung zu konkretisieren.

Lange und Coing vertraten auch hinsichtlich des Anspruchsinhalts bei einer gemischten Schenkung eine von der Rechtsprechung des Bundesgerichtshofs

---

720 Palandt-Keidel, 27. Auflage, § 2287 Anm. 2 b; RGRK-Kregel, 11. Auflage, § 2287 Anm. 4; Soergel-Ehard-Eder, 9. Auflage, § 2287 Anm. 1; Erman-Hense, 3. Auflage, § 2287 Anm. 2; Brox, Erbrecht, 1. Auflage, Rn. 356; Staudinger-Dittmann, 10./11. Auflage, § 2287 Rn. 7.

721 NJW 1963, 1571, 1577.

722 Kipp/Coing, Erbrecht, 12. Auflage, § 38 IV 2 c.

723 Palandt-Keidel, 27. Auflage, § 2287 Anm. 1.

724 JuS 1968, 268, 274.

abweichende Auffassung. Coing erachtete die Auffassung des Bundesgerichtshofs, der den Rückgabeanspruch nur zuließ, wenn das Rechtsgeschäft überwiegend unentgeltlich war, als zu fein und wenig praktikabel[725]. Um dem Schutzcharakter des § 2287 BGB zugunsten des Vertragserben gerecht zu werden, billigten Lange und ihm folgend Brox dem Vertragserben ein Wahlrecht zwischen einem Geldanspruch und einem Rückgabeanspruch zu[726]. Die herrschende Lehre[727] folgte hingegen der vom Bundesgerichtshof[728] in dem Urteil vom 27. November 1952 vertretenen Rechtsauffassung.

b) Aushöhlungsnichtigkeit

Im Anschluss an das Urteil vom 8. Juli 1954 begrüßte die Literatur fast ausnahmslos den neuen Ansatz der Rechtsprechung, betonte aber zugleich den Ausnahmecharakter der Nichtigkeit[729]. Bis Ende der fünfziger Jahre unterzogen vor allem Dittmann, Münzenberger und Burkart die Aushöhlungsnichtigkeit einer kritischen Betrachtung. Im Ergebnis sprachen aber auch sie sich dafür aus, die Nichtigkeit einer lebzeitigen Verfügung zu bejahen, wenn sich das Rechtsgeschäft als Umgehung der §§ 2271 Abs. 2, 2289 Abs. 1 S. 2 BGB darstelle[730]. Die Frage, wann im Einzelfall Nichtigkeit anzunehmen sei, beantworteten sie unterschiedlich. Burkart prüfte den aushöhlenden Charakter eines Zweitgeschäfts zweistufig. Zunächst sei zu fragen, ob in Anlehnung an § 2301 BGB ein erlaubtes Rechtsgeschäft unter Lebenden vorliege. Im Falle der Bejahung müsse sich sodann das Zweitgeschäft bei Berücksichtigung des Parteiwillens und der wirtschaftlichen und rechtlichen Auswirkun-

---

725 Kipp/Coing, Erbrecht, 12. Auflage, § 38 Fn. 24.

726 Lange, Erbrecht, § 37 Fn. 12; Brox, Erbrecht, 1. Auflage, Rn. 356.

727 Soergel-Ehard-Eder, 9. Auflage, § 2287 Anm. 2; RGRK-Kregel, 11. Auflage, § 2287 Anm. 13; Palandt-Keidel, 27. Auflage, § 2287 Anm. 2 b ; Staudinger-Dittmann, 10./11. Auflage, § 2287 Rn. 7.

728 LM Nr. 2 zu § 2287 BGB.

729 Erman-Hense, 2. Auflage, § 2286 Anm. 1; RGRK-Kregel, 11. Auflage, § 2271 Anm. 14; Soergel-Ehard-Eder, 9. Auflage, § 2271 Rn.11; Staudinger-Dittmann, 10./11. Auflage, § 2271 Rn. 84; Dittmann, DNotZ 1958, 619, 631; Burkart, NJW 1956, 1501, 1504; Kipp/Coing, Erbrecht, 10. Auflage, § 28 III 2 e.

730 Dittmann, DNotZ 1958, 619, 631; Burkart, NJW 1956, 1501, 1503 f.; Münzenberger, BWNotZ 1959, 1, 5 Fn. 5.

gen als Umgehungsgeschäft darstellen[731]. Dittmann verwarf den Gedanken aus § 2301 BGB als zu weitgehend. Statt dessen prüfte er unter Würdigung der Gesamtumstände, „ob der Widerspruch zwischen der für den Todesfall geplanten und der unter Lebenden getroffenen Regelung so schroff ist, daß die Veräußerung als unzulässig und nichtig zu erachten ist, wie eine gleichartige Verfügung von Todes wegen"[732]. Die dogmatische Grundlage der Aushöhlungsnichtigkeit erblickte Dittmann in § 134 BGB. Münzenberger begriff das Institut als einen Unterfall von § 138 BGB. Unter welchen Voraussetzungen ein lebzeitiges Rechtsgeschäft unter die Norm fallen solle, ließ er aber offen.

Die Lehrbuch- und Kommentarliteratur begnügte sich damit, die Leitsätze der BGH-Entscheidungen darzustellen. Einen wesentlichen Anknüpfungspunkt für die Nichtigkeit eines lebzeitigen Zweitgeschäfts sah sie in der Übertragung des Gesamtvermögens oder eines wesentlichen Vermögensteils[733]. Sofern die Lehrbuch- und Kommentarliteratur eine rechtliche Grundlage für die Aushöhlungsnichtigkeit nannte, war diese § 138 BGB[734].

Fasst man das Schrifttum bis Ende der fünfziger Jahre zusammen, so ergibt sich folgendes Bild: Die Literatur begrüßte vielfach ausdrücklich den vom Bundesgerichtshof entwickelten Gedanken. Eine Ablehnung des Instituts der Aushöhlungsnichtigkeit findet sich überhaupt nicht. Ebenso wie der IV. Zivilsenat versuchte das Schrifttum die Problematik der Aushöhlungsnichtigkeit über den Gesichtspunkt der „Umgehung des Widerrufsverbots" zu lösen. Die wenigen kritischen Untersuchungen bemängelten einerseits das vom Bundesgerichtshof benutzte Instrumentarium der Umgehungsabsicht in Form des Umgehungsbewusstseins, andererseits die mangelnde Berücksichtigung des Parteiwillens[735]. Teilweise wurde auch die Praktikabilität der

---

[731] Burkart, NJW 1956, 1501, 1503 f.

[732] DNotZ 1958, 619, 630 f.

[733] U.a. Erman-Hense, 2. Auflage, § 2286 Anm. 1; RGRK-Kregel, 11. Auflage, § 2271 Anm. 14; Kipp/Coing, Erbrecht, 10. Auflage, § 28 III 2 e.

[734] Erman-Hense, 2. Auflage, § 2286 Anm. 1; Soergel-Ehard-Eder, 9. Auflage, § 2271 Anm. 11.

[735] Burkart, NJW 1956, 1501, 1504; Dittmann, DNotZ 1958, 619, 627.

Aushöhlungsnichtigkeit angezweifelt und die sich aus der wechselnden Rechtsprechung des Bundesgerichtshofs ergebende Unsicherheiten für die notarielle Praxis kritisiert [736].

Im Jahre 1960 wurde der Umgehungsgesichtspunkt erstmalig von Mattern[737] zurückgedrängt. Mattern hielt ein Zweitgeschäft nicht allein schon deswegen für nichtig, weil es einen Erbvertrag oder ein gemeinschaftliches Testament aushöhle: § 134 BGB greife nicht, da weder ein Verstoß noch eine Umgehung der §§ 2271 Abs. 2, 2289 Abs. 1 S. 2 BGB vorliege. Eine Unwirksamkeit nach § 138 BGB scheide aus, weil die §§ 2287, 2288 BGB als besonders schwerwiegende Fälle der „Fraudulosität“ dem § 138 BGB vorgehen würden. Mattern behandelte lebzeitige Zweitgeschäfte nur dann als Verfügungen von Todes wegen und hielt sie aus diesem Grunde für unwirksam, „wenn die in ihnen bestimmte Vermögensentäußerung nicht vor dem Tode des Erblassers vollzogen werden soll“. Im übrigen seien sie grundsätzlich rechtswirksam, auch wenn sie den Erstbedachten beeinträchtigen oder und die Erbfolge vorwegnehmen würden[738]. Nichtigkeit nach § 138 BGB sei auch in diesem Fall möglich aber selten.

Der Ansatz Matterns findet sich nicht nur in der Rechtsprechung des V. Zivilsenats, sondern in zunehmender Weise auch in der Literatur der sechziger Jahre[739]. Im Anschluss an Mattern beschäftigten sich Teichmann[740], Lange[741] und Kohler[742] ausführlich mit dem Aushöhlungsgedanken. Teichmann versuchte die Problematik über eine Analogie zu § 2271 Abs. 2 BGB zu lösen. Er forderte für die Nichtigkeit die Feststellung des Missbrauchs der lebzeiti-

---

736 Münzenberger, BWNotZ 1959, S. 1 ff.

737 Mattern, MDR 1960, S. 1-5.

738 Mattern, MDR 1960, 1, 5.

739 Ähnliche Standpunkte vertraten: Häsemeyer, Die Abhängigkeit erbrechtlicher Verträge von Verkehrsgeschäften, S. 111 f.; Speckmann, NJW 1968, 2222, 2228; Kohler, NJW 1964, 1393, 1394; einige Autoren vermengten den Gesichtspunkt der Gesetzesumgehung mit § 2301 BGB: Palandt-Keidel, 27. Auflage, § 2271 Anm. 3; Erman-Hense, 3. Auflage, § 2271 Anm. 6.

740 Die Gesetzesumgehung, S. 94 f.

741 NJW 1963, S. 1571-1579

742 NJW 1964, S. 1393-1398

gen Verfügungsfreiheit. Als Beispiel für einen Missbrauch nannte er die unentgeltliche Veräußerung des gesamten Vermögens, sofern die Wirkungen der Übertragung erst nach dem Tod des Schenkers eintreten sollten bzw. das Rechtsgeschäft in Erwartung des Todes abgeschlossen werde, so dass sich ein Bezug zu einer letztwilligen Verfügung ergebe[743]. Auch die Absicht, die Wirkungen des gemeinschaftlichen Testaments auszuschließen, könne für einen Missbrauch des § 2286 BGB sprechen[744]. Teichmanns Auffassung war noch von der frühen Linie des V. Zivilsenats geprägt. Die Aufsätze von Lange und Kohler standen schon unter dem Einfluss der späteren nichtigkeitsfeindlichen Linie des V. Zivilsenats. Lange stellte im Jahre 1963 fest, dass der Bundesgerichtshof seine Rechtsprechung immer mehr eingeschränkt und praktisch auf einen Erinnerungswert reduziert habe. Er betonte die lebzeitige Verfügungsfreiheit des Erblassers und sprach sich daher für die Aufgabe des Rechtsinstituts der Aushöhlungsnichtigkeit aus[745]. Kohler begrüßte die auf den Opfergesichtspunkt abstellende neue Linie des V. Zivilsenats. Um den Schutz des Vertrags- bzw. Schlusserben dennoch in ausreichendem Maße sicherzustellen, billigte Kohler dem Vertragserben unter engen Voraussetzungen schuldrechtliche Ersatzansprüche zu[746]. Besonders ausführlich beschäftigte er sich mit den Tatbestandsvoraussetzungen des § 826 BGB. Als Indizien für die Sittenwidrigkeit nannte Kohler das Fehlen von Verfügungsvorbehalten in dem Erbvertrag oder gemeinschaftlichen Testament, den Grad der persönlichen Beziehungen zwischen dem Erstversterbenden und dem Begünstigten, die Unentgeltlichkeit des Rechtsgeschäfts und deren Höhe im Verhältnis zum Gesamtvermögen[747]. Auch Coing drängte den Begriff der „Gesetzesumgehung" zurück und sprach stattdessen von einer extensiven Auslegung des § 2289 BGB[748]. Wann im Einzelfall eine lebzeitige Verfügung unter § 2289 BGB falle, blieb allerdings offen. Speckmann sprach

---

743 Die Gesetzesumgehung, S. 94 f.

744 Die Gesetzesumgehung, S. 95.

745 Lange, NJW 1963, 1571, 1576.

746 NJW 1964, 1393, 1394 ff.

747 NJW 1964, 1393, 1396.

748 Kipp/Coing, Erbrecht, 12. Auflage, § 38 Fn. 33.

sich wie Lange für die Abschaffung des Instituts der Aushöhlungsnichtigkeit aus, jedenfalls bestehe „für die Annahme eines nach § 134 BGB nichtigen Rechtsgeschäfts kein Raum mehr“[749].

Betrachtet man die dargestellte Literatur der 1960iger Jahre in ihrer Gesamtheit, so ist ein Abrücken von dem Institut der Aushöhlungsnichtigkeit zu erkennen. Das überwiegende Schrifttum ließ die Nichtigkeit einer lebzeitigen Zweitverfügung in Anlehnung an Mattern und die spätere Linie des V. Zivilsenats nur noch dann eintreten, wenn der Erblasser zu seinen Lebzeiten noch kein rechtliches Vermögensopfer erbracht hatte.

Der auf eine wirtschaftliche Gesamtbetrachtung abstellende Ansatz des III. Zivilsenats hat im zeitgenössischen Schrifttum nur von Teichmann Zuspruch erhalten[750]. Auch Teichmann legte seiner analogen Anwendung der §§ 2271 Abs. 2, 2289 Abs. 1 S. 2 BGB im Anschluss an die Entscheidung vom 12. Oktober 1970 eine wirtschaftliche Betrachtungsweise zugrunde, er vermied aber den Begriff der „Gesamtbetrachtung“. Im Ergebnis unterschied sich der Ansatz von Teichmann trotz abweichender dogmatischer Grundlage und unterschiedlicher Terminologie nicht von der Ansicht des III. Zivilsenats des Bundesgerichtshofs. Ebenso wie dieser prüfte Teichmann, ob es sich bei einem formalen Geschäft unter Lebenden wirtschaftlich um eine Verfügung auf den Tod handele und ob dadurch die erbrechtliche Bindung beeinträchtigt werde[751].

6. Vergleich mit der Rechtsprechung der Instanzgerichte

Veröffentlichungen der Instanzgerichte zu § 2287 BGB sucht man vergebens. Für die Aushöhlungsnichtigkeit finden sich zwei Entscheidungen. Das OLG Hamm vertrat in dem Vorlagebeschluss vom 16. Juli 1954 die Rechtsauffassung, dass jeder Übergabevertrag über landwirtschaftlichen und nichtlandwirtschaftlichen Grundbesitz Wesensmerkmale einer Verfügung von Todes wegen enthalte. Deshalb dürfe sein Inhalt nicht in Widerspruch zu einer bin-

---

[749] NJW 1968, 2222-2228.

[750] MDR 1972, S. 1-8.

[751] MDR 1972, 1, 7.

dend gewordenen Verfügung von Todes wegen stehen[752]. Das OLG Düsseldorf stellte in dem Urteil vom 24. Oktober 1956 für die Unwirksamkeit eines lebzeitigen Rechtsgeschäfts darauf ab, ob es die Bindungswirkung umgehe[753]. Beide Entscheidungen behandelten ein lebzeitiges Rechtsgeschäft also unter besonderen Voraussetzungen wie eine Verfügung von Todes wegen und folgten damit der Rechtsauffassung des IV. Zivilsenats des Bundesgerichtshofs.

V. Die Rechtsprechung von 1971-2000

1. Urteil[754] vom 5. Juli 1972 - IV ZR 125/70

In dem Urteil vom 5. Juli 1972 gab der Bundesgerichtshof seine Rechtsprechung zur Aushöhlungsnichtigkeit auf und definierte gleichzeitig den Anwendungsbereich des § 2287 BGB neu. Nach seiner Auffassung komme es im Rahmen des § 2287 BGB nicht mehr darauf an, dass der Wille, den Vertragserben zu beeinträchtigen, im Vordergrund steht. Entscheidend müsse sein, ob sich die Schenkung als Missbrauch der lebzeitigen Verfügungsfreiheit darstellte. Der Bundesgerichtshof deutete in dem Urteil an, dass er einen Missbrauch immer dann verneinen werde, wenn der Schenkung ein anzuerkennendes lebzeitiges Eigeninteresse des Erblassers zugrunde liege. Der Entscheidung lag folgender Sachverhalt zugrunde:

In einem Erbvertrag setzte der Erblasser seine Schwester, die Klägerin, zu ¾ und seinen Bruder zu ¼ als Erben seines Grundbesitzes in D. ein. Einige Jahre später übertrug er dem beklagten Sohn seines Bruders das gesamte gegenwärtige Vermögen. Er behielt sich gleichzeitig den lebenslänglichen Nießbrauch vor und untersagte ihm, zu seinen Lebzeiten über das Vermögen zu verfügen. Für den Fall eines Verstoßes wurde ein Rücktrittsrecht vereinbart. Der Nießbrauch und der Rückauflassungsanspruch wurden dinglich gesichert. Zudem legte der Erblasser seinem Neffen die Verpflichtung auf, an den Sohn der Klägerin 6.500 DM – fällig fünf Jahre nach seinem Tod – zu zahlen. Mit der Klage vor dem Landgericht begehrte die Klägerin, den Beklagten zu verurteilen, seine Einwilligung zu ihrer Eintragung als Eigentümerin des Grundbesitzes in D. zu erteilen, und festzustellen, dass sie Eigentümerin des vorhandenen Inventars geworden sei. Das Landgericht hat die Klage abgewiesen, das Berufungsgericht hat ihr stattgegeben. Die Revision des Beklagten führte zur Aufhebung und Zurückweisung.

---

[752] NJW 1954, 1501, 1504.

[753] NJW 1957, 266.

[754] BGHZ 59, S. 343-353.

Vergleicht man den vorliegenden Sachverhalt mit denen der Entscheidungen des III. Zivilsenats vom 29. April 1964, 14. März 1968 und 20. April 1970, so ergeben sich Gemeinsamkeiten. In allen Fällen hatte der Erblasser das ganze oder nahezu das ganze Vermögen übertragen, sich aber gleichzeitig den lebenslänglichen Nießbrauch bzw. ein Wohnrecht vorbehalten. Zudem wurde in dem konkreten Fall ebenso wie in den Entscheidungen vom 29. April 1964 und 14. März 1968 dem Beschenkten Verpflichtungen gegenüber anderen Verwandten auferlegt, wie sie in der Praxis häufig einem Erben als Vermächtnisse auferlegt werden[755]. Aufgrund dieser tatsächlichen Übereinstimmungen verwundert es nicht, dass das Berufungsgericht unter dem Eindruck der Rechtsprechung des III. Zivilsenats die Vermögensübertragung als nichtig angesehen hat.

Der IV. Zivilsenat stellte nunmehr fest, dass die bisherige, häufig wechselnde Rechtsprechung des Bundesgerichtshofs zur Aushöhlungsnichtigkeit zu einer Rechtsunsicherheit geführt hatte und gleichzeitig § 2286 BGB widersprach:

> „Diese Vorschrift macht keinen Unterschied, welcher Absicht die Verfügung dient und in welchem Umfang das Vermögen von ihr betroffen wird. Sehr häufig stehen lebzeitige Verfügungen über größere Vermögensobjekte im Zusammenhang mit erbrechtlichen Planungen, ohne daß diese Geschäfte dadurch den Charakter einer Verfügung von Todes wegen erhalten"[756].

Zu dem neuen Ansatz des III. Zivilsenats führte der erkennende Senat aus:

> „Erfolgt der rechtliche Vollzug eines Geschäfts zu Lebzeiten, so ändern auch vorbehaltene Sicherungs- und Nutzungsrechte nichts daran, daß rechtsgeschäftlich zu Lebzeiten verfügt wurde. Wie die bisherige Rechtsprechung zeigt, sind auch Kriterien einer sogenannten wirtschaftlichen Betrachtung für die hier zu treffende Abgrenzung wenig ergiebig, zumal eine wirtschaftliche Betrachtung nicht daran vorbeikommt, daß der Erblasser auch bei Vorbehalt von Sicherungs- und Nutzungsrechten den Ver-

---

[755] Vgl. zu dieser Feststellung: BGH, DNotZ 1965, 617, 619.

[756] BGHZ 59, 343, 346.

mögensgegenstand schon vor seinem Tode weggegeben und damit ein Vermögensopfer erbracht hat"[757].

Aufgrund der eindeutigen Abgrenzung des Gesetzes, das lebzeitige Verfügungen zulasse und nur Verfügungen von Todes wegen die Wirkung versage, sei der Gesichtspunkt der Umgehung nicht geeignet, Grundstücksübertragungen mit einem vorbehaltenen Nießbrauchsrecht unter Anwendung des § 134 BGB als nichtig zu erklären. § 138 BGB könne hingegen im Einzelfall einschlägig sein. Dies setze aber voraus, dass weitere Momente hinzukämen[758]. Der Bundesgerichtshof folgte mit der Abkehr von dem Kriterium der „Umgehung" der herrschenden Lehre[759]. Es verwundert daher nicht, dass die Aufgabe der Rechtsprechung zur Aushöhlungsnichtigkeit im Schrifttum der frühen siebziger Jahre fast ausnahmslos Zustimmung erfahren hat[760].

Schwerpunktmäßig setzte sich der IV. Zivilsenat in der Entscheidung vom 5. Juli 1972 mit § 2287 BGB auseinander. Hierzu stellte er fest:

> „Eine vorrangige Bedeutung für eine zufriedenstellende Lösung der bisher von der Rechtsprechung unter dem Gesichtspunkt der Aushöhlung behandelten Fälle hat nach Ansicht des Senats die Vorschrift des § 2287 BGB. ... Wie diese Vorschrift zeigt, sollen lebzeitige Übertragungsgeschäfte, die nach Ansicht des Gesetzgebers eine mißbräuchliche Ausnutzung der Verfügungsfreiheit des Erblassers darstellen, nicht unwirksam sein, vielmehr

---

757 BGHZ 59, 343, 347.

758 BGHZ 59, 343, 348. Der Bundesgerichtshof erblickte im vorliegenden Fall Anzeichen für ein gegen die guten Sitten verstoßendes Verhalten des Erblassers und des Vaters des Beklagten. Eine abschließende Prüfung müsse aber vom Berufungsgericht vorgenommen werden, BGHZ 59, 343, 351.

759 Siehe S. 206 f.

760 Spellenberg FamRZ 1973, 136; Strätz, JR 1973, 244, 245; Benkö, Zur Aushöhlung bindender Verfügungen von Todes wegen, S. 58; Palandt-Keidel, 33. Auflage, § 2271 Anm. 3 a bb; Soergel-Wolf, 10. Auflage, § 2271 Rn. 37; Erman-Hense, 6. Auflage, § 2286 Rn. 2; kritisch hinsichtlich der Erweiterung des Anwendungsbereiches des § 2287 BGB: Teichmann, JZ 1974, 32 ff.; Speckmann, JZ 1974, 543 ff.

> wird der Vertragserbe durch die Gewährung eines mit Anfall der Erbschaft entstehenden Bereicherungsanspruches geschützt"[761].

Da die Beeinträchtigungsabsicht im technischen Sinne vom Vertragserben kaum bewiesen werden konnte, sprach sich der IV. Zivilsenat in Anlehnung an das neuere Schrifttum[762] für eine lebensnahe Auslegung des § 2287 BGB aus. Diese müsse dem Zweck der Vorschrift, den Vertragserben vor einem Missbrauch des in § 2286 BGB gewährten Verfügungsrechts zu schützen, gerecht werden[763]. Den neuen Anwendungsbereich des § 2287 BGB brachte der Bundesgerichtshof in der Formulierung zum Ausdruck:

> „Ist kein lebzeitiges Eigeninteresse des Erblassers erkennbar, die Verfügung vielmehr ersichtlich darauf angelegt, daß anstelle des Vertragserben ein anderer sein wesentliches Vermögen ohne angemessenes Äquivalent erhält, so sollte die Anwendung der Vorschrift eigentlich nicht zweifelhaft sein"[764].

Während der Bundesgerichtshof der Weggabe eines wesentlichen Vermögensteils schon teilweise im Rahmen der Aushöhlungsrechtsprechung eine Indizwirkung für die Nichtigkeit beigemessen hatte[765], gebrauchte er den Gesichtspunkt des „lebzeitigen Eigeninteresses" erstmalig in der vorliegenden Entscheidung[766]. Der Begriff wurde aber nicht vom Bundesgerichtshof entwi-

---

[761] BGHZ 59, 343, 348.

[762] Lange, NJW 1963, 1571, 1577; Kipp/Coing, Erbrecht, 12. Auflage, § 38 IV 2 c; Palandt-Keidel, 31. Auflage, § 2287 Anm. 1; Bund, JuS 1968, 268, 274; Spellenberg, FamRZ 1972, 349, 354.

[763] BGHZ 59, 343, 349 f. Der Missbrauchsgedanke tauchte schon in den Protokollen zu dem zweiten Entwurf, S. 7279, und den Motiven, S. 328, auf. Auch das OLG Kiel bediente sich in seinem Urteil vom 25. November 1911 diesem Gedanken, SchlHolstAnz 1912, 33, 34.

[764] BGHZ 59, 343, 350.

[765] Vgl. Urteile vom 26. Februar 1958, DNotZ 1958, S. 654-656, und 17. November 1959, FamRZ 1960, S. 145-148.

[766] Der Bundesgerichtshof hatte im Rahmen der Aushöhlungsnichtigkeit nur in dem Urteil vom 24. Januar 1958 den Umstand für beachtlich erklärt, dass der Erblasser aus der Vermögensübertragung bereits Vorteile zu seinen Lebzeiten gezogen hatte, BGHZ 26, 274, 277.

ckelt, sondern geht auf einen Aufsatz von Spellenberg[767] aus dem Jahre 1972 zurück. Spellenberg hatte die bisher vom Bundesgerichtshof vorgenommene Abgrenzung zwischen Begünstigungs- und Benachteiligungswillen kritisiert und die These aufgestellt, dass beide Motive in der Regel in einem untrennbaren Zusammenhang stünden[768]. Für die seltenen Fälle, in denen die Benachteiligung des Vertragserben das treibende Motiv der Schenkung darstelle, könne zwar ein Verstoß gegen § 2286 BGB nicht zweifelhaft sein. Im Übrigen erschöpfe das Kriterium des Überwiegens der Benachteiligungs- über die Begünstigungsabsicht das Problem aber nicht. Spellenberg schlug vor, Schenkungen des Erblassers solange zuzulassen, wie sich diese nicht als Missbrauch der lebzeitigen Verfügungsfreiheit darstellten. Die Missbrauchsgrenze verlaufe erst da, wo ein Rechtsgeschäft nicht mehr von einem lebzeitigen Eigeninteresse getragen sei[769]. Der Bundesgerichtshof folgte erkennbar dem Gedankengang Spellenbergs, indem er sagte:

> „Die Anwendung (scil. des § 2287 BGB) darf nach Ansicht des Senats im besonderen nicht davon abhängig sein, ob die Absicht, den Beschenkten zu begünstigen, oder die Absicht, den Vertragserben zu benachteiligen, die überwiegende Motivationskraft hat. Die beiden Absichten werden praktisch meist in untrennbarem Zusammenhang stehen“.

Weiter führte der Bundesgerichtshof aus:

> „Daß der Wortlaut einer solchen auf den Mißbrauch des Verfügungsrechts abgestellten Auslegung nicht entgegensteht, zeigt die Rechtsprechung zu den Gesetzesvorschriften des Anfechtungsgesetzes und der Konkursordnung, die aus der Absicht des Schuldners, die Gläubiger zu benachteiligen, Rechtsfolgen herleiten“[770].

---

[767] FamRZ 1972, S. 349-356.

[768] FamRZ 1972, 349, 354.

[769] FamRZ 1972, 349, 355.

[770] BGHZ 59, 343, 350; kritisch hierzu: Speckmann, NJW 1974, 341, 343 Fn. 13; Finger/Füser/Hamm/Weber, FamRZ 1975, 251, 255 Fn. 78.

Der Bundesgerichtshof verschwieg in diesen Ausführungen, dass er bisher eine Übertragung der Rechtsprechung zu § 3 Ziff. 1, 2 AnfG a.F. und § 31 Ziff. 1 KO mangels vergleichbarer Interessenlage – die Stellung des Vertragserben sei schwächer als die eines Gläubigers – verneint hatte[771]. Indem er nunmehr das Die Rechtsprechung zum AnfG und zur KO zur Unterstützung seiner neuen Linie vergleichend heranzog, erweckte er den Anschein, Erblasser und Vertragserbe stünden sich doch wie Schuldner und Gläubiger gegenüber. In späteren Urteilen vermied der Bundesgerichtshof einen vergleichenden Hinweis auf die Rechtsprechung zum AnfG und zur KO. Dies lässt vermuten, dass ihm die Irreführung seines Verweises bewusst geworden ist.

In der Subsumtion prüfte der Bundesgerichtshof, ob der Schenkung ein beachtenswertes lebzeitiges Eigeninteresse zugrunde lag. Ein solches könne nicht allein schon deshalb angenommen werden, weil der Erblasser mit der Vermögensübertragung auf den Beklagten bezweckte, eine Verbindung von Grundbesitz und Familiennamen beizubehalten. Nachdem der IV. Zivilsenat einen „anzuerkennenden Grund“ für die Verfügung verneinte, bemerkte er, dass bei dem Erblasser Begünstigungswunsch und Beeinträchtigungsabsicht in gleichem Maße untrennbar miteinander verbunden gewesen seien. Hinzu komme, dass sich für den Erblasser nicht einmal die Aufgabe seiner rechtlichen Eigentumsposition als Vermögensopfer darstelle. Das lebzeitige Verfügungsgeschäft beinhalte daher einen Rechtsmissbrauch, der im Ergebnis dazu führen müsse, der Klägerin den Anspruch aus § 2287 BGB zuzusprechen.

Die vom Bundesgerichtshof vorgenommene Prüfung konzentrierte sich also auf die Elemente Beeinträchtigungsabsicht, lebzeitiges Eigeninteresse und Vermögensopfer. In welchem Verhältnis diese Merkmale zueinander stehen, blieb in der Entscheidung vom 5. Juli 1972 allerdings unklar. Fest steht nur, dass der IV. Zivilsenat nach Bejahung der Beeinträchtigungsabsicht und Verneinung eines lebzeitigen Eigeninteresses sowie eines Vermögensopfers am Ende seiner Prüfung den Missbrauch der lebzeitigen Verfügungsfreiheit feststellte. Bedenken an der Tatbestandsprüfung ergeben sich daraus, dass der

---

771 Urteil vom 26. Juni 1953, LM Nr. 1 zu § 146 KO.

Bundesgerichtshof mit dem „lebzeitigen Eigeninteresse" zwar ein Kriterium schaffte, um die Missbrauchsgrenze des § 2287 BGB im Negativen abzustecken, den Rechtsbegriff aber nicht präzisierte. Damit gab der Bundesgerichtshof den Instanzgerichten zunächst ein „funktionsloses Werkzeug" an die Hand. In den folgenden Jahren bemühte sich der Bundesgerichtshof daher vornehmlich darum, das Kriterium des „lebzeitigen Eigeninteresses" zu konkretisieren.

Trotz der offenen Fragen in der Leitentscheidung hat die neue Rechtsprechung des Bundesgerichtshofs im zeitgenössischen Schrifttum breite Zustimmung gefunden[772]. Dies lag vor allem daran, dass die herkömmliche Auslegung der Beeinträchtigungsabsicht dem Vertragserben kaum Schutz vor lebzeitigen Verfügungen gewährte und auch die Aushöhlungsnichtigkeit zu keiner Aufwertung der Vertragserbenstellung geführt hatte.

Das neue Verständnis des § 2287 BGB erfuhr im Schrifttum aber auch Ablehnung[773]. Speckmann bemängelte neben der fehlenden dogmatischen Begründung der neuen Rechtsprechung[774], dass sie sich über den Wortlaut der Norm hinwegsetze. Die vom Bundesgerichtshof unterstellte Prämisse, die Absichten der Begünstigung eines anderen und der Benachteiligung des Vertragserben stünden regelmäßig in einem untrennbaren Zusammenhang, widerspreche der allgemeinen Lebenserfahrung[775]. Finger kritisierte, der Bundesgerichtshof nehme „einen erheblichen Teil der Wertungen, die er gemeinsam mit der „Aushöhlungsnichtigkeit" wortreich und aufwendig zur Vordertür hinausschiebt, stillschweigend und unbemerkt durch die Hintertür wieder auf"[776]. Teichmann vertrat die Ansicht, das Urteil schaffe nicht die

---

772 Soergel-Wolf, 10. Auflage, § 2287 Rn. 8; Palandt-Keidel, 33. Auflage, § 2287 Anm. 2 b; Brox, Erbrecht, 3. Auflage, Rn. 158; Erman-Hense, 6. Auflage, § 2287 Rn. 2; Kipp/Coing, Erbrecht, 13. Auflage, § 38 IV 2 a; Spellenberg, FamRZ 1973, 136; Strätz, JR 1973, 244, 245.

773 Teichmann, JZ 1974, 32 ff.; Speckmann, JZ 1974, S. 543-545 und NJW 1974, S. 341-344; Finger/Füser/Hamm/Weber, FamRZ 1975, 251, 254 f.

774 JZ 1974, 543, 545.

775 NJW 1974, 341, 343.

776 FamRZ 1975, 251, 254.

versprochene Rechtssicherheit. Der Begriff des „lebzeitigen Eigeninteresses“ müsse näher konkretisiert werden. Er befürchtete, dabei würden „weite Gruppen der zur Aushöhlung verwandten Maßstäbe hier in anderem Gewande wieder auftreten“[777].

Die Aussage Speckmanns, wonach die vom Bundesgerichtshof aufgestellte These, Begünstigungs- und Benachteiligungsabsicht seien in der Regel untrennbar miteinander verbunden, der allgemeinen Lebenserfahrung widerspreche, wäre berechtigt, wenn man unter „Absicht“ den Willen versteht, einen Erfolg zielgerichtet anzustreben. Die Fälle, in denen es dem Erblasser gleichzeitig darauf ankommt, den Vertragserben zu benachteiligen und den Beschenkten zu begünstigen, dürften in der Praxis tatsächlich äußerst selten vorkommen. Die Aussage des Bundesgerichtshofs könnte daher nur dann Regelcharakter beanspruchen, wenn man die Anforderungen an die Beeinträchtigungsabsicht auf die Ebene eines direkten Vorsatzes in Gestalt eines sicheren Wissens von der Benachteiligung herabstufen würde. Wer einen Dritten durch eine Schenkung begünstigen will, der weiß in der Regel auch, dass dieses Ziel nur durch Benachteiligung des Vertragserben zu realisieren ist.

Ob eine solche Auslegung der Beeinträchtigungsabsicht methodisch haltbar ist, erscheint fragwürdig. Zuzugeben ist dem Bundesgerichtshof, dass seine neue Linie eher als die bisher in der Rechtsprechung praktizierte restriktive Handhabung der Beeinträchtigungsabsicht geeignet erscheint, den Normweck des § 2287 BGB - Schutz des Vertragserben vor Missbrauch der lebzeitigen Verfügungsfreiheit[778] - zu erreichen. Ferner spricht der Wortlaut des § 2287 BGB nicht schlechthin gegen eine weite Auslegung des Absichtsbegriffs. Zwar besteht für den juristischen Sprachgebrauch Einigkeit darüber, dass unter dem Begriff „Absicht“ der direkt auf den Erfolg als Ziel gerichtete Wille zu verstehen ist[779]. Im allgemeinen Sprachgebrauch wird „absichtlich“ aber häufig mit „vorsätzlich“ bzw. „willentlich“ gleichgesetzt[780]. Dieses

[777] JZ 1974, 32, 33.

[778] Protokolle II, S. 7279.

[779] Beulke in: Deutsches Rechtslexikon, 1. Band, 3. Auflage, S. 51.

[780] Duden, Das große Wörterbuch der deutschen Sprache, 3. Auflage, Band 1, S. 109.

Wortverständnis des Absichtsbegriffs hat sich auch in anderen zivilrechtlichen Tatbeständen durchgesetzt[781].

Die Gesetzesmaterialien deuten dagegen darauf hin, dass der historische Gesetzgeber dem jetzigen Wortlaut des § 2287 BGB ein enges Wortsinnverständnis der Beeinträchtigungsabsicht zugrunde legen wollte. In den Protokollen zu dem zweiten Entwurf wird über einen Antrag berichtet, wonach der Beeinträchtigungsabsicht diejenige Auffassung zu Grunde zu legen sei, „welche das Reichsgericht neuerdings für die entsprechenden Bestimmungen der KonkO angenommen habe“ [782]. Dafür, dass sich ein derartiges Wortsinnverständnis – gemeint ist das Bewusstsein von der Beeinträchtigung und von der Rechtswidrigkeit des Erfolges[783] - in der zweiten Kommission durchgesetzt hat, findet sich jedoch kein Beleg. Vielmehr kann von einem gegenteiligen Willen der Kommission ausgegangen werden. Zum einen wurde die Analogie zur Konkursanordnung mangels vergleichbarer Interessenlage ausdrücklich abgelehnt. Der Erblasser stehe dem Vertragserben nicht wie ein Schuldner gegenüber. Auch sei er nicht verpflichtet, sein Vermögen zusammenzuhalten, soweit dasselbe zur Befriedigung seiner Gläubiger erforderlich ist[784]. Zum anderen wurde ein Hinweis in den Protokollen der zweiten Kommission, wonach der Vertragserbe schutzlos sein würde, „wenn der Erblasser mehrere Zwecke im Auge gehabt habe und der Dolus nicht offensichtlich prävalire“, mit der Bemerkung „indessen könne diese Schwierigkeit des Beweises nicht dahin führen, eine sachlich unrichtige Entscheidung anzunehmen“, abgewiesen. Durch die Verwendung des Verbs „prävalire“[785] wird ein Überwiegen des Beeinträchtigungswillens unterstellt. Dies lässt darauf schließen, dass die Redaktoren der zweiten Kommission die Beeinträch-

---

[781] § 3 Ziff. 1, 2 a.F. AnfG und § 31 Ziff. 1 KO. § 133 InsO und § 3 Abs. 1 S. 1 AnfG sprechen nunmehr vom „Vorsatz, seine Gläubiger zu benachteiligen“.

[782] Protokolle II, S. 7281.

[783] Dies ergibt sich aus den zur Zeit der Beratung der zweiten Kommission aktuellen Reichsgerichtsentscheidungen zu § 24 KO: Urteil vom 1. Februar 1889 - Re. II 317/88, RGZ 23, 9, 14; Urteil vom 27. März 1888 - Rep. III 313/87, RGZ 20, 180 f.

[784] Protokolle II, S. 7282.

[785] Lat. praevalere (bildungsspr. veraltend): vorherrschen, vor-, überwiegen, Duden, Das große Wörterbuch der deutschen Sprache, 3. Auflage, Band 7, S. 2995.

tigungsabsicht als direkten zielgerichteten Willen im Sinne des juristischen Sprachgebrauchs verstanden haben.

Auch gesetzessystematische Überlegungen sprechen gegen eine weite Auslegung der Beeinträchtigungsabsicht. § 2286 BGB gewährt dem erbvertraglich gebundenen Erblassers ausdrücklich das Recht „über sein Vermögen durch Rechtsgeschäft unter Lebenden zu verfügen". § 2287 BGB macht von dieser Regel eine Ausnahme, indem er dem Vertragserben nach dem Tod des Erblassers einen Herausgabeanspruch nach Bereicherungsrecht gibt. Eine Lockerung der Anforderungen an das subjektive Element des § 2287 BGB birgt die Gefahr in sich, den in § 2287 BGB zum Ausdruck kommenden Ausnahmefall zur Regel mutieren zu lassen. Dies hat offenbar auch der Bundesgerichtshof erkannt und daher versucht, durch Aufstellen zusätzlicher Voraussetzungen wie „kein lebzeitiges Eigeninteresse", „auf Korrektur des Erbvertrages gerichtet" und „Übertragung wesentlicher Vermögensbestandteile" eine Ausuferung des Tatbestandes zu verhindern. Durch diese Vorgehensweise entfernt sich der Bundesgerichtshof aber vom Wortlaut des § 2287 BGB und schafft durch Heranziehen wertungsbedürftiger Korrektive einen neuen generalklauselartigen Tatbestand. Bei diesem steht nicht mehr das Tatbestandsmerkmal der „Beeinträchtigungsabsicht" im Vordergrund, sondern eine spezielle Missbrauchsprüfung. Die gesetzliche Systematik der §§ 2286 ff. BGB gibt für einen solchen Schritt eigentlich keinen Anlass.

2. Urteil[786] vom 28. März 1973 - IV ZR 84/72

In den Urteilen vom 3. November 1972[787] und 28. März 1973 bestätigte der Bundesgerichtshof die Grundsätze der Entscheidung vom 5. Juli 1972. In beiden Entscheidungen heißt es:

> „Ist kein lebzeitiges Eigeninteresse des Erblassers erkennbar, seine Verfügung vielmehr ersichtlich darauf angelegt, daß an Stelle des Vertragserben

---

786 WM 1973, S. 680-682.

787 IV ZR 70/71, unveröffentlicht.

ein anderer sein Vermögen ganz oder teilweise ohne angemessene Gegenleistung erhält, so greift § 2287 BGB durch“[788].

Mit der Herabsetzung der Anforderungen an die Beeinträchtigungsabsicht ging in beiden Entscheidungen eine Beweiserleichterung hinsichtlich des Tatbestandsmerkmals „Schenkung“ einher. Dies geschah in der Weise, dass der IV. Zivilsenat das Vorliegen einer gemischten Schenkung vermutete, wenn zwischen Leistung und Gegenleistung ein grobes Missverhältnis bestand. Es obliege für diesen Fall dem Beschenkten, Tatsachen vorzutragen und zu beweisen, die geeignet seien, diese Vermutung auszuräumen. Der Gedankengang des Bundesgerichtshofs soll exemplarisch für beide Entscheidungen an dem Urteil vom 28. März 1973 verdeutlicht werden.

Eheleute hatten sich in einem Erbvertrag gegenseitig zu Alleinerben und ihre sechs Kinder sowie die Tochter des Ehemannes aus erster Ehe zu Schlusserben bestimmt. Nach dem Tod ihres Mannes schloss die Erblasserin mit einem Sohn einen weiteren Erbvertrag. Sie setzte diesen zum Alleinerben mit der Verpflichtung ein, sie zu pflegen und zwei Jahre nach ihrem Tod je 777 DM an die übrigen Geschwister zu zahlen. Nach Kenntnis von der Unwirksamkeit des zweiten Erbvertrages übertrug die Erblasserin durch notariellen Vertrag ihren gesamten Grundbesitz auf den Sohn, behielt sich aber gleichzeitig den lebenslänglichen Nießbrauch vor. Dem Sohn wurden dieselben Verpflichtungen auferlegt, die schon Bestandteil des unwirksamen Erbvertrages gewesen waren. Die Kläger hielten den Vertrag wegen Verstoßes gegen die erbvertragliche Bindungswirkung für nichtig und begehrten als Miterben die Einwilligung des Beklagten in die Berichtigung des Grundbuches. Das Landgericht hat der Klage stattgegeben. Die Berufung des Beklagten ist erfolglos geblieben. Die Revision führte zur Aufhebung und Zurückweisung.

Das Berufungsgericht hatte den Übertragungsvertrag gemäß § 134 BGB für nichtig erachtet und sich hierbei auf die bisherige Rechtsprechung des Bundesgerichtshofs gestützt. Unter Berufung auf die Entscheidung vom 5. Juli 1972 stufte der IV. Zivilsenat diese Ausführungen als nicht haltbar ein. Im Rahmen der Prüfung des § 2287 BGB ging der Bundesgerichtshof ausführlich auf das Tatbestandsmerkmal „Schenkung“ ein. Diese setzte nach ständiger Rechtsprechung des Reichsgerichts und des Bundesgerichtshofs neben der objektiven Unentgeltlichkeit einen hierauf gerichteten Willen der Vertragsparteien voraus. Die Beweislast dafür trug der Vertragserbe. In einer

[788] WM 1973, 680, LS 2; IV ZR 70/71, S. 12 f.

Entscheidung vom 27. Juni 1972[789] hatte der IV. Zivilsenat dem Pflichtteilsberechtigten für das Tatbestandsmerkmal der „Schenkung“ in § 2325 BGB Beweiserleichterungen zugebilligt:

> „Ist bei einem Vertrag, der wesentliche Vermögensteile einem anderen zuwendet, vorweg nur ein auffallendes, grobes Mißverhältnis zwischen den wirklichen Werten von Leistung und Gegenleistung festzustellen, dann erfordert es nach Ansicht des Senats der Schutzzweck des § 2325 BGB, im Einklang mit der Lebenserfahrung davon auszugehen, daß dies auch die Vertragsparteien erkannt haben und daß sie sich in Wahrheit über die unentgeltliche Zuwendung derjenigen Bereicherung einig waren, die sich bei einer verständigen und nach den Umständen vertretbaren Bewertung der beiderseitigen Leistungen ergeben hätte“[790].

Diese Vermutung übertrug der Bundesgerichtshof auf den Anspruch aus § 2287 BGB, so dass es bei einem festgestellten groben Missverhältnis zwischen Leistung und Gegenleistung nunmehr dem Beklagten oblag, Tatsachen vorzutragen und zu beweisen, die geeignet sind, die Vermutung auszuräumen[791]. Das Verhältnis von dem Wert des Grundbesitzes gegenüber den vom Beklagten zu erbringenden Leistungen sei vom Berufungsgericht nicht festgestellt worden, somit konnte der Bundesgerichtshof eine endgültige Entscheidung noch nicht treffen. Sollte nach erneuter Prüfung eine Schenkung oder gemischte Schenkung zu bejahen sein, spreche nach dem bisher festgestellten Sachverhalt „alles für eine Beeinträchtigungsabsicht unter dem von dem erkennenden Senat eingenommenen Standpunkt“[792].

Im Rahmen der sich anschließenden Missbrauchsprüfung versäumte es der Bundesgerichtshof, den Begriff des „lebzeitigen Eigeninteresses“ zu präzisieren. Die Aussicht, von dem Beklagten gepflegt und versorgt zu werden, ließ

---

789 BGHZ 59, 132, 136 f.

790 BGHZ 59, 132, 136.

791 WM 1973, 680, 681; so auch der IV. Zivilsenat in der Entscheidung vom 3. November 1972 - IV ZR 70/71, S. 10.

792 WM 1973, 680, 681.

der IV. Senat im konkreten Fall nicht genügen[793]. Der Erblasserin sei es entscheidend um die Erhaltung des Grundbesitzes in der Hand nur eines Miterben gegangen. Einen besonderen Anlass für eine Regelung in bezug auf die Versorgung der Mutter habe es nicht gegeben[794]. Da nach der bisherigen Tatsachenfeststellung durch das Berufungsgericht kein lebzeitiges Eigeninteresse erkennbar sei, könne es sich bei der Schenkung der Erblasserin „nur um eine solche handeln, mit der untrennbar auch die Absicht verbunden war, die vertraglich bedachten Erben zu beeinträchtigen"[795]. Der Bundesgerichtshof erweckte damit den Anschein, dass sich lebzeitiges Eigeninteresse und Beeinträchtigungsabsicht gegenseitig ausschließen[796]. Die weitere Entwicklung der Rechtsprechung wird zeigen, dass der Bundesgerichtshof in späteren Urteilen eine andere Auffassung vertritt. Im Anschluss an die Prüfung der Beeinträchtigungsabsicht führte der Bundesgerichtshof aus:

> „Auch ein solcher Bereicherungsanspruch müßte allerdings entfallen, wenn die übrigen Miterben den Übertragungsvertrag in Kenntnis der Bindungswirkung und dessen Auswirkungen auf spätere Rechtsgeschäfte der Mutter zu Lasten der Miterben gebilligt hätten. Denn, wie das Berufungsgericht, wenn auch in anderem Zusammenhang, zutreffend ausgeführt hat, darf sich derjenige, der mit einer seine Rechtsstellung beeinträchtigenden Regelung einverstanden ist, nicht nachträglich mit seinem früheren Verhalten dadurch in Widerspruch setzen, daß er auf seine frühere Rechtsstellung zurückgreift"[797].

Unter welchen Voraussetzungen der Übertragungsvertrag zustande gekommen war und ob die Miterben diesen in Kenntnis der Bindungswirkung ge-

---

[793] In der Entscheidung vom 3. November 1972 - IV ZR 70/71, S. 13 f., hatte der Bundesgerichtshof zum Ausdruck gebracht, dass die gesicherte Altersversorgung etwa durch Aufnahme in ein Altenheim, ein lebzeitiges Eigeninteresse darstellen könne. Voraussetzung hierfür sei aber, dass das Ziel nicht auch durch geringere Vermögensopfer als die Übertragung des gesamten Grundbesitzes erreicht werden könne.

[794] WM 1973, 680, 682.

[795] WM 1973, 680, 682.

[796] So auch der Bundesgerichtshof in dem Urteil vom 3. November 1972 - IV ZR 70/71, S. 13.

[797] WM 1973, 680, 682.

billigt hätten, müsse vom Berufungsgericht festgestellt werden. Aus den Ausführungen des IV. Zivilsenats lässt sich die Rechtsauffassung entnehmen, dass eine formlose Zustimmung des Vertragserben zu einer beeinträchtigenden Schenkung immer dann den Einwand widersprüchlichen Verhaltens (§ 242 BGB) begründet, wenn der Vertragserbe sich später auf den Erbvertrag und § 2287 BGB beruft.

3. Urteile vom 26.11.1975[798] - IV ZR 138/74 - und 30.03.1977[799] - IV ZR 211/75

In der Entscheidung vom 26. November 1975 präzisierte der Bundesgerichtshof den Begriff des „lebzeitigen Eigeninteresses". Als Beispiele hierfür nannte er die Sicherung oder Verbesserung der Altersversorgung und die Erfüllung einer sittlichen Verpflichtung[800]. Dagegen sei der spezifische Anwendungsbereich des § 2287 BGB gegeben, wenn die Verfügung auf eine Korrektur des Erbvertrages oder des gemeinschaftlichen Testaments angelegt sei. Dies wäre der Fall, wenn der Erblasser anstelle der bedachten Person einer anderen wesentliche Vermögensteile ohne Gegenleistung zuwendet, nur weil ihm diese genehmer ist[801].

Der Bundesgerichtshof hatte über einen Sachverhalt zu entscheiden, in dem sich Eheleute in einem gemeinschaftlichen Testament gegenseitig zu Erben und den Beklagten zum Schlusserben einsetzten. Nach dem Tod des Mannes schloss die Erblasserin mit ihrer Bank einen „Vertrag zugunsten Dritter", wonach im Zeitpunkt ihres Todes der Kläger Gläubiger der Spareinlage sein sollte. Dieser beantragte, nachdem die Erblasserin verstorben war, den Beklagten zu verurteilen, seine Zustimmung zu erteilen, dass die Bank einen Teilbetrag des Sparguthabens an ihn auszahlt. Das Landgericht hat der Klage stattgegeben. Das Berufungsgericht hat sie abgewiesen. Die Revision hatte keinen Erfolg.

Der IV. Zivilsenat beschäftigte sich in der Entscheidung mit der zentralen Frage, ob die Zuwendung des Sparguthabens eine verdeckte letztwillige Verfügung darstellte oder die Zuwendung unter den spezifischen Anwendungs-

---

798 BGHZ 66, S. 8-17.

799 FamRZ 1977, S. 539-541.

800 Die Erfüllung einer sittlichen Verpflichtung liege etwa vor, wenn der Erblasser mit dem Geschenk einer Person, die ihm in besonderem Maße geholfen habe, „seinen Dank abstatten wollte", BGHZ 66, 8, 16.

801 BGHZ 66, 8, 16.

bereich des § 2287 BGB fiel. Das Berufungsgericht hatte sich für die erste Variante entschieden. In einer Hilfsbegründung stellte es fest, dass, auch wenn die Zuwendung des Sparguthabens auf einem lebzeitigen Rechtsgeschäft beruhen sollte, die Klage keinen Erfolg haben könne. In diesem Fall würde der Beklagten ein Herausgabeanspruch aus § 2287 BGB zustehen. Der Bundesgerichtshof wandte sich dagegen, eine Zuwendung auf den Todesfall durch Vertrag zugunsten Dritter als letztwillige Verfügung zu begreifen, und berief sich auf seine bisherige Rechtsprechung. Aus Gründen der Rechtssicherheit könne auch für die Fälle keine Ausnahme gemacht werden, in denen der Versprechensempfänger durch ein wechselbezügliches gemeinschaftliches Testament oder einen Erbvertrag gebunden sei[802]. Hinsichtlich § 2287 BGB gelangte der IV. Zivilsenat zu demselben Ergebnis wie das Berufungsgericht. Der vorliegende Sachverhalt habe dem Berufungsgericht mit Recht ausgereicht, um eine Benachteiligungsabsicht anzunehmen. Dem Beklagten stehe daher ein bereicherungsrechtlicher Anspruch gegen den Kläger aus § 2287 BGB zu. Gemäß § 242 BGB könne der Kläger daher nicht verlangen, den Beklagten zu verurteilen, seine Zustimmung zu einer Auszahlung aus dem Sparguthaben zu erteilen.

Wie schon in den Entscheidungen vom 3. November 1972 und 28. März 1973 billigte der Bundesgerichtshof dem Vertragserben auch in dem Urteil vom 26. November 1975 Beweiserleichterungen hinsichtlich der Anspruchsvoraussetzungen des § 2287 BGB zu. Der Bundesgerichtshof erkannte, dass der Benachteiligte den Beweis, dass „die Verfügung ohne ein sie rechtfertigendes lebzeitiges Eigeninteresse des Verfügenden" getroffen worden ist, nicht führen konnte, wenn ihm die Umstände und Gründe der Verfügung des Erblassers nicht bekannt waren. Dies sei der Fall, wenn die Verfügung erst mit dem Tod des Erblassers wirksam werde und bis dahin von ihm geheimgehalten worden sei[803]. Dann könne allenfalls der Begünstigte wissen, warum der Erblasser ihn in dieser Weise bevorzugt habe oder bevorzugt haben könnte. Um dem Beweispflichtigen die Erfüllung seiner Aufgabe zu ermögli-

---

[802] BGHZ 66, 8, 13.

[803] BGHZ 66, 8, 16.

chen, müsse er die Umstände darlegen, die nach seiner Meinung den Erblasser bewogen haben könnten, die Verfügung vorzunehmen. Tue er dies nicht oder ergäben die behaupteten Umstände nicht, dass die Verfügung einem lebzeitigen Eigeninteresse des Erblassers dienen sollte, so könne davon ausgegangen werden, dass ein solches nicht vorgelegen habe. Letzteres treffe auf die vorliegende Entscheidung zu; es seien weder Umstände erkennbar, die auf das Motiv der Sicherung der Altersversorgung hindeuteten, noch solche, die auf eine sittliche Verpflichtung der Erblasserin gegenüber dem Kläger schließen ließen[804].

Johannsen begrüßte das Urteil in einer Anmerkung[805] und wies auf die große praktische Bedeutung der Ausführungen des Bundesgerichtshofs zu § 2287 BGB hin. Seiner Meinung nach müsse aber die Frage, ob der Verfügung ein lebzeitiges Eigeninteresse zugrunde gelegen habe, vom Standpunkt eines objektiv Urteilenden unter Berücksichtigung der gegebenen Umstände entschieden werden[806]. Dabei legte er den festgestellten Gründen, die den Erblasser zu der Verfügung bewogen, ein ausschlaggebendes Gewicht bei:

> „Es kommt darauf an, ob sie ihrer Art nach so sind, daß ein durch gemeinschaftliches Testament Bedachter sie anzuerkennen und deswegen die sich aus der Verfügung für ihn ergebende Benachteiligung hinnehmen muß"[807].

Dies sei der Fall, falls der Erblasser mit der Verfügung bezwecke, seine Altersversorgung zu sichern. Es könne aus Gründen der Rechtssicherheit grundsätzlich nicht geprüft werden, ob die Verfügung hierzu auch wirtschaftlich notwendig gewesen sei oder ob es bei dem alten Zustand hätte bleiben können und ob der Erblasser die ihm versprochene Leistung billiger oder auch

---

804 BGHZ 66, 8, 17.

805 LM Nr. 6 zu § 2301 BGB.

806 Zur Bedeutung des Merkmals in der Rechtsprechung des Bundesgerichtshofs s. im Einzelnen: Eckert, Der „objektive Beobachter" in der Rechtsprechung des Bundesgerichtshofes in Zivilsachen.

807 LM Nr. 6 zu § 2301 BGB.

von dem Vertragserben hätte bekommen können, wenn er diesem den Vermögensgegenstand übereignet hätte[808].

Die Gedanken Johannsens finden sich in dem Urteil des Bundesgerichtshofs vom 30. März 1977 wieder. Im Leitsatz der Entscheidung heißt es:

> „Ein lebzeitiges Eigeninteresse des Erblassers ist anzuerkennen, wenn nach dem Urteil eines objektiven Beobachters die Verfügung des Erblassers in Anbetracht der gegebenen Umstände auch unter Berücksichtigung der durch Erbvertrag oder Testament begründeten Bindung als billigenswert und gerechtfertigt erscheint [etwa als Verfügung des Erblassers, um die Versorgung für sein Alter sicherzustellen]".

Der Entscheidung lag folgender Sachverhalt zugrunde:

Die Erblasserin hatte in einem Erbvertrag ihren Adoptivsohn zu ihrem Alleinerben eingesetzt. Der Adoptivsohn arbeitete auf ihrem Bauernhof. Bald nach Abschluss des Erbvertrages kam es zwischen der Erblasserin und ihrem Ehemann einerseits und dem Adoptivsohn andererseits zu Unstimmigkeiten. Danach veräußerte die Erblasserin ihr gesamtes Anwesen an den Beklagten zu einem Preis von 70.000 DM. Der Adoptivsohn beantragte, den Beklagten Zug um Zug gegen Zahlung von 57.460 DM zur Übereignung und Herausgabe des Hofes und des Inventars zu verurteilen. Das Landgericht hat die Klage abgewiesen, das Berufungsgericht hat ihr mit der Maßgabe stattgegeben, dass die Übereignung und Herausgabe nur Zug um Zug gegen Zahlung von 82.645 DM zu erfolgen habe. Die Revision führte zur Zurückweisung der Sache an das Berufungsgericht.

Das Berufungsgericht sah in dem Verkauf des Hofes nicht das einzige oder letzte Mittel, um die von der Erblasserin erstrebten Ziele der Sicherstellung der Altersversorgung und Erhaltung der aufgrund der Unstimmigkeiten mit dem Adoptivsohn belasteten Ehe zu erreichen. Vielmehr sei eine Veräußerung des Hofes zu einem angemessenen Preis ohne Gefährdung eigener Interessen möglich gewesen. Ein lebzeitiges Eigeninteresse scheide daher aus.

Nach Ansicht des Bundesgerichtshofs war ein lebzeitiges Eigeninteresse in zweifacher Hinsicht denkbar. Zum einen, wenn der Kläger mehrmals seine Arbeit auf dem Hof ohne hinreichenden Grund eingestellt und sich dadurch für die mit dem Abschluss des Erbvertrages beabsichtigte Sicherung der Al-

---

[808] LM Nr. 6 zu § 2301 BGB.

tersversorgung als unzuverlässig erwiesen habe[809]. Zum anderen liege ein lebzeitiges Eigeninteresse vor, wenn der Kläger die Arbeit auf dem Hof zwar nicht aus eigenem Willensentschluss grundlos aufgegeben habe, er aber die für die Erblasserin bestehende Konfliktsituation – den Hof an eine andere Person zu verkaufen oder nach langjähriger Ehe von ihrem Mann verlassen zu werden - schuldhaft herbeigeführt habe. In beiden Fällen sei die Erblasserin auch unter Inkaufnahme eines geringeren Entgelts berechtigt gewesen, den Hof an einen Käufer zu veräußern, zu dem sie Vertrauen hatte und mit dem ein friedliches Zusammenleben auf dem Hof möglich erschien. Etwas anderes gelte, wenn der Ehemann der Erblasserin aufgrund eines nachträglichen Sinneswandels nicht mehr gewollt habe, dass der Kläger auf dem Hof weiter mitarbeite und Erbe des Hofes werden solle, ohne dass der Kläger ihm hierfür hinreichenden Anlass gegeben habe. Dann wäre die Erblasserin verpflichtet gewesen, einen günstigeren Vertrag über den Verkauf des Hofes abzuschließen[810]. Ein lebzeitiges Eigeninteresse an einer Schenkung an den Beklagten könne in diesem Fall nur dann bejaht werden, wenn es der Erblasserin nicht möglich gewesen wäre, in zumutbarer Zeit einen günstigeren Vertrag über den Verkauf des Hofes abzuschließen. Da die bisherigen Feststellungen des OLG nicht ausreichten, um ein lebzeitiges Eigeninteresse zu verneinen, verwies der IV. Zivilsenat die Sache an das OLG zurück.

Bei der Zusammenfassung der Ausführungen des Bundesgerichtshofs in beiden Entscheidungen zu § 2287 BGB fällt auf, dass der IV. Zivilsenat sein Augenmerk nicht auf die positive Feststellung eines Missbrauchs der lebzeitigen Verfügungsfreiheit legte. Er prüfte vielmehr, ob sich für das Verhalten des Erblassers eine Rechtfertigung in Form eines lebzeitigen Eigeninteresses finden ließ. Dies trat in den Entscheidungen vom 5. Juli 1972 und 28. März 1973 noch nicht so offensichtlich zu Tage. Durch diese Vorgehensweise rückt der Bundesgerichtshof den erbvertraglich gebundenen Erblasser in die Nähe eines Vorerben. Schenkungen des Vorerben sind gerechtfertigt, wenn durch sie „einer sittlichen Pflicht oder einer auf den Anstand zu nehmenden

809 FamRZ 1977, 539, 540.

810 FamRZ 1977, 539, 541.

Rücksicht entsprochen wird", § 2113 Abs. 2 S. 2 BGB. Verfügt der erbvertraglich gebundene Erblasser über einen wesentlichen Vermögensbestandteil, bedarf es nach Auffassung des Bundesgerichtshofs der Rechfertigung durch ein lebzeitiges Eigeninteresse. Die bisher zum lebzeitigen Eigeninteresse entschiedenen Fälle betonten, es müsse sich um ein „beachtenswertes"[811] bzw. „anzuerkennendes"[812] Eigeninteresse handeln. Diese Einschränkung lässt eine strenge Handhabung des Kriteriums durch den Bundesgerichtshof vermuten. Die weitere Entwicklung in der Rechtsprechung bestätigt diesen Eindruck. Nun mag man gegen die hier vertretene These – der erbvertraglich gebundene Erblasser wird durch die BGH-Rechtsprechung in die Nähe eines Vorerben gerückt – einwenden, dass der Bundesgerichtshof den Kreis missbilligter Schenkungen bei § 2287 BGB auf solche eingrenzt, bei denen wesentliche Vermögensbestandteile übertragen werden. Dies ändert aber nichts an dem Umstand, dass in beiden Fällen nicht der Missbrauch, sondern eine Rechtfertigung nachgewiesen werden muss. Diese in ihren Grundzügen vergleichbare Rechtspraxis ist kaum zu vereinbaren mit dem Umstand, dass der Vertragserbe nach allgemeiner Ansicht im Gegensatz zum Nacherben keine rechtlich gesicherte Anwartschaft, sondern nur eine Hoffnung erwirbt. Zudem ist die Unwirksamkeit einer den Nacherben beeinträchtigenden Schenkung gem. § 2113 Abs. 2 S. 1 BGB als Regelfall anzusehen. Dies ergibt sich aus Systematik von § 2113 Abs. 1 und Abs. 2[813]. Schenkungen nach § 2287 BGB sollen nach Wortlaut und Normvorstellungen des historischen Gesetzgebers aber nur ausnahmsweise einen Bereicherungsanspruch des Vertragserben nach sich ziehen. Der Gesetzgeber hat sich bei § 2287 BGB gegen die Aufnahme eines dem § 2113 Abs. 2 S. 2 BGB entsprechenden Rechtfertigungs-Passus entschieden[814], da das Gesetz „eine so weitgehende

---

811 BGHZ 59, 343, 352.

812 BGHZ 59, 343, 352; FamRZ 1977, 539; BGHZ 66, 8, 15; WM 1977, 201, 202.

813 Dies ergibt sich aus der Formulierung in Abs. 2 „Ausgenommen sind nur ...".

814 § 1952 Abs. 3 E 1 enthielt noch einen solchen Passus: „Auf Schenkungen, welche durch eine sittliche Pflicht oder die auf den Anstand zu nehmende Rücksicht gerechtfertigt erscheinen, finden die Vorschriften des Abs.1 und Abs. 2 keine Anwendung". Die zweite Kommission entschied sich mehrheitlich gegen die Aufnahme einer solcher Formulierung: „ ... diese Auffassung werde dem Wesen des Erbvertrages nicht gerecht.

Beschränkung der persönlichen Freiheit nicht begünstigen" dürfe. Das Kriterium des „lebzeitigen Eigeninteresses" kommt der Beschränkung des § 2113 Abs. 2 S. 2 BGB aber sehr nahe.

4. Urteil[815] vom 12. Juni 1980 - IVa ZR 5/80

In der Entscheidung vom 12. Juni 1980 erklärte der Bundesgerichtshof, die Einsicht des Erblassers, seine Ehefrau in seinen Verfügungen von Todes wegen unzureichend bedacht zu haben, stelle für sich allein kein billigenswertes lebzeitiges Eigeninteresse dar[816]. Allerdings sei eine Schenkung zugunsten der Ehefrau gerechtfertigt, wenn diese mit dem Erblasser zuvor einen Erb- und Pflichtteilsverzichtsvertrag geschlossen habe und die Schenkung den Wert des Pflichtteils nicht übersteige. In diesem Fall könnten die Vertragserben den Schutz des § 2287 BGB insoweit nicht beanspruchen, wie die Rechte des Erblassers aus § 2351 BGB reichten[817].

In dem vom Bundesgerichtshof zu entscheidenden Fall hatte der Erblasser seine drei Söhne erbvertraglich als Erben eingesetzt. Später wandte er seiner zweiten Ehefrau, der Beklagten, einen Geldbetrag in Höhe von 45.000 DM sowie ein Hausgrundstück zu. Diese hatte bereits vor Abschluss des Erbvertrages auf ihre Erb- und Pflichtteilsansprüche verzichtet. Die auf Herausgabe des Grundstücks und Bewilligung der Grundbuchberichtigung sowie Zahlung einer Geldsumme gerichtete Klage ist vom Landgericht und Oberlandesgericht abgewiesen worden. Die Revision des Klägers führte zur Aufhebung und Zurückweisung.

Das Berufungsgericht erachtete die wirtschaftliche Sicherung der Beklagten im Hinblick auf die finanziellen Verhältnisse des Erblassers als unzureichend. Der Erblasser habe daher zu Recht Anlass gehabt, sich um die Sicherung seiner Ehefrau Sorgen zu machen. Hiergegen wandte sich der Bundesgerichtshof. Der Erblasser und die Beklagte hätten bei Vereinbarung des Erbverzichts eine Versorgung der Beklagten durch eine monatliche Rente von 450 DM für ausreichend gehalten, den Betrag noch vor Abschluss des

---

Der Erblasser denke jedenfalls beim Abschluß des Vertrages nicht daran, sich in dieser Weise dem Vertragserben zu unterwerfen", Protokolle II, S. 7284.

815 BGHZ 77, S. 264-273.

816 BGHZ 77, 264, 268. Dieselbe Auffassung hatte der Bundesgerichtshof bereits in der Entscheidung vom 12./15. November 1976 – IV ZR 81/75, WM 1977, S. 201-202, vertreten.

817 BGHZ 77, 264, 268.

Erbvertrages auf 700 DM heraufgesetzt und „durch Anbindung dieses Betrages an den Lebenshaltungsindex mit Hilfe einer Gleitklausel einer schleichenden Entwertung dieser Rente vorgebeugt". Da eine Änderung der versorgungsrelevanten Umstände nicht eingetreten sei, könnten die Schenkungen nur auf einen Sinneswandel des Erblassers zurückgeführt werden. Ein lebzeitiges Eigeninteresse scheide aus[818].

Der Bundesgerichtshof sah die Besonderheit des Falles darin, dass die Beklagte gemäß § 2346 BGB auf ihr gesetzliches Erbrecht verzichtet hatte. Zur Frage, ob ein Erbverzicht eines Pflichtteilsberechtigten den Vertragserbenschutz aus § 2287 BGB einschränke, führte der Senat aus:

> „Der Erbverzicht kann gemäß § 2351 BGB durch Vertrag zwischen dem Erblasser und dem Verzichtenden jederzeit wieder aufgehoben werden. Der Verzichtende erlangt dadurch dieselbe Stellung wieder, die er ohne den Erbverzicht hatte. Das gilt auch dann, wenn der Erblasser in der Zwischenzeit die Erbfolge – wie im vorliegenden Fall - durch Erbvertrag festgestellt hatte. Die Beklagte wäre in einem solchen Fall durch die Aufhebung des Erbverzichts selbstverständlich nicht Erbin geworden, hätte aber jedenfalls ihren Pflichtteil beanspruchen können, und zwar ohne daß der Kläger und seine Brüder daran etwas ändern hätten können"[819].

Zwar hatten der Erblasser und die Beklagte nicht von ihrem Recht aus § 2351 BGB Gebrauch gemacht. Dies dürfe, so der Bundesgerichtshof, dem Kläger und seinen Brüdern aber nicht zugute kommen. Auch in einem solchen Fall müssten deren Rechte aus § 2287 BGB insoweit zurücktreten, wie dem Erblasser der Weg aus § 2351 BGB offengestanden hätte[820].

---

818 BGHZ 77, 264, 268. Der Bundesgerichtshof ging allerdings nicht auf die Frage ein, ob die Sicherstellung der Altersversorgung eines Dritten überhaupt ein lebzeitiges Eigeninteresse begründen kann.

819 BGHZ 77, 264, 269 f.

820 BGHZ 77, 264, 270.

Diese Rechtsauffassung ist im Schrifttum[821] teilweise kritisiert worden. Einige Autoren stufen den Vertrag über die Aufhebung eines Erbverzichts wegen seiner Wirkung auf die Erbfolge als Verfügung von Todes wegen ein[822]. Ein Aufhebungsvertrag sei bei bestehendem Erbvertrag gemäß § 2289 Abs. 1 S. 2 BGB unwirksam. Deshalb könne eine Kürzung des Bereicherungsanspruchs des Vertragserben aus § 2287 BGB nicht mit dem Hinweis auf die Aufhebungsmöglichkeit nach § 2351 BGB gerechtfertigt werden[823].

Der Kritik kann nicht gefolgt werden. Durch den Vertrag im Sinne des § 2351 BGB heben die Parteien eine zuvor geschlossene rechtsgeschäftliche Vereinbarung (Erbverzicht) gemeinschaftlich auf und stellen damit im Ergebnis nur den status quo ante wieder her[824]. Eine darüber hinausgehende Gestaltungswirkung kommt dem Aufhebungsvertrag nicht zu[825]. Die Aufhebung eines Erbverzichtsvertrages stellt keine Verfügung von Todes wegen dar. Dass der Gesetzgeber keine andere Sichtweise vertreten hat, zeigt die Systematik der Art. 214 Abs. 1, 217 Abs. 2 EGBGB. Gemäß Art. 214 Abs. 1 EGBGB ist die vor dem Inkrafttreten des BGB erfolgte Errichtung oder Aufhebung einer Verfügung von Todes wegen nach dem bisherigen Recht zu beurteilen. Nach Art. 217 Abs. 2 EGBGB richtet sich die Auf-

---

821 Soergel-Wolf, 11. Auflage, § 2287 Rn. 8; Hülsmeier, NJW 1981, 2043 f.; Strunz, Der Anspruch des Vertragserben wegen beeinträchtigender Schenkungen - § 2287 BGB, S. 112 f.; Meincke, DStR 1981, 523, 528.

822 Hülsmeier, NJW 1981, 2043; Meincke, DStR 1981, 523, 528; vgl. Soergel-Wolf, 11. Auflage, § 2287 Rn. 8.

823 Hülsmeier, NJW 1981, 2043, 2044. Wolf vertrat in der 11. Auflage des Kommentars von Soergel die Rechtsauffassung, dass die Aufhebung des Erbverzichts gemäß § 2351 BGB nur dann ausnahmsweise die Beeinträchtigungsabsicht beseitige, wenn sich die Verhältnisse des Erblassers oder der von ihm bedachten Personen nachträglich geändert haben. Als Beispiel für die nachträgliche Änderung der Verhältnisse nannte er das Anfechtungsrecht nach § 2281 BGB, in: Soergel, 11. Auflage, § 2287 Rn. 8.

824 Bei einem Verzicht auf die gesetzliche Erbfolge bewirkt die Aufhebung den Eintritt der gesetzlichen Erbfolge bzw. der Pflichtteilsberechtigung des Verzichtenden. Bei einem Verzicht im Sinne des § 2352 S. 2 BGB wird der Verzichtende wieder Erbe bzw. Vermächtnisnehmer, MüKo-Strobel, 3. Auflage, § 2351 Rn. 4.

825 So auch Strunz, Der Anspruch des Vertrags- und Schlusserben wegen beeinträchtigender Schenkungen - § 2287 BGB, S. 112 Fn. 5.

hebung eines Erbverzichtsvertrages ebenso nach bisherigem Recht. Der Vorschrift des Art. 217 Abs. 2 EGBGB kommt aber nur dann ein eigener Anwendungsbereich gegenüber Art. 214 Abs. 1 EGBGB zu, wenn man die Aufhebung eines Erbverzichtsvertrages als lebzeitiges Rechtsgeschäft und nicht als Verfügung von Todes wegen begreift[826].

Die vom Bundesgerichtshof vertretene Rechtsansicht hat aber noch in anderer Hinsicht Kritik erfahren. Strunz argumentiert, ein formgerecht erklärter Erbverzicht schaffe gegenüber dem Vertragserben einen Vertrauenstatbestand. Der Erblasser sei daher aufgrund der gebotenen Vertragstreue verpflichtet, den Vertrauenstatbestand in der dafür vorgeschriebenen Form zu beseitigen, damit sich der Vertragserbe auf die veränderten Umstände einstellen könne[827]. Nach Ansicht von Strunz hätte der Erblasser den Erbverzicht durch Vertrag mit dem Verzichtenden aufheben müssen. Dies überzeugt nicht. Der Erbvertrag lässt zu Lebzeiten des Erblassers keine Rechtsposition des Vertragserben entstehen, die Rechte und Pflichten begründet[828]. Der Erblasser ist daher nicht verpflichtet, sein Vermögen zu erhalten bzw. dem Vertragserben vermögensmindernde Maßnahmen anzuzeigen. Hieran ändert auch ein vorangegangener Erbverzicht nichts.

---

826 Quantius, Die Aufhebung des Erbverzichts, S. 36 f. Nicht überzeugen kann dagegen das von Quantius aufgeführte Symmetrieargument (S. 37 f.). Danach könne die Erbverzichtsaufhebung schon deswegen keine Verfügung von Todes wegen sein, weil der Erbverzicht nach allgemeiner Meinung ein lebzeitiges Rechtsgeschäft sei und der actus contrarius (Erbverzichtsaufhebung) grundsätzlich die Rechtsnatur des durch ihn aufgehobenen Rechtsaktes teile. Dass das Symmetrieargument im Rahmen der Verfügungen von Todes wegen keine brauchbaren Ergebnisse liefert, zeigt eine Übertragung auf den Erbvertrag. Der Erbvertrag stellt nach allgemeiner Auffassung eine Verfügung von Todes wegen dar. Nach Auffassung von Quantius müsste der Aufhebungsvertrag nach § 2290 BGB ebenso eine Verfügung von Todes darstellen. Von seinen Rechtswirkungen unterscheidet sich der Aufhebungsvertrag eines Erbvertrages aber nicht von der Erbverzichtsaufhebung. Das Symmetrieargument würde also die Rechtsnatur der Aufhebung eines Erbverzichts anders als die Aufhebung eines Erbvertrages beurteilen. Dies ist aber nicht damit zu vereinbaren, dass beide Rechtsfiguren letztlich denselben Zustand wiederherstellen.

827 Siehe Fn. 821.

828 MüKo-Musielak, 3. Auflage, Vor § 2274 Rn. 3.

5. Urteil[829] vom 23. September 1981 - IVa ZR 185/80

Das Urteil vom 23. September 1981 erlangte für mehrere in Zusammenhang mit § 2287 BGB stehende Rechtsfragen Bedeutung. Der Bundesgerichtshof stellte erstmalig fest, dass es sich bei den Kriterien der Beeinträchtigungsabsicht und des Missbrauchs der lebzeitigen Verfügungsfreiheit um zwei getrennt voneinander zu prüfende Tatbestandsmerkmale handelt:

> „Benachteiligungsabsicht im Sinne der neueren Rechtsprechung des Bundesgerichtshofes ist mit der Absicht, den Beschenkten zu begünstigen, meist untrennbar verbunden und daher – vielleicht von Ausnahmefällen abgesehen – in einer solchen Lage praktisch immer gegeben ... . Dennoch greift die Vorschrift nicht bei (fast) jeder Schenkung dieser Art ein. Erforderlich ist vielmehr **zusätzlich**, daß der Erblasser das ihm verbliebene Recht zu lebzeitigen Verfügungen (§ 2286 BGB) mißbraucht hat“[830].

Neben dieser Klarstellung führte der erkennende Senat aus, dass der Schutzbereich des § 2287 BGB nicht weiterreichen könne als die erbvertragliche Bindung. Die Vorschrift greife nicht, wenn „die berechtigte Erberwartung des Vertragserben nicht geschmälert wird“. Ist etwa ein Erblasser berechtigt, sein Vermögen durch Verfügung von Todes wegen unter den Parteien zu verteilen, so solle er dies auch zu Lebzeiten im Wege der vorweggenommenen Erbfolge tun dürfen[831]. Schließlich nahm der Bundesgerichtshof in der Entscheidung zum Inhalt des Anspruchs aus § 2287 BGB bei einer gemischten Schenkung Stellung.

In dem der Entscheidung zugrundeliegenden Fall hatten sich der Erblasser und seine vorverstorbene Ehefrau gegenseitig zu Alleinerben und die Parteien zu Schlusserben eingesetzt. Der Überlebende sollte berechtigt sein, „die Verteilung unter den Söhnen zu bestimmen“. Aufgrund eines notariellen Vertrages übertrug der Erblasser den größten Teil seines Grundbesitzes auf den Beklagten und behielt sich den Nießbrauch vor. Der Beklagte verpflichtete sich als Gegenleistung zur Pflege und zur Zahlung einer monatlichen Rente. Der Kläger begehrte von dem Beklagten einen Hälfteanteil an den vorhandenen Grundstücken sowie die Hälfte des Erlöses für ein weiterveräußertes Grundstück. Das

[829] BGHZ 82, S. 274-282.

[830] BGHZ 82, 274, 282.

[831] BGHZ 82, 274, 278.

Landgericht und das Oberlandesgericht haben der Klage stattgegeben. Die Revision des Beklagten führte zur Aufhebung und Zurückweisung.

Das Berufungsgericht hatte die Erbeinsetzung der Parteien als bindend eingestuft. Seiner Ansicht nach genoß der Kläger den Schutz des § 2287 BGB. Gegen eine uneingeschränkte Anwendung des § 2287 BGB wandte sich der Bundesgerichtshof. Im vorliegenden Fall sei zu berücksichtigen gewesen, dass der Erblasser die Grundstücke nicht an einen „Außenstehenden" weggab, sondern diese ausdrücklich im Wege vorweggenommener Erbfolge auf einen der beiden Schlusserben übertragen habe. Der Erblasser sei aufgrund des gemeinschaftlichen Testaments berechtigt gewesen, sein Vermögen unter den Söhnen zu verteilen. Dieses habe er auch im Wege einer vorweggenommenen Erbfolge tun können. Nach Ansicht des Bundesgerichtshofs verstößt ein Erblasser dann nicht gegen erbrechtliche Bindungen, wenn er die Hälfte seines Vermögens bei Lebzeiten auf einen der Schlusserben übertrage und zugunsten des anderen eine „Ausgleichsanordnung"[832] vornehme. Die im Übertragungsvertrag verwendete Formulierung „im Wege der vorweggenommenen Erbfolge" sei als eine solche Anordnung im Sinne der §§ 2052, 2050 Abs. 3 BGB zu verstehen. Unter diesen Umständen komme für § 2287 BGB von vornherein nur der Mehrbetrag in Betracht, „um den der Wert der dem Beklagten übereigneten Grundstücke ... den ihm zukommenden Anteil am Vermögen des Erblassers und also den für den Kläger verbleibenden Nachlaß übersteigt"[833]. Nur diesem Mehrbetrag seien die vom Beklagten zu erbringenden Gegenleistungen gegenüberzustellen. Ob und welcher Betrag dabei als auszugleichende Schenkung im Sinne von § 2287 BGB übrig bleibt, müsse vom Berufungsgericht geprüft werden.

Der Bundesgerichtshof wies darauf hin, dass ein möglicher Anspruch aus § 2287 BGB entgegen der Auffassung des Oberlandesgerichts nicht auf Übertragung eines Miteigentumsanteils an den Grundstücken gehen könne. Hierzu führte der IVa. Zivilsenat im Einzelnen aus:

---

[832] In der Entscheidung vom 12. Oktober 1988 korrigierte sich der Bundesgerichtshof und erklärte, dass es statt „Ausgleichsanordnung" „Ausgleichungsanordnung" heißen müsse, FamRZ 1989, 175.

[833] BGHZ 82, 274, 278 f.

„Das Berufungsgericht hat hier nicht berücksichtigt, daß der Erblasser das Recht hatte, dem Beklagten bestimmte Grundstücke durch Teilungsanordnung (§ 2048 Satz 1 BGB) zuzuweisen. Infolge der eingetretenen erbrechtlichen Bindungen konnte der Erblasser dadurch allerdings keine Verschiebung der den Parteien zukommenden Erbquoten von je ½ erreichen. Trotzdem war der Erblasser nicht gehindert, dem Beklagten gegebenenfalls auch mehr Grundstücke zukommen zu lassen, als dem Wert seines Erbteils entsprach; Voraussetzung dafür war lediglich, daß er dem Beklagten gleichzeitig auferlegte, dem Kläger einen entsprechenden Ausgleich – etwa in Form von Geldzahlungen – zukommen zu lassen. Mit solchen Zahlungen aus dem Vermögen des Beklagten hätte der Kläger sich gegebenenfalls begnügen müssen“[834].

Da der Erblasser keine Teilungsanordnung durch letztwillige Verfügung getroffen habe, sondern sein Vermögen schon zu Lebzeiten geteilt habe, habe er die Auseinandersetzung unter den Miterben zwar bereits teilweise vorweggenommen. Hierdurch sei die Rechtsstellung des Beklagten aber nicht schwächer, als wenn sich der Erblasser auf eine entsprechende Teilungsanordnung beschränkt hätte. Da dem Beklagten auch im Falle einer testamentarischen Teilungsanordnung nur ein Geldanspruch zugestanden hätte, könne sich der Anspruch aus § 2287 BGB nicht auf einen Miteigentumsanteil an den übereigneten Grundstücken erstrecken[835]. Der Bundesgerichtshof modifizierte damit seine bisher in ständiger Rechtsprechung vertretene Rechtsauffassung, nach der es für den Inhalt eines Anspruchs aus § 2287 BGB bei einer gemischten Schenkung darauf ankommt, ob der unentgeltliche Teil oder der entgeltliche Teil eines lebzeitigen Rechtsgeschäfts überwiegt.

Das Urteil hat im Schrifttum vereinzelt[836] Widerspruch erfahren. Schubert wandte sich gegen die vom Bundesgerichtshof vorgenommene Aufteilung der vorweggenommenen Erbfolge in einen von § 2287 BGB erfassten und

---

[834] BGHZ 82, 274, 279.

[835] BGHZ 82, 274, 280.

[836] Schubert, JR 1982, 155 f.; Johannsen, WM 1982, Sonderbeilage Nr. 2, S. 13 f.; gegen die Anwendung des § 2287 BGB auf den vorliegenden Fall: Kuchinke, JuS 1988, 853, 855.

einen außerhalb des Schutzzwecks der Norm stehenden Teil. Zur Begründung verwies er auf die hieraus im Einzelfall resultierende Benachteiligung des Vertragserben. Zudem erhob er gegen die rechtliche Begründung des Bundesgerichtshofs Bedenken. Schubert bezweifelt, dass die in einer bindenden Verfügung enthaltene Berechtigung, Teilungsanordnungen zu treffen, gleichzeitig das Recht beinhalte, die Verfügung durch vorweggenommene Erbfolge zu treffen[837]. Eine Teilungsanordnung schmälere den Nachlass noch nicht unmittelbar, sondern beinhalte nur eine schuldrechtliche Verpflichtung der Miterben. Eine Verteilung im Wege der vorweggenommenen Erbfolge könne hingegen trotz angeordneter Ausgleichspflicht im Hinblick auf § 2056 BGB sehr wohl zu einer Beeinträchtigung eines Vertragserben führen[838]. Kuchinke dagegen sah den Anwendungsbereich der Norm in der vorliegenden Entscheidung nicht eröffnet. Er legte die im Übertragungsvertrag verwendete Klausel „im Wege der vorweggenommenen Erbfolge“ nicht wie der Bundesgerichtshof als Ausgleichungsanordnung im Sinne von § 2050 Abs. 3 BGB aus, sondern als „rechtsgeschäftliche, auf den Tod des Erblassers betagte Einräumung des Anspruchs auf Wertausgleich“ gemäß §§ 328, 331 BGB[839].

Nach der Zurückweisung an das Oberlandesgericht hatte der Bundesgerichtshof in dem Urteil vom 12. Oktober 1988[840] erneut über die Sache zu entscheiden. Er bestätigte seine in dem Urteil vom 23. September 1981 vertretene Rechtsauffassung. Zu der Kritik Schuberts und Kuchinkes nahm er nicht Stellung. Der Senat forderte für die Anwendbarkeit des § 2287 BGB die objektive Beeinträchtigung berechtigter Erwartungen eines Vertrags- oder Schlusserben durch den Erblasser. Für den konkreten Fall bedeute dies:

---

[837] Ebenso Johannsen, WM 1982, Sonderbeilage Nr. 2, S. 14.

[838] JR 1982, 155, 156. Gegen diese Auffassung wandte sich Musielak. Seiner Meinung nach ist § 2056 BGB nach dem von der Norm verfolgten Zweck gar nicht anzuwenden, wenn der Erblasser mit einem Miterben vereinbart, dass dieser im Zeitpunkt des Erbfalls Zahlungen zum Ausgleich lebzeitiger Zuwendungen an andere Miterben leisten soll, FamRZ 1989, 175, 176.

[839] JuS 1988, 853, 855.

[840] FamRZ 1989, S. 175-176.

„Reicht der Nachlaß aus, die Parteien mit Hilfe der Ausgleichung völlig gleichzustellen, dann bleibt für § 2287 BGB kein Anwendungsbereich übrig, eben weil die „berechtigten Erberwartungen“ des Klägers nicht beeinträchtigt sind. Lediglich soweit eine derartige Gleichstellung der Parteien mit Hilfe der Ausgleichung noch nicht erreicht werden kann (weil der Nachlaß dafür nicht ausreicht), kommt § 2287 BGB („wegen des Mehrbetrages“) zur Stützung des Klageantrags überhaupt nur in Betracht“[841].

Ob und in welchem Umfang der Kläger bei Berücksichtigung der Ausgleichung durch die Grundstücksübertragungen an den Beklagten im Sinne von § 2287 BGB überhaupt beeinträchtigt sei, müsse vom Berufungsgericht nachgeprüft werden[842]. Aus diesem Grunde verwies der Bundesgerichtshof die Sache wiederum an das Oberlandesgericht zurück.

6. Urteil[843] vom 27. Januar 1982 - IVa ZR 240/80

In BGHZ 88, 44 prüfte der IVa. Zivilsenat, ob ein lebzeitiges Eigeninteresse auch dann zum Ausschluss des § 2287 BGB führt, wenn es schon vor Abschluss des Erbvertrages vorhanden war. Zudem beschäftigte er sich mit den Auswirkungen einer Zustimmung des Vertragserben zu einer benachteiligenden lebzeitigen Schenkung.

In dem der Entscheidung zugrundeliegenden Sachverhalt hatte die Erblasserin mit ihrem Bruder und dessen Ehefrau einen Verpflegungs- und Erbvertrag geschlossen, in dem die Klägerin zur befreiten Vorerbin eingesetzt wurde. Später überwies die Erblasserin an die Beklagte einen Betrag in Höhe von 60.000 DM. Die Klägerin verlangte die Rückzahlung des Geldes nebst Zinsen mit der Begründung, die Erblasserin habe der Beklagten das Geld in Benachteiligungsabsicht geschenkt. Landgericht und Oberlandesgericht haben der Klage stattgegeben. Die Revision der Beklagten hatte keinen Erfolg.

Der Bundesgerichtshof führte in dem Urteil vom 27. Januar 1982 aus, dass der Tatrichter bei der Prüfung des Kriteriums „lebzeitiges Eigeninteresses“ eine Abwägung zwischen der Bindung des Erblassers an den Erbvertrag einerseits und den Gründen für die Benachteiligung andererseits vornehmen

---

[841] FamRZ 1989, 175.

[842] FamRZ 1989, 175, 176.

[843] BGHZ 83, S. 44-51.

müsse. Erscheine danach die Schenkung als billigenswert und gerechtfertigt, greife § 2287 BGB nicht ein. Entgegen der Rechtsauffassung des Berufungsgerichts könne ein lebzeitiges Eigeninteresse, das nicht erst nach Vertragsschluss entstanden sei, sondern bereits vorher vorhanden gewesen sei, die Benachteiligung im Einzelfall rechtfertigen. Das Bedürfnis alleinstehender Erblasser nach einer Altersversorgung werde erfahrungsgemäß für den Einzelnen im Laufe der Jahre immer dringender und gewichtiger. Zum lebzeitigen Eigeninteresse in Form einer sittlichen Verpflichtung führte der Bundesgerichtshof aus:

> „Etwas grundsätzlich anderes kann auch nicht angenommen werden, wenn das lebzeitige Eigeninteresse, um dessen Anerkennung es geht, - wie hier – in der Erfüllung einer sittlichen Verpflichtung des Erblassers liegen soll. ... Richtig ist allerdings, daß es (das Gewicht und) die rechtfertigende Kraft, sittlicher Gründe im allgemeinen erheblich mindern wird, wenn der Erblasser sich über sie bei Abschluß des Erbvertrages selbst hinweggesetzt“[844].

Der Bundesgerichtshof ließ es dahingestellt, ob eine sittliche Verpflichtung der Erblasserin gegenüber der Beklagten bestand. Das Gewicht der sittlichen Gründe sei jedenfalls nicht groß genug gewesen, um die benachteiligende Schenkung zu rechtfertigen. Der IVa. Zivilsenat gelangte also zu dem Ergebnis, dass sich die Schenkung als Missbrauch der lebzeitigen Verfügungsfreiheit darstellte.

An diesem Ergebnis ändere auch der vom Berufungsgericht festgestellte Umstand nichts, dass sich die Mutter der im Zeitpunkt der Verfügung minderjährigen Klägerin mit der benachteiligenden Schenkung einverstanden erklärt habe. Die erbvertragliche Bindung sei weder nach § 2290 BGB noch nach § 2352 BGB aufgehoben worden. Zwar werde im Zusammenhang mit § 2287 Abs. 1 BGB diskutiert, ob sich der Bedachte „mit und infolge seiner – wenn auch formlosen – Zustimmung außerhalb des Schutzes stellt, der ihm gemäß

[844] BGHZ 83, 44, 46.

§ 2287 BGB an sich zukommt“[845]. Auf eine vertiefte Auseinandersetzung mit dieser Frage kam es nach Ansicht des Bundesgerichtshofs nicht an, da jedenfalls eine Genehmigung des Vormundschaftsgerichts notwendig gewesen wäre. §§ 2347 Abs. 1 a.F., 2352 S. 3 BGB bestimmten dies zwar ausdrücklich nur für einen Erbverzicht. Der vorliegende Fall sei aber einem partiellen Erbverzicht materiell vergleichbar, da „die formlose Zustimmung zu einer an sich unter § 2287 BGB fallenden Schenkung ..., wenn ihr rechtliche Wirkung zum Nachteil des Vertragserben zukommen sollte, nichts anderes als die Preisgabe eines Teiles seiner berechtigten Erberwartung“ sei[846].

7. Urteil[847] vom 28. September 1983 - IVa ZR 168/82

In dem Urteil vom 28. September 1983 bestätigte der IVa. Zivilsenat die in seiner Entscheidung vom 12. Juni 1980[848] vertretene Rechtsauffassung, wonach der Schutz des § 2287 BGB Einschränkungen erfahren solle, wenn es sich bei dem Beschenkten um einen Pflichtteilsberechtigten handelt. Der IVa. Zivilsenat hatte in dem Urteil vom 12. Juni 1980 über den Sonderfall entschieden, dass die Beschenkte vor Abschluss des Erbvertrages gemäß § 2351 BGB auf ihre Erb- und Pflichtteilsansprüche verzichtet hatte. Die vorliegende Entscheidung betrifft dagegen einen Sachverhalt, in dem der durch ein wechselbezügliches gemeinschaftliches Testament gebundene Erblasser eine Pflichtteilsberechtigte, seine zweite Ehefrau, beschenkte und hierdurch die als Schlusserbin eingesetzte Tochter benachteiligte. Im Leitsatz der Entscheidung heißt es:

> „Der Bereicherungsanspruch aus § 2287 BGB ist auf das beschränkt, was nach Begleichung des Pflichtteils übrig bleibt“.

Unter Berufung auf BGHZ 82, 274 stellte der Bundesgerichtshof fest, ein Anspruch aus § 2287 BGB könne nur soweit reichen, wie berechtigte Erber-

---

[845] BGHZ 83, 44, 49.

[846] BGHZ 83, 44, 50.

[847] BGHZ 88, S. 269-273.

[848] Siehe S. 228 ff.

wartungen des Vertragserben beeinträchtigt werden. Vertragserbe und Schlusserbe müssten bei ihrer Erberwartung mit Pflichtteilsansprüchen rechnen. Da sie diese „vorab zu erfüllen haben und ohne die beeinträchtigende Schenkung zu erfüllen hätten", seien sie von vornherein nicht im Sinne von § 2287 BGB beeinträchtigt, „soweit ein Geschenk des Erblassers an den Pflichtteilsberechtigten dessen Pflichtteil zu decken geeignet ist" [849]. Auf den konkreten Fall bezogen bedeute dies, wenn das Berufungsgericht bei erneuter Prüfung zu dem Ergebnis gelange, dass der Schenkung der Erblasserin kein lebzeitiges Eigeninteresse zugrunde lag, könne die aus § 2287 BGB berechtigte Klägerin ihren Herausgabeanspruch nur Zug um Zug gegen Zahlung des Pflichtteilsbeitrages geltend machen[850].

Das Urteil fügt sich reibungslos in die neue Linie des Bundesgerichtshofs zu § 2287 BGB ein, wonach der Vertragserbe nur im Rahmen seiner berechtigten Erberwartungen auf den Schutz des § 2287 BGB vertrauen dürfen solle. Zudem trägt die Entscheidung dem vom Bundesgerichtshof betonten Bedürfnis nach Pflichtteilsschutz zugunsten naher Angehöriger Rechnung. In BGHZ 88, 102 hatte der IVa. Zivilsenat hierzu ausgeführt:

> „Zweck des Pflichtteilsrechtes ist es, sogar gegen den Willen des Erblassers einen billigen Ausgleich für die von ihm bewußt übergangenen nächsten Angehörigen zu schaffen. Für Abkömmlinge, Ehegatte und Eltern des Erblassers soll ihre Beteiligung am Nachlaß zumindest in Gestalt einer Geldforderung sicher sein. ... Die Notwendigkeit, die nächsten Angehörigen zu schützen, stuft das Gesetz hoch ein. Nicht nur Beschränkungen und Beschwerungen wehrt es durch § 2306 BGB ab. Es trachtet sogar danach, den durch Zuwendungen geschmälerten Nachlaß mit der Ausgleichungspflicht des § 2316 und den Ergänzungsansprüchen der §§ 2325 ff. BGB wieder aufzufüllen, um jedenfalls auf diese Weise die genannte Beteiligung sicher und vorhersehbar zu machen"[851].

---

[849] BGHZ 88, 269, 272.

[850] BGHZ 88, 269, 273.

[851] BGHZ 88, 102, 106 f.

8. Urteil[852] vom 26. Februar 1986 - IVa ZR 87/84

In der Entscheidung vom 26. Februar 1986 setzte sich der Bundesgerichtshof mit der Frage auseinander, ob dem Vertragserben gegen den vom Erblasser Beschenkten ein Auskunftsrecht zusteht. In BGHZ 18, 67 hatte der IV. Zivilsenat erstmalig zu dieser Thematik Stellung genommen und dort einen Anspruch auf Auskunftserteilung des Vertragserben gegen den Beschenkten abgelehnt. Zur Begründung hatte der Bundesgerichtshof darauf verwiesen, dass zwischen dem Vertragserben und dem Beschenkten kein Rechtsverhältnis bestehe, aus dem eine Auskunftspflicht hergeleitet werden könne. Diese Rechtsauffassung hat in der damaligen Literatur überwiegend Zustimmung erhalten[853]. Diese herrschende Meinung wurde von Johannsen[854] und Stürner[855] Ende der siebziger Jahre in Frage gestellt. Während Stürner allgemein ein schutzwürdiges Informationsbedürfnis in den Fällen bejahte, „in denen Ansprüche gegen den vom Erblasser Beschenkten in Frage stehen"[856], beschränkte Johannsen seine Untersuchung auf die Zulässigkeit eines Auskunftsanspruchs des Vertragserben gegenüber dem Beschenkten. Er verwies auf die neuere Rechtsprechung des Bundesgerichtshofs zum Auskunftsrecht. Ihr liege die Tendenz zugrunde, „dem Berechtigten die Durchsetzung seiner Ansprüche zu erleichtern und ihm daher auch in annehmbaren Grenzen Auskunftsansprüche gegen den Verpflichteten zu geben". Diese Aussage stützte er auf die Entscheidungen BGHZ 58, 237 und BGHZ 61, 180. Die Erwägungen, die den Bundesgerichtshof in BGHZ 58, 237 bewogen, dem Nacherben gegenüber dem vom Vorerben Beschenkten einen Auskunftsanspruch zuzubilligen, greifen nach Ansicht Johannsens auch im Verhältnis zwischen Vertragserben und Beschenkten. In der von ihm

[852] BGHZ 97, S. 188-196.

[853] Nachweise in BGHZ 97, 188, 191.

[854] DNotZ 1977, Sonderheft, 69, 94 f.

[855] Die Aufklärungspflicht der Parteien im Zivilprozeß, S. 319 f.; ders. in: Jauernig, 1. Auflage, § 2287 Anm. 2 d.

[856] Die Aufklärungspflicht der Parteien im Zivilprozeß, S. 319; im Jahre 1979 bejahte Stürner den Auskunftsanspruch auch explizit für den Vertragserben, in: Jauernig, 1. Auflage, § 2287 Anm. 2 d.

zitierten Entscheidung hatte der Bundesgerichtshof die Gleichsetzung eines Nacherben mit einem pflichtteilsberechtigten Nichterben im Sinne des § 2314 BGB damit begründet, dass der Nacherbe Rechtshandlungen des Vorerben nicht anders gegenüberstehe als der Pflichtteilsberechtigte den Rechtshandlungen des Erblassers. Das für einen Auskunftsanspruch notwendige Rechtsverhältnis zwischen den Parteien werde bei Eintritt des Nacherbfalls durch eine nach § 2113 Abs. 2 BGB dem Nacherben gegenüber unwirksame unentgeltliche Zuwendung begründet[857]. Johannsen übertrug die Ausführungen des Bundesgerichtshofs auf das Verhältnis zwischen Vertragserben und Beschenkten und sprach sich im Ergebnis dafür aus, dem Vertragserben einen Auskunftsanspruch zur Durchsetzung seines Anspruchs aus § 2287 BGB zu geben[858]. Dieser Rechtsauffassung haben sich Teile der Literatur angeschlossen[859]. In dem Urteil vom 26. Februar 1986 schloss sich nunmehr auch der IVa. Zivilsenat des Bundesgerichtshofs dieser Ansicht an. Im Leitsatz der Entscheidung führte er aus:

> „Dem Vertragserben kann gemäß § 242 BGB ein Auskunftsrecht zustehen, wenn er die Voraussetzungen für das Bestehen eines Anspruchs aus § 2287 BGB hinreichend dargetan hat".

In dem entschiedenen Fall hatten sich Eheleute gegenseitig zu Alleinerben eingesetzt. Den Großneffen bestimmten sie zum Erben des Längstlebenden. Ersatzerben des Großneffen sollten seine Abkömmlinge, danach der Kläger sein. Nach dem kinderlosen Tod des Großneffen trat der Kläger als erbvertraglich berufener Ersatzerbe an dessen Stelle. Nach Ziffer V des Erbvertrages sollte der Beklagte vom Schlusserben in das Unternehmen als dem Erben gleichberechtigter persönlich haftender Gesellschafter aufgenommen werden. Einige Jahre nach Abschluss des Erbvertrages übertrug die Erblasserin den hälftigen Gesellschaftsanteil an der OHG zum Nominalwert an den Beklagten. Den ihr verbliebenen Hälfteanteil übertrug sie später an den Beklagten und seine ebenfalls beklagte Ehefrau. Als Gegenleistung hierfür wurde ihr Kapitalkonto in ein Darlehenskonto umgewandelt. Zur Verzinsung und Tilgung des Darlehens war monatlich ein Betrag in Höhe von 5.000 DM an die Erblasserin zu zahlen. Zudem erhielt sie für das Ausscheiden aus der OHG eine monatliche Rente in Höhe von 3.000 DM. Der Kläger sah die Übertragungen der

---

[857] BGHZ 58, 237, 239.

[858] DNotZ 1977, Sonderheft, 69, 95.

[859] Zum Zeitpunkt der Veröffentlichung der Entscheidung vertraten diese Auffassung neben Johannsen und Stürner: MüKo-Musielak, 1. Auflage, § 2287 Rn. 19; Soergel-Wolf, 11. Auflage § 2287 Rn. 14.

Unternehmensanteile als beeinträchtigende gemischte Schenkungen an. Zur Vorbereitung seines Anspruchs aus § 2287 BGB begehrte der Kläger Auskunft in Gestalt der Vorlage von zahlreichen Unterlagen hinsichtlich der Anteilsübertragungen. Das Landgericht gab der Klage teilweise statt. Auf die Berufung der beklagten Eheleute wurde die Klage vom Oberlandesgericht insgesamt abgewiesen. Die Revision des Klägers blieb erfolglos.

Das Berufungsgericht hatte offengelassen, ob der Vertragserbe überhaupt einen Auskunftsanspruch geltend machen kann. Der Bundesgerichtshof befasste sich eingehend mit dieser Frage. Seiner Meinung nach werde der Vertragserbe trotz der zugebilligten Beweiserleichterungen gegenüber dem vom Erblasser durch eine Schenkung Begünstigten nicht ausreichend geschützt. Um die Position des Vertragserben zu stärken, billigte der IVa. Zivilsenat dem Vertragserben unter engen Voraussetzungen ein Auskunftsrecht gegen den Beschenkten zu. Zur Begründung verwies er auf den Grundgedanken des auf § 242 BGB gestützten Auskunftsrechts. Danach solle derjenige geschützt werden, „dessen Berechtigung leerzulaufen droht, weil er in entschuldbarer Weise über die tatsächlichen Voraussetzungen des Anspruchs nicht unterrichtet ist, vielmehr nur sein Anspruchsgegner die erforderlichen Kenntnisse hat und sie unschwer mitteilen kann“[860]. Dieser Zweck greife auch bei dem Vertragserben, „der sein Erbe durch eine nach § 2287 BGB mißbilligte Zuwendung des Erblassers zu dessen Lebzeiten, von der der Vertragserbe häufig wenig weiß, bedroht sieht“[861]. Die Grenze der Zulässigkeit dieses Auskunftsrechts verlaufe da, wo die Ausforschung einer Schenkung im Vordergrund stehe. Voraussetzung für einen Auskunftsanspruch sei, dass der Berechtigte den Hauptanspruch schlüssig darlegen und substantiiert Tatsachen vortragen und beweisen kann, die greifbare Anhaltspunkte für eine beeinträchtigende Schenkung ergeben. Es müsse sich daher um eine Zuwendung handeln, „die unter solchen Umständen erfolgt, welche die Annahme nahe legen, es gehe mindestens teilweise um eine Schenkung, für die ein anerkennenswertes lebzeitiges Eigeninteresse nicht besteht“[862].

---

[860] BGHZ 97, 188, 192.

[861] BGHZ 97, 188, 192 f.

[862] BGHZ 97, 188, 193.

Diese Voraussetzungen sah der Bundesgerichtshof im vorliegenden Fall als nicht gegeben. Weder die erste noch die zweite Anteilsübertragung durch die Erblasserin würden beeinträchtigende Schenkungen darstellen. Hinsichtlich der ersten Übertragung gab der Bundesgerichtshof zu bedenken, dass der beklagte Ehemann einen entsprechenden Vermächtnisanspruch gegen den Schlusserben gehabt habe. Dem Vermächtnisnehmer gegenüber sei die für § 2287 BGB maßgebliche Erberwartung in gleichem Umfang beschränkt wie gegenüber dem Pflichtteilsberechtigten. Eine darüber hinaus gehende Beeinträchtigung liege nicht vor, zudem sei die Zuwendung von einem lebzeitigen Eigeninteresse gedeckt[863]. Als ein solches stufte der IVa. Zivilsenat den Willen der Erblasserin ein, dem Unternehmen und sich selbst den nach Meinung beider Erbvertragsparteien bewährten und zur Leitung befähigten Mitarbeiter zu erhalten. Auch der zweiten Anteilsübertragung liege ein lebzeitiges Eigeninteresse zugrunde. Welches dies war, ließ der Bundesgerichtshof offen. Er beschränkte sich vielmehr auf die Feststellung, dass das Berufungsgericht ein solches ohne erkennbare Wertungsfehler angenommen habe[864].

Die in der Entscheidung zum Auskunftsrecht des Vertragserben gemachten Ausführungen des Bundesgerichtshofs führten zu einem Umschwung in der herrschenden Lehre[865]. Zwar sahen einige Vertreter des Schrifttums die dogmatische Grundlage für den Auskunftsanspruch nicht in § 242 BGB, sondern in einer Analogie zu § 2028 BGB[866]. In der neueren Literatur finden sich aber keine Stimmen mehr, die sich gegen die Zulässigkeit eines Auskunftsanspruchs zugunsten des Vertragserben aussprechen. Sofern Kritik an der Auffassung des Bundesgerichtshofs geübt wird, so richtet sich diese

---

[863] BGHZ 97, 188, 195.

[864] BGHZ 97, 188, 196.

[865] Neben den in Fn. 859 Genannten vertraten diese Auffassung im Anschluss an das Urteil: Erman-Hense-Schmidt, 8. Auflage, § 2287 Rn. 11; Palandt-Edenhofer, 48. Auflage, § 2287 Anm. 3 b; Kipp/Coing, Erbrecht, 14. Auflage, § 38 IV 2 a; Brox, 11. Auflage, Rn. 158. Im neueren Schrifttum sind u.a. hinzugetreten: Staudinger-Kanzleiter, 13. Auflage, § 2287 Rn. 25; Reimann/Bengel-Mayer, 3. Auflage, § 2287 Rn. 103.

[866] Winkler v. Mohrenfels, NJW 1987, 2557, 2558; Loritz, Freiheit des gebundenen Erblassers und Schutz des Vertrags- und Schlusserben vor Zweitverfügungen, S. 161.

gegen die vom Bundesgerichtshof aufgestellten Voraussetzungen eines Auskunftsanspruchs, welche teilweise als zu streng empfunden werden[867].

9. Urteil[868] vom 23. April 1986 - IVa ZR 97/85

In dem der Entscheidung vom 23. April 1986 zugrundeliegenden Sachverhalt hatte der Erblasser eine Schenkung in Form eines Miteigentumsanteils an einem Hausgrundstück unter Nießbrauchsvorbehalt vorgenommen, um die Pflege und Betreuung seines debilen und alkoholsüchtigen Sohnes durch die Beklagte für die Zeit nach seinem Tod sicherzustellen. Der Bundesgerichtshof beschäftigte sich in dem Urteil nur am Rande mit § 2287 BGB, da das Berufungsgericht ein Vorbringen zur Anfechtung des gemeinschaftlichen Testaments, in welchem der Sohn zum Schlusserben eingesetzt wurde, nicht vollständig gewürdigt hatte. Erst wenn eine erneute Prüfung durch das OLG ergeben sollte, dass die Erbfolge nach dem gemeinschaftlichen Testament zu beurteilen ist, komme der Anspruch aus § 2287 BGB in Betracht. Nach Ansicht des IVa. Zivilsenats bedurfte es keiner Entscheidung darüber, ob es sich bei der geschilderten Motivation des Erblassers um ein lebzeitiges Eigeninteresse oder um ein postmortales Fremdinteresse handele. Zwar liege kein Missbrauch vor, wenn der Erblasser ein lebzeitiges Eigeninteresse an der Schenkung hatte. Das schließe aber nicht aus, dass ein Missbrauch im Einzelfall auch sonst verneint werden müsse. Dies gelte vor allem dann, wenn der Erblasser - wie in dem Fall festgestellt - die Schenkung vornahm, um die Interessen des begünstigten Vertragserben- oder Schlusserben wahrzunehmen.

Den Ausführungen des IVa. Zivilsenat kann nicht zugestimmt werden. In BGHZ 82, 274 hatte der Bundesgerichtshof ausgeführt, dass der Missbrauch der lebzeitigen Verfügungsfreiheit zu der Beeinträchtigungsabsicht hinzutreten müsse[869]. Legt man diese in späteren Urteilen[870] immer wieder bestätigte

---

[867] Loritz, Freiheit des gebundenen Erblassers und Schutz des Vertrags- und Schlusserben vor Zweitverfügungen, S. 161; Kuchinke, JZ 1987, 252. Beide kritisierten die Forderung des Bundesgerichtshofs, nur demjenigen ein Auskunftsrecht einzuräumen, der den Hauptanspruch schlüssig darlegen könne, da der Vertragserbe hierzu wegen fehlender Informationen gar nicht in der Lage sei.

[868] FamRZ 1986, S. 980-982.

[869] BGHZ 82, 274, 282.

Aussage zugrunde, bedarf es einer Missbrauchsprüfung nur, wenn zuvor eine Beeinträchtigungsabsicht festgestellt wurde. Ob letztere im konkreten Fall gegeben war, muss aber bezweifelt werden. Nach der vom Bundesgerichtshof aufgestellten These stehen Begünstigungs- und Beeinträchtigungsabsicht in der Regel in einem untrennbaren Zusammenhang. Diese These kann m.E. nach nur unter zwei Voraussetzungen Sinn machen. Erstens man versteht „Beeinträchtigungsabsicht" als direkten Vorsatz im Sinne eines sicheren Wissens (von der Beeinträchtigung)[871]. Zweitens Begünstigter und Geschädigter sind verschiedene Personen.

In der vorliegenden Entscheidung wollte der Erblasser durch die Schenkung nicht sich selbst oder einen Dritten begünstigen, sondern den Schlusserben selbst[872]. Damit ist die zweite Voraussetzung nicht erfüllt. Die Notwendigkeit einer solchen Bedingung ergibt sich aus folgender Überlegung: Wer durch eine Schenkung die Interessen eines anderen wahrnehmen will, kann nicht gleichzeitig wissen und erst recht nicht wollen, dass die entsprechende Verfügung den Betreffenden benachteiligt. In diesem Fall also von einer Beeinträchtigungsabsicht zu sprechen, würde der allgemeinen Lebenserfahrung widersprechen. Aus diesem Grunde hätte es einer Missbrauchsprüfung durch den Bundesgerichtshof nicht bedurft.

10. Urteil[873] vom 21. Juni 1989 - IVa ZR 302/87

Im Jahre 1989 bezog der Bundesgerichtshof erstmals höchstrichterlich zu dem Verhältnis von § 2287 BGB und § 826 BGB Stellung. Bisher wurde die Konkurrenzfrage in der Rechtsprechung nur am Rande behandelt. So hatte etwa das BayObLG in seinem Urteil vom 22. November 1902 obiter dictum die Aussage getätigt, § 826 BGB greife gegen den Beschenkten, wenn ein bewusstes Zusammenwirken zum Nachteil des Vertragserben festgestellt

870 Siehe u.a. BGH, NJW-RR 1986, 1135, 1136; BGH, FamRZ 1989, 175, 176; so auch OLG Düsseldorf, NJW-RR 1986, 806; OLG München, NJW-RR 1987, 1484, 1485.

871 Siehe S. 216 f.

872 Das hatte der Bundesgerichtshof ausdrücklich festgestellt, FamRZ 1986, 981, 982.

873 BGHZ 108, S. 73-81.

werden könne[874]. Der OGHBrZ führte in der Entscheidung vom 19. Mai 1949 aus, dass die §§ 138, 826 BGB im Einzelfall zu einem weiterreichenden Schutz des Vertragserben führen könnten[875]. Die wenigen entschiedenen Fälle verdeutlichen die geringe praktische Bedeutung der Problematik. Ungeachtet dessen hat sich in der Literatur seit Bestehen des BGB eine lebhafte Diskussion um das Verhältnis von § 826 BGB zu § 2287 BGB entfacht[876], wobei die zum Zeitpunkt der Urteilsverkündigung herrschende Lehre grundsätzlich ein Nebeneinander beider Normen befürwortete[877]. Der IVa. Zivilsenat ist dieser Auffassung nicht gefolgt. Im Leitsatz der Entscheidung vom 21. Juni 1989 führte er aus, § 2287 BGB gehe einem eigenen Anspruch des Vertragserben aus § 826 BGB als Sonderregelung vor. Das gelte auch bei kollusivem Zusammenwirken von Erblasser und einem Dritten. Der Bundesgerichtshof hatte über folgenden Sachverhalt zu entscheiden:

In einem Erbvertrag setzten sich die Großeltern der Kläger gegenseitig zu Alleinerben und den Vater der Kläger zum Erben des Überlebenden ein. Ersatzerben des vorverstorbenen Vaters sollten die Kläger sein. Nach dem Tod des Großvaters veräußerte die Erblasserin das Elternhaus unter Nießbrauchsvorbehalt an den Beklagten. Der Beklagte verpflichtete sich zu einer monatlichen Rentenzahlung. Nach dem Tod der Erblasserin begehrten die Kläger Grundbuchberichtigung und hilfsweise Grundstücksübereignung. Zur Begründung führten sie aus, der Beklagte habe die Sorge der Erblasserin um ihre Altersversorgung in vorsätzlich sittenwidriger Weise ausgenutzt. Landgericht und Oberlandesgericht haben der Klage auf Übereignung der Grundstücke stattgegeben. Die Revision führte zur Aufhebung des Urteils und zur Zurückweisung an das OLG.

Das Berufungsgericht sah den Anwendungsbereich von § 826 BGB als gegeben und dessen Voraussetzungen als erfüllt an. Der Beklagte und seine Ehefrau hätten die Erblasserin in eine psychische Zwangslage getrieben, in der sie ihren Grundbesitz übereilt und ohne wirtschaftliche Not an den Beklagten veräußert habe. Der Bundesgerichtshof wandte sich ungeachtet der Frage, ob im konkreten Fall eine Schenkung vorlag, gegen die Anwendung von § 826 BGB durch das OLG:

---

874 BayObLGZ 3, 964, 972.

875 OGHZ 2, 160, 163.

876 Für die Zeit bis 1970 vgl. Reubold, Die Aushöhlung des Erbvertrages und des bindend gewordenen gemeinschaftlichen Testaments, S. 169 ff.

> „Diese Regelung (scil. §§ 2286, 2287 BGB) ist nach Auffassung des Senats abschließend. Sie führt unter Umständen zu einem Bereicherungsanspruch gegen den Beschenkten und geht als Sonderregelung einem eigenen Anspruch der Erben aus § 826 BGB vor. Das gilt sogar dann, wenn der Erblasser mit dem Dritten kollusiv zusammengewirkt hat, um den Vertragserben zu schädigen. Auch in diesem Fall handelt es sich im Schwerpunkt um eine mißbräuchliche Ausnutzung der dem Erblasser verbliebenen Verfügungsmacht durch diesen selbst im Sinne von §§ 2286, 2287 BGB. Der Bereicherungsausgleich nach dieser Regelung sichert den Vertragserben nach der Wertung des Gesetzes in ausreichendem Maße. Diesen gesetzlichen Schutz mit Hilfe von § 826 BGB zu einem deliktischen Schutz auszugestalten, und zwar nur im Hinblick auf das Hinzutreten des kollusiv mitwirkenden Dritten, erscheint dem Senat weder aufgrund der Gesetzeslage noch der Sache als geboten“[878].

Anders verhält es sich nach Ansicht des Bundesgerichtshofs nur, wenn dem Erblasser ein eigener Schadensersatzanspruch gegen den Beschenkten zusteht und dieser im Wege der Gesamtrechtsnachfolge auf den Erben übergeht. Allerdings rechtfertige ein solcher Anspruch keine Herausgabe. Zur Begründung führte der IVa. Zivilsenat aus:

> „Bei einem sittenwidrigen Vorgehen eines Dritten etwa durch Einflussnahme auf den Erblasser, wie es hier angenommen worden ist, rührt die eigentlich schädigende Handlung ebenfalls vom Erblasser her. Ist und bleibt das betreffende Rechtsgeschäft gleichwohl nach dem Tod jedenfalls schuldrechtlich voll wirksam ..., dann rückt der Vertragserbe in die entsprechende Rechtsstellung des Erblassers, bleibt in demselben Umfang wie dieser gebunden und wird dem Erwerber den etwa veräußerten Gegenstand schon deshalb grundsätzlich belassen müssen.“[879].

---

[877] Nachweise bei: Loritz, Freiheit des gebundenen Erblassers und Schutz des Vertrags- und Schlusserben vor Zweitverfügungen, S. 81 Fn. 53 und zur Gegenansicht Fn. 54.

[878] BGHZ 108, 73, 78.

[879] BGHZ 108, 73, 79.

Etwas Anderes gelte nur, wenn der Erwerb mindest schuldrechtlich unwirksam sei. Auf den vorliegenden Fall bezogen bedeute dies, dass ein Herausgabeanspruch nur dann begründet sein könne, wenn der Kaufvertrag nach § 138 BGB nichtig ist. Dies war vom Berufungsgericht bisher nicht festgestellt worden[880].

Nach Zurückweisung an das OLG hat dieses erneut über die Sache entschieden und die Klage abgewiesen. Die vom Kläger eingelegte Revision führte zur Aufhebung des Berufungsurteils und zur erneuten Zurückweisung an das Berufungsgericht. Zur Begründung führte der Bundesgerichtshof in dem Urteil vom 30. April 1991[881] aus, das Berufungsgericht habe es versäumt, einen eigenen Anspruch der Erblasserin gegen den Beklagten aus § 826 BGB zu prüfen. Zudem habe das Berufungsgericht § 138 Abs. 1 und Abs. 2 BGB nicht ausreichend geprüft. Als Gesichtspunkte kämen ein sittenwidriges Vorgehen des Beklagten gegen die Erblasserin und ein „anstößiges Zusammenwirken" der Erblasserin mit dem Beklagten in Betracht. § 138 BGB könne aber auch dann eingreifen, wenn sich der Erblasser unter Lebenden gegenüber dem Schlusserben verpflichtet habe, über bestimmte Gegenstände seines Nachlasses nicht zu verfügen. Würde eine solche Verpflichtung bestehen, und wäre der Kaufvertrag bewusst darauf gerichtet gewesen, diese Verpflichtung zu verletzten, könnte eine Verleitung zum Vertragsbruch als spezieller Anwendungsfall von § 138 BGB vorliegen. Der IVa. Zivilsenat sah aber keinen Grund dafür, die in BGHZ 108, 79 zum Verhältnis von § 2287 BGB und § 826 BGB getätigten Aussagen zu überdenken[882].

Auch nach Veröffentlichung der beiden Entscheidungen ist das Verhältnis von § 826 BGB zu § 2287 BGB in der Literatur weiterhin umstritten geblieben. Der überwiegende Teil des Schrifttums hat sich den Ausführungen des Bundesgerichtshofs angeschlossen und begreift die §§ 2286, 2287 BGB

---

[880] BGHZ 108, 73, 79 f.

[881] IV ZR 104/90, NJW 1991, S. 1952-1953.

[882] NJW 1991, 1952.

nunmehr als Spezialvorschriften gegenüber § 826 BGB[883]. Die Gegenauffassung[884] wendet in Ausnahmefällen § 826 BGB an. Wann ein solcher Ausnahmefall vorliegt, bleibt jedoch überwiegend ungeklärt. Nach Ansicht von Schubert ist dies der Fall, wenn der Schwerpunkt des sittenwidrigen und schädigenden Handelns nicht dem Erblasser sondern dem Dritten zuzurechnen ist[885]. Wolf nennt als Beispiel für ein von § 826 BGB erfasstes Verhalten den Verkauf eines einmaligen Gegenstandes, auf den der Erbe aus gesundheitlichen Gründen angewiesen ist[886].

11. Urteil[887] vom 12. Juli 1989 - IVa ZR 174/88

In BGHZ 83, 45 hatte der Bundesgerichtshof ausdrücklich offengelassen, ob die formlose Zustimmung des Vertragserben zu einer beeinträchtigenden lebzeitigen Verfügung Auswirkungen auf den Anspruch aus § 2287 BGB habe, und ausgeführt, dass jedenfalls die Einwilligung des gesetzlichen Vertreters eines minderjährigen Vertragserben der Genehmigung durch das Vormundschaftsgericht bedürfe. In dem Urteil vom 28. März 1973 hatte der IV. Zivilsenat darauf hingewiesen, dass sich „derjenige, der mit einer seine Rechtsstellung beeinträchtigenden Regelung einverstanden ist, nicht nachträglich mit seinem früheren Verhalten dadurch in Widerspruch setzen“ dürfe, „daß er auf seine frühere Rechtsstellung zurückgreift“[888]. In der Entscheidung vom

---

883 Reimann/Bengel-Mayer, 3. Auflage, § 2287 Rn. 10; Palandt-Edenhofer, 61. Auflage, § 2287 Rn. 2; MüKo-Musielak, 3. Auflage, § 2287 Rn. 5; Erman-Schmidt, 10. Auflage, § 2286 Rn. 3; Lange/Kuchinke, Erbrecht, 4. Auflage, § 25 V Fn. 75; Schlüter, Erbrecht, 14. Auflage, Rn. 267; Hohmann, Rechtsfolgen von Störungen eines entgeltlichen Erbvertrages und Sicherung der Rechte der Vertragsparteien, S. 132; Brox, Erbrecht, 19. Auflage, Rn. 159.

884 Staudinger-Kanzleiter, 13. Auflage, § 2286 Rn. 4; Kipp/Coing, Erbrecht, 14. Auflage, § 38 IV 3 a; Soergel-Wolf, 12. Auflage, § 2286 Rn. 2; Loritz, Freiheit des gebundenen Erblassers und Schutz des Vertragserben vor Zweitverfügungen, S. 83 f.; Kohler, FamRZ 1990, 464, 466; Schubert, JR 1990, 159, 160.

885 JR 1990, 159, 160.

886 In: Soergel, 12.Auflage, § 2286 Rn. 2. Wolf gibt zu Bedenken, dass bei Feststellung der Sittenwidrigkeit die Verfügungsfreiheit des Erblassers gemäß § 2286 BGB zu beachten sei. Sittenwidrigkeit könne daher nur unter ganz besonderen Voraussetzungen angenommen werden.

887 DNotZ 1990, S. 803-805.

888 WM 1973, 680, 682.

12. Juli 1989 fordert der Bundesgerichtshof nunmehr für die Einwilligung des Vertragserben in eine beeinträchtigende Schenkung die Einhaltung der Form des § 2348 BGB.

Dem Urteil lag ein Erbvertrag zugrunde, in dem sich Eheleute gegenseitig zu Alleinerben eingesetzt hatten. Zwei Jahre vor ihrem Tod übertrug die Erblasserin den hälftigen Miteigentumsanteil am gemeinsamen Hausgrundstück unentgeltlich unter Nießbrauchsvorbehalt an die Beklagten. Kurz vor ihrem Tod schenkte sie den Beklagten ferner ihren Hälfteanteil an einem weiteren Grundstück. Der Witwer begehrte mit seiner Klage von den Beklagten die Auflassung der Grundstücksbruchteile an sich sowie Umschreibungsbewilligung, Zug um Zug gegen Zahlung eines Pflichtteils in Höhe von 15.000 DM. Das Landgericht hat die Klage als unbegründet abgewiesen. Das Oberlandesgericht hat die Berufung durch Teilurteil zurückgewiesen. Die Revision des Klägers führte zur Aufhebung und Zurückweisung.

Das Berufungsgericht verneinte einen Anspruch des Klägers aus § 2287 BGB, da der Kläger nach einer Zeugenaussage die Verfügung seiner Ehefrau zugunsten der Beklagten im Familienkreis „gutgeheißen" habe. Nach Ansicht des Bundesgerichtshofs konnte das angefochtene Urteil mit dieser Begründung nicht Bestand haben. Die formlose Einwilligung in eine benachteiligende Schenkung unter Lebenden nehme dem Vertragserben nicht generell den Schutz des § 2287 BGB. Zwar müsse dem Vertragserben die Möglichkeit gegeben werden, auf den Schutz des § 2287 BGB auch vor dem Erbfall zu verzichten. Die Nähe eines solchen Verzichtes zum Erbverzicht gebiete es jedoch, insoweit auf die Einhaltung der Form des § 2348 BGB abzustellen. Zur Begründung der Formalisierung führte der IVa. Zivilsenat ferner das Gebot der Rechtsklarheit und das Interesse, den Verzichtenden vor unüberlegten Äußerungen zu schützen, an. Nach Ansicht des Bundesgerichtshofs kann eine formlose Zustimmung zu einer beeinträchtigenden Schenkung im Einzelfall aber unter dem Gesichtspunkt des Arglisteneinwandes beachtlich sein. Ob dem Kläger dieser Einwand ausnahmsweise entgegengehalten werden könne, müsse nunmehr vom Berufungsgericht geprüft werden[889].

Wie schon im vorherigen Kapitel dargestellt, kann eine formlose Zustimmung des Vertragserben nicht dazu führen, dass eine beeinträchtigende Verfügung von Todes wegen trotz § 2289 Abs.1 BGB wirksam wird. Als we-

---

[889] BGHZ 108, 252, 255.

sentliches Argument für diese Ansicht wurde die im Erbvertragsrecht besonders ausgeprägte Formstrenge angeführt[890]: Errichtung und Aufhebung des Erbvertrages sowie einzelner vertragsmäßiger Verfügungen bedürfen in der Regel (§§ 2276 Abs. 1, 2290 Abs.1, 4, 2352 S. 3 BGB) einem notariell beurkundeten Vertrag. Selbst die Anfechtungserklärung des Erblassers bedarf der notariellen Beurkundung, §§ 2282 Abs. 3 BGB. Der Bundesgerichtshof hat sich nunmehr dafür entschieden, die Einwilligung in beeinträchtigende Verfügungen unter Lebenden im Grundsatz ebenso zu behandeln wie die Zustimmung zu beeinträchtigenden Verfügungen von Todes wegen. Untersucht man das Schrifttum der späten achtziger Jahre, so zeigt sich, dass die zur Zeit der Urteilsverkündung herrschenden Lehre eine andere Rechtsauffassung vertrat. Das ganz überwiegende Schrifttum war der Ansicht, der vertragsmäßig Bedachte könne lebzeitigen Schenkungen auch ohne Wahrung von Formvorschriften zustimmen[891]. Teilweise sah man in derartigen Fällen schon das vom Bundesgerichtshof eingeführte Merkmal der „objektiven Beeinträchtigung“ nicht erfüllt[892]. Teilweise wandte man sich dagegen, nach einer solchen Zustimmung noch von einem Missbrauch der lebzeitigen Verfügungsfreiheit zu sprechen[893].

Auf die Divergenz zwischen der Rechtsauffassung des Bundesgerichtshofs und der herrschenden Lehre hat auch Kanzleiter in seiner Urteilsanmerkung hingewiesen[894]. Ausführlich beschäftigte er sich mit der von dem IVa. Zivilsenat für die Formalisierung der Zustimmungserklärung gegebenen Begründung. Nach Ansicht des Bundesgerichtshofs soll die Nähe eines Verzichts auf den Anspruch aus § 2287 BGB zu einem Erbverzicht im Sinne der §§ 2348, 2352 BGB die Form der notariellen Beurkundung notwendig ma-

---

890 Siehe S. 141 ff.

891 MüKo-Musielak, 2. Auflage, § 2287 Rn. 21; Staudinger-Kanzleiter, 12. Auflage, § 2287 Rn. 16; Soergel-Wolf, 11. Auflage, § 2287 Rn. 6; Erman-Hense-Schmidt, 8. Auflage, § 2287 Rn. 9; Lange/Kuchinke, Erbrecht, 3. Auflage, § 37 II 2 b; Jauernig-Stürner, 4. Auflage, § 2287 Anm. 3 a; a.A. Leipold, Erbrecht, 7. Auflage, Rn. 400; Spellenberg, NJW 1986, 2531, 2535; unklar Palandt-Edenhofer, 48. Auflage, § 2287 Anm. 2 b.

892 Soergel-Wolf, 11. Auflage, § 2287 Rn. 6.

893 Erman-Hense-Schmidt, 8. Auflage, § 2287 Rn. 9.

894 DNotZ 1990, 776, 777.

chen[895]. Kanzleiter sieht die Gemeinsamkeit zwischen den zwei Rechtsgeschäften darin, dass der (erbrechtlich) Bedachte in beiden Fällen auf einen wirtschaftlichen Vorteil nach dem späteren Tod des Erblassers verzichtet. Er weist aber gleichzeitig auf einen entscheidenden Unterschied hin: Während der Erbverzicht als Verfügungsgeschäft unmittelbar auf die Erbfolge einwirkt, entfaltet der Verzicht auf § 2287 BGB lediglich schuldrechtliche Wirkungen zwischen den Beteiligten. Aufgrund dessen, so Kanzleiter, sei die Form im Hinblick auf die Beweisfunktion der Beurkundung beim Erbverzicht wesentlich wichtiger als bei dem Verzicht auf einen schuldrechtlichen Anspruch. Auch unter dem Gesichtspunkt des Schutzes vor Übereilung, der Warnfunktion und der Schutzfunktion sei derjenige schutzbedürftiger, der einen Erb- (oder Pflichtteils-) Verzicht abgebe[896]. Wer auf den Anspruch aus § 2287 BGB verzichte, wisse stets, „wieviel er letztlich verliert". Die Wirkungen eines Erbverzichtes dagegen seien bei Abschluss des Rechtsgeschäftes regelmäßig noch nicht abzusehen[897].

Den Ausführungen von Kanzleiter ist zu folgen. Nach dem Willen des historischen Gesetzgebers sollen Rechtsgeschäfte grundsätzlich formfrei abgeschlossen werden können[898]. Sowohl die Errichtung eines Erbverzichts (§ 2348 BGB) als auch dessen Aufhebung (§ 2351 BGB) ist nach dem gesetzgeberischen Willen nur deshalb an eine bestimmte Form (§ 2348 BGB) geknüpft, da beide Tatbestände eine Änderung der Erbfolge bewirken[899]. Dieser Grundgedanke lässt sich nicht auf den vorliegenden Fall übertragen. Die Zustimmung zu einer beeinträchtigenden Schenkung lässt die Erbfolge unberührt, sie wirkt sich vielmehr nur auf die zukünftige schuldrechtliche Rechtsbeziehung zwischen dem Vertragserben und dem Beschenkten aus.

---

895 BGHZ 108, 252, 255.

896 DNotZ 1990, 776, 779.

897 DNotZ 1990, 776, 780.

898 Denkschrift, S. 24: „Der Entwurf entscheidet sich hiernach in Übereinstimmung mit dem Gemeinen und dem Sächsischen Recht für den Grundsatz der Formfreiheit".

899 Motive V, S. 471 und 476.

Die Errichtung und Aufhebung lebzeitiger Rechtsgeschäfte ist im BGB nur ausnahmsweise an eine Form gebunden. Gemäß § 182 Abs. 2 BGB bedarf selbst eine Zustimmung, von der die Wirksamkeit eines Vertrages oder eines einseitigen Rechtsgeschäfts abhängt, nicht der für das Rechtsgeschäft bestimmten Form. Schreibt das Gesetz ausnahmsweise die Form der notariellen Beurkundung vor, so soll damit die sachkundige Beratung und Belehrung des Erklärenden sichergestellt werden, vgl. § 17 BeurkG. Unbestritten ist, dass der Vertragserbe nach dem Erbfall auf seinen Anspruch aus § 2287 BGB auch ohne notariell beurkundete Erklärung verzichten kann, § 397 BGB. Soll er nach dem Erbfall nicht beraten werden, so könnte das Erfordernis der notariellen Beurkundung nur noch darauf gestützt werden, dass der Anspruch aus § 2287 BGB vor dem Erbfall noch nicht hinreichend bestimmt ist. Nur unter dieser Voraussetzung würde es Sinn machen, die Beratung eines Notars hinzuziehen, der den Verzichtenden etwa auf unübersehbare Folgen seines Handels aufmerksam machen müsste. Der Anspruch aus § 2287 BGB konkretisiert sich aber bereits im Zeitpunkt der Schenkung auf einen bestimmten Gegenstand. Dem Erklärenden sind somit in diesem Moment die rechtlichen und wirtschaftlichen Auswirkungen der Zustimmung bekannt. Da die Interessenlage also vor und nach dem Erbfall keine unterschiedliche Behandlung rechtfertigt, ist auf das Erfordernis einer notariellen Beurkundung zu verzichten[900].

12. Urteil[901] vom 27. November 1991 - IV ZR 164/90

In den 1970iger und 1980iger Jahren hat sich der Bundesgerichtshof in einer Reihe von Urteilen mit der Problematik der sogenannten unbenannten Zuwendung befasst. Er hat wiederholt erklärt, dass derartige Zuwendungen im Rahmen von güterrechtlichen Rückabwicklungen grundsätzlich nicht als

---

[900] Diese Ansicht steht im Einklang mit einem großen Teil des Schrifttums: Erman-Schmidt, 10. Auflage, § 2287 Rn. 9; Staudinger-Kanzleiter, 13. Auflage, § 2287 Rn. 30; Soergel-Wolf, 12. Auflage, § 2287 Rn. 10; Lange/Kuchinke, Erbrecht, 4. Auflage, § 25 V 8. Die Gegenansicht vertreten Palandt-Edenhofer, 61. Auflage, § 2287 Rn. 8; Reimann/Bengel-Mayer, 3. Auflage, § 2287 Rn. 41; Leipold, Erbrecht, 14. Auflage, Rn. 527; Schlüter, Erbrecht, 14. Auflage, Rn. 277.

[901] BGHZ 116, S. 167-177.

Schenkungen zu behandeln seien. Unbenannte Zuwendungen würden zumeist der „Verwirklichung oder Ausgestaltung, Erhaltung und Sicherung der ehelichen Lebensgemeinschaft" dienen[902]. Es fehle daher regelmäßig an der Einigkeit der Partner über die Unentgeltlichkeit der Zuwendung[903]. In dem Urteil vom 27. November 1991 hat sich der IV. Zivilsenat des Bundesgerichtshofs nunmehr dafür entschieden, die unbenannte Zuwendung im Rahmen der §§ 2287, 2288 Abs. 2 S. 2 und 2325 BGB abweichend von der Betrachtung im ehelichen Güterrecht grundsätzlich wie eine Schenkung zu behandeln[904].

In dem zugrundliegenden Fall wurde der Erblasser aufgrund eines mit seiner ersten Ehefrau geschlossenen Erbvertrages von seinem Sohn beerbt. Zwei Jahre vor seinem Tod erhielt seine beklagte zweite Ehefrau aus verschiedenen Kontoauflösungen Geldbeträge in Höhe von insgesamt 122.000 DM. Inhaber der Konten waren die Beklagte und der Erblasser. Kurz vor seinem Tod belastete der Erblasser eines seiner Hausgrundstücke zugunsten der Beklagten mit einem lebenslangen unentgeltlichen Nießbrauch. Gleichzeitig schenkte er der Beklagten das gesamte Mobiliar des Hauses. Mit der Klage begehrte der Vertragserbe von der Beklagten Zahlung von insgesamt 152.000 DM nebst Zinsen und die Aufgabe des Nießbrauchs sowie Räumung und Herausgabe des damit belasteten Grundstücks. Das Landgericht und das Oberlandesgericht haben die Klage abgewiesen. Die Revision des Klägers hatte Erfolg.

Das Berufungsgericht hat Ansprüche des Klägers aus § 2287 BGB verneint. Die Zahlung des Geldes stelle keine Schenkung sondern eine ehebedingte Zuwendung dar. Die Nießbrauchsbestellung erfülle zwar die Schenkungsvoraussetzungen. Die Sicherung der Altersversorgung begründe jedoch ein lebzeitiges Eigeninteresse des Erblassers an der Schenkung.

Nach Ansicht des Bundesgerichtshofs fallen auch unbenannte Zuwendungen in den Anwendungsbereich des § 2287 BGB[905]. Zu diesem Ergebnis gelangte der IV. Zivilsenat in zwei Schritten. Zunächst stellte der Bundesgerichtshof

---

[902] FamRZ 1990, 600, 601; BGHZ 87, 145, 146; FamRZ 1992, 293, 294.

[903] FamRZ 1972, 201, 202; FamRZ 1982, 778; FamRZ 1988, 482, 485; MDR 1990, 71.

[904] Diese Auffassung wurde zum Zeitpunkt der Veröffentlichung der Entscheidung bereits von Sandweg, NJW 1989, 1965, 1971 ff.; Palandt-Edenhofer, 51. Auflage, § 2325 Rn. 10; Langenfeld, Handbuch der Eheverträge und Scheidungsvereinbarungen, 2. Auflage, Rn. 414, vertreten.

[905] In BGHZ 71, 61, 66 ff., und BGHZ 113, 393, 396 f. hatte der Bundesgerichtshof schon § 32 Nr. 2 KO und § 3 Abs. 1 Nr. 4 AnfG a. F. auf unbenannte Zuwendungen erstreckt.

fest, dass unbenannte Zuwendungen im Regelfall objektiv unentgeltlich seien. Des weiteren erläuterte er, warum die Rechtsfigur im Erbrecht trotz ihrer subjektiven Entgeltlichkeit einer Schenkung gleichgesetzt werden müsse.

Den Ansatzpunkt für die Gleichsetzung erblickt der IV. Zivilsenat also in der objektiven Unentgeltlichkeit einer unbenannten Zuwendung. Untersucht man die vom IV., IX. und XII. Zivilsenat bis Anfang der 90iger Jahre ergangenen Entscheidungen, so fällt auf, dass der Bundesgerichtshof den Schenkungscharakter einer unentgeltlichen Zuwendung stets mit der fehlenden Einigung der Parteien über die Unentgeltlichkeit der Zuwendung verneint hat[906]. Zur objektiven Unentgeltlichkeit haben die genannten Senate bisher überhaupt keine Aussagen getroffen. Damit widerspricht der vom erkennenden Senat gewählte Ansatz nicht der bisherigen Rechtsprechung des Bundesgerichtshofs[907]. Auf Anfrage des erkennenden Senats hat der XII. Zivilsenat nunmehr erklärt, dass auch er unbenannte Zuwendungen unter Ehegatten in seiner Rechtsprechung grundsätzlich als objektiv unentgeltlich ansieht[908].

Über die Voraussetzung der subjektiven Unentgeltlichkeit einer Schenkung setzt sich der IV. Zivilsenat durch ein historisches Argument hinweg. Vor der Einführung der Rechtsfigur der unbenannten Zuwendung sei eine Zuwendung unter Ehegatten in den Anwendungsbereich der §§ 2287, 2288 Abs. 2, 2325 BGB gefallen. Dies habe dem Willen des historischen Gesetzgebers entsprochen. Es würde daher den „Regelungsplan des Gesetzgebers verfehlen, unbenannte Zuwendungen nur deshalb aus dem Anwendungsbereich der genannten Vorschriften auszunehmen, weil sie aus Gründen, die lediglich im Bereich der Ehegatten liegen, in deren (Innen-)Verhältnis zueinander nicht mehr als Schenkung behandelt werden“[909]. Die unbenannte Zuwendung werde häufig dazu benutzt, Vermögen zum Nachteil

906 FamRZ 1972, 201, 202; FamRZ 1982, 778; FamRZ 1988, 482, 485; MDR 1990, 716.

907 A.A. Apfelbacher, Ehebedingte Zuwendungen und Ehegatten-Eigenheimgesellschaft, S. 81 f. unter Hinweis auf BGH, WM 1990, 856, 858.

908 BGHZ 116, 167, 172 f.

909 BGHZ 116, 167, 174.

des Vertragserben oder von pflichtteilsberechtigten Dritten zuzuwenden. Diese Praxis sei aber „von den berechtigten Interessen, zu deren Wahrung die unbenannte Zuwendung genutzt wird, nicht gedeckt“[910].

Im Anschluss an diese Ausführungen gab der Bundesgerichtshof noch zwei Hinweise für die erneute Prüfung durch das Berufungsgericht. Sollte sich die Zahlung des Geldes bzw. die Einräumung des Nießbrauchs als unbenannte Zuwendung darstellen, müsse geprüft werden, ob diese Leistungen ausnahmsweise unterhaltsrechtlich geschuldet seien oder ob ihnen ganz oder teilweise vergütete, konkrete Gegenleistungen gegenüberstünden. Sollte die Entgeltlichkeit der Zuwendungen verneint werden, sei ferner zu prüfen, ob und in welchem Umfang der Kläger trotz der Ansprüche der Beklagten auf Zugewinnausgleich und auf ihren Pflichtteil objektiv benachteiligt sei[911]. In diesem Zusammenhang müsse auch die Frage beantwortet werden, „ob der Kläger in seinen berechtigten Erberwartungen erst infolge des Zusammenwirkens aller Zuwendungen (oder einiger von ihnen) objektiv beeinträchtigt ist“. Wenn dies der Fall sein sollte, müsse auch im Rahmen von § 2287 BGB der Rechtsgedanke der §§ 2329 Abs. 3, 528 Abs. 2 BGB Geltung erlangen. Zur Begründung verwies der Bundesgerichtshof darauf, dass frühere Zuwendungen des Erblassers den Vertragserben regelmäßig weniger stark beeinträchtigen würden als die späteren[912].

Die Aufweichung des Schenkungsbegriffs im Rahmen der §§ 2287, 2288 Abs. 2 und 2325 BGB ist von der herrschenden Lehre begrüßt worden[913]. Ehegatten dürften im Rahmen des § 2287 BGB nicht durch die Besonderheiten der güterrechtlichen Rückabwicklung begünstigt werden. Eine im Vordringen befindliche Gruppe von Autoren kritisiert, die Entscheidung berücksichtige nicht in ausreichendem Maße den Eheschutz im

---

910 BGHZ 116, 167, 175.

911 BGHZ 116, 167, 175 ff.

912 BGHZ 116, 167, 177.

913 Reimann/Bengel-Mayer, 3. Auflage, § 2287 Rn. 30; Palandt-Edenhofer, 61. Auflage, § 2287 Rn. 5; Draschka, DNotZ 1993, 100, 106; Kollhosser, NJW 1994, 2313, 2316; Ebenroth, Erbrecht, Rn. 1361; Frank, Erbrecht, Rn. 24; kritisch hingegen Dingerdissen, JZ 1993, 402, 403; ablehnend Kues, FamRZ 1992, 924, 926.

Erbrecht[914]. Grundlage dieser Rechtsauffassung ist der vom Bundesgerichtshof aufgestellte Grundsatz, dass jeder Ehegatte an den Früchten des ehelichen Zusammenlebens beteiligt ist[915]. Zuwendungen in Verwirklichung dieses Teilhabegedankens müssten daher zumindest in bestimmten Bereichen gegen Ansprüche aus §§ 2287, 2288, 2325 BGB geschützt werden[916]. Die Vertreter dieser Rechtsauffassung sprechen sich also dafür aus, einen „drittanspruchsfesten" Bereich für ehebedingte Zuwendungen zu gewährleisten[917]. Die Obergrenze für derartige Zuwendungen wird in Anlehnung an den Halbteilungssatz bei der Zugewinngemeinschaft in der hälftigen Beteilung gesehen[918]. Neuerdings vertritt Hayler die Ansicht, dass ehebedingte Zuwendungen während des Bestehens des gesetzlichen Güterstandes bis zur Höhe eines fiktiven gesetzlichen Zugewinnausgleichsanspruchs entsprechend § 1387 Abs. 1 BGB nicht unter die §§ 2287, 2288 Abs. 2, 2325, 2329 BGB fallen sollen[919]. Auch der IV. Zivilsenat des Bundesgerichtshofs hat im Rahmen des vorliegenden Urteils und in der zweiten Revisionsentscheidung zur gleichen Sache[920] zum Ausdruck gebracht, dass er den Zugewinnausgleich im Rahmen des Anspruchs aus § 2287 BGB berücksichtigen will[921]. Im Gegensatz zu der Ansicht von Hayler wird vom Bundesgerichtshof jedoch weder in der Entscheidung vom 27. November 1991 noch in dem zweiten Revisionsurteil vom 27. September 1995 geklärt, in welchem Umfang sich der Zugewinn auf § 2287 BGB auswirkt. Es darf daher gespannt auf die zukünftige

---

[914] Langenfeld, NJW 1994, 2133, 2135; Erman-Schmidt, 10. Auflage, § 2287 Rn. 3; Klingelhöffer, NJW 1993, 1097, 1100 f.; Hayler, FuR 2000, 4, 8 f.; im Ansatz ebenso MüKo-Musielak, 3. Auflage, § 2287 Rn. 4.

[915] LM Nr. 18 zu § 1356 BGB.

[916] Langenfeld, NJW 1994, 2133, 2135.

[917] Erman-Schmidt, 10. Auflage, § 2287 Rn. 3.

[918] Klingelhöffer, NJW 1993, 1097, 1101.

[919] Hayler, FuR 2000, 4, 9.

[920] Urteil vom 27.September 1995 – IV ZR 217/93, ZEV 1996, 25, 26.

[921] Abweichend von Hayler und den übrigen Vertretern ordnet der Bundesgerichtshof die Prüfung des Zugewinnausgleichs unter den Gesichtspunkt der objektiven Beeinträchtigung des Vertragserben ein, BGHZ 116, 167, 175.

Rechtsprechung des Bundesgerichtshofs zu dieser Problematik geblickt werden.

13. Zusammenfassung

Seit dem Rechtsprechungswechsel im Jahre 1972 hat der Bundesgerichtshof den Tatbestand des § 2287 BGB neu definiert. Über den Wortlaut hinaus fordert er nunmehr, dass der Vertragserbe durch die Schenkung objektiv beeinträchtigt ist. Eine objektive Beeinträchtigung verneint er, wenn dem beschenkten Dritten entsprechende Werte ohnehin mit dem Erbfall zugekommen wären (z.B. Pflichtteilsansprüche, gesetzlicher Zugewinnausgleich) oder der Erblasser den durch die Schenkung erreichten Zustand auch auf andere Weise hätte erreichen können, ohne dass der Vertragserbe sich hiergegen hätte wären können (z.B. Aufhebung eines Pflichtteilsverzichts).

Neben dem Merkmal der „objektiven Beeinträchtigung" hat der Bundesgerichtshof mit dem Begriff „Missbrauch der lebzeitigen Verfügungsfreiheit" ein weiteres Tatbestandsmerkmal eingefügt und § 2287 BGB damit praktisch zu einem generalklauselartigen Tatbestand umfunktioniert. In der Subsumtion wirkt sich die Einführung des Missbrauchskriteriums insofern aus, als dass nun nicht mehr die Beeinträchtigungsabsicht des Erblassers, sondern das Fehlen eines Rechtfertigungsgrundes bewiesen werden muss. Zur Präzisierung des Merkmals bedient er sich Formulierungen wie „auf Korrektur des Erbvertrages gerichtet", „Übertragung wesentlicher Vermögensbestandteile" und „Fehlen eines lebzeitigen Eigeninteresses". Das einzige Merkmal, welches der Bundesgerichtshof in den Urteilen eingehend untersucht, ist das des „lebzeitigen Eigeninteresses". Ein solches könne zum einen in der „Sicherung der Altersversorgung" und zum anderen „in einer sittlichen Verpflichtung als Dank für geleistete und oder noch zu leistende Hilfe" zu sehen sein. Darüber hinaus hat der Bundesgerichtshof nur in der Entscheidung BGHZ 97, 188 ein lebzeitiges Eigeninteresse bejaht. Dort führte er aus, dass die Schenkung von Unternehmensanteilen an einen Mitarbeiter ein lebzeitiges Eigeninteresse begründe, wenn der Erblasser durch die Zuwendung einen zur

Geschäftsleitung befähigten Mitarbeiter halten will[922]. Durch die Einführung des Missbrauchsgedankens ist das Tatbestandsmerkmal „Beeinträchtigungsabsicht“ praktisch aufgegeben. Sofern der Bundesgerichtshof Ausführungen zur Beeinträchtigungsabsicht macht, beschränkt er sich auf die Feststellung, dass an die Beeinträchtigungsabsicht keine all zu starken Anforderungen zu stellen seien. Sie dürfte seiner Meinung nach im Regelfall gegeben sein.

Um das neue Verständnis des § 2287 BGB in der Praxis nicht aufgrund von Beweisschwierigkeiten seitens des Vertragserben leer laufen zu lassen, hat der Bundesgerichtshof die Anforderungen an die Beweisführung gelockert. Der Beschenkte hat die Umstände darzulegen, die nach seiner Meinung den Erblasser zur Schenkung bewogen haben könnten. Tut er dies nicht oder rechtfertigen die vorgetragenen Tatsachen kein lebzeitiges Eigeninteresse, so geht der Bundesgerichtshof davon aus, dass ein anzuerkennendes lebzeitiges Eigeninteresse nicht vorgelegen hat. Eine weitere Beweiserleichterung billigt der Bundesgerichtshof dem Vertragserben hinsichtlich des Tatbestandsmerkmals „Schenkung“ zu. Nach seiner Ansicht spricht bei einem groben Missverhältnis von Leistung und Gegenleistung eine tatsächliche Vermutung dafür, dass sich die Parteien über die teilweise Unentgeltlichkeit geeinigt haben. Daneben erleichtert der Bundesgerichtshof dem Vertragserben die Durchsetzung seines Rückgabeanspruchs durch das Einräumen eines Auskunftsrechts gegen den Beschenkten. Voraussetzung für diesen aus Treu und Glauben hergeleiteten Anspruch ist, dass der Vertragserbe den Hauptanspruch schlüssig darlegt und in substantiierter Weise Tatsachen vorträgt und gegebenenfalls beweist, die greifbare Anhaltspunkte für eine sein Recht beeinträchtigende Schenkung ergeben[923].

Die neuen Grundsätze des Bundesgerichtshofs führen rechtstheoretisch zu einer Stärkung der Stellung des Vertragserben gegenüber dem vom Erblasser beschenkten Dritten. In der Statistik der zwischen 1972 und 2000 veröffentlichten BGH-Entscheidungen schlägt sich diese Erkenntnis allerdings nur bedingt wieder. Zwar hat der Bundesgerichtshof die Rückforderungsklage des

---

922 BGHZ 97, 188, 195 f.

923 BGHZ 97, 188, 193.

Vertragserben lediglich einmal abgewiesen[924]. Allerdings hat er ihr auch nur dreimal stattgegeben[925]. In den übrigen siebzehn Urteilen hat der Bundesgerichtshof zur erneuten tatrichterlichen Prüfung an das Berufungsgericht zurückverwiesen[926].

14. Vergleich mit der Rechtsprechung der Instanzgerichte

Ein anderes Bild ergeben die instanzgerichtlichen Entscheidungen. Von den einundzwanzig veröffentlichten instanzgerichtlichen Entscheidungen war der Rückforderungsanspruch aus § 2287 BGB in elf Fällen begründet[927]. In zwei der ablehnenden Entscheidungen wurde unter Berufung auf BGHZ 77, 264 bzw. BGH, NJW 1982, 43 eine objektive Beeinträchtigung verneint[928]. In den übrigen Entscheidungen sahen die Gerichte ein lebzeitiges Eigeninteresse des Erblassers als gegeben an[929]. Damit bleibt festzuhalten, dass der Anspruch

---

[924] NJW 1992, S. 2630-2631.

[925] BGHZ 66, S. 8-17; WM 1977, S. 201-202; BGHZ 83, S. 44-51; auch in der Leitentscheidung BGHZ 59, S. 343-353, sah der Bundesgerichtshof die Voraussetzungen des § 2287 BGB erfüllt, verwies aber dennoch an das OLG zurück.

[926] BGHZ 59, S. 343-353; Urteil vom 3. November 1972 – IV ZR 70/71, unveröffentlicht; WM 1973, S. 680-682; FamRZ 1977, S. 539-541; WM 1979, S. 442-445; BGHZ 77, S. 264-273; BGHZ 82, S. 274-282; BGHZ 88, S. 269-273; NJW 1984, S. 731-732; FamRZ 1985, S. 980-982; NJW-RR 1986, S. 1135-1136; FamRZ 1989, S. 175-177; BGHZ 108, S. 73-81; BGHZ 108, S. 252-255; NJW 1991, S. 1952-1953; BGHZ 116, S. 167-177; ZEV 1996, S. 25-26.

[927] Urteil des OLG Düsseldorf vom 7. März 1986 - 7 U 157/85, NJW-RR 1986, S. 806-808; Urteil des OLG Koblenz vom 16. Oktober 1990 - 3 U 748/89, OLGZ 1991, S. 235-241; Urteil des OLG Frankfurt vom 19. Februar 1991 - 8 U 116/89, NJW-RR 1991, S. 1157-1159; Beschluss des OLG Köln vom 30. September 1991 - 2 W 140/91, NJW-RR 1992, S. 200; Urteil des OLG Oldenburg vom 26. Oktober 1993 - 5 U 60/93, FamRZ 1994, S. 1423-1424; Urteil des OLG Karlsruhe vom 18. März 1999 - 17 U 19/97, ZEV 2000, S. 108-111; Urteil des OLG Köln vom 28. Juni 1999 - 16 U 7/99, OLGR-Köln 1999, S. 344-346; Urteil des OLG Köln vom 22. September 1999, ZEV 2000, S. 317-319; Urteil des OLG München vom 1. Oktober 1999, 23 W 1996/99, ZEV 2000, S. 104-106; Urteil des OLG Düsseldorf vom 5. Mai 2000 - 7 U 15/99, ZEV 2001, S. 110-112; Beschluss des OLG Celle vom 28. September 2000 - 22 U 256/99, OLGR-Celle, S. 340-341.

[928] Urteil des LG Aachen vom 10. Oktober 1994 - 8 O 285/94, FamRZ 96, S. 61; Urteil des OLG Köln vom 15. Juli 1997 - 15 U 226/96, ZEV 1997, S. 423-425.

[929] Urteil des LG Gießen vom 12. Mai 1980 - 2 O 517/79, MDR 1981, S. 582; Urteil des OLG München vom 30. April 1987 - 24 U 472/86, NJW-RR 1987, S. 1484-1486; Urteil des OLG Hamm vom 28. November 1991 - 10 U 104/90, OLGR-Hamm 1992, S. 188-189; Urteil des OLG Düsseldorf vom 22. Januar 1993 - 7 U 74/92, OLGR-Düsseldorf

aus § 2287 BGB in mehr als der Hälfte der für den Zeitraum zwischen 1970 und 2000 aufgefundenen Entscheidungen von den Instanzgerichten bejaht wurde. Der Rechtsprechungswechsel in BGHZ 59, 343 hat damit nicht nur rechtstheoretisch, sondern auch in der Praxis zu einer Stärkung der Vertragserbenposition geführt.

Inhaltlich haben sich die Untergerichte bei der Auslegung des § 2287 BGB den Vorgaben des Bundesgerichtshofs uneingeschränkt angeschlossen. Ein Missbrauch der lebzeitigen Verfügungsfreiheit soll demnach vorliegen, wenn „ohne Veränderung der bei Abschluß des Erbvertrages vorhanden gewesenen objektiven Umstände allein wegen eines auf Korrektur des Vertrages gerichteten Sinneswandel des Erblassers anstelle der bedachten Person einer anderen wesentliche Vermögenswerte zugewendet werden, nur weil sie dem Erblasser genehmer ist“[930]. Als Fallgruppen für das den Missbrauch ausschließende Kriterium des „lebzeitigen Eigeninteresses“ nannten die Gerichte zum einen die Sicherung oder Verbesserung der Altersversorgung[931], zum anderen die Schenkung als Dank für geleistete oder noch zu leistende Dienste, Pflege oder Hilfe[932].

Das Landgericht Gießen hat in dem Urteil vom 12. Mai 1980 entschieden, ein billigenswertes Eigeninteresse liege auch dann vor, wenn der Vertrags- oder Schlusserbe durch sein persönliches Verhalten erheblichen Unfrieden und Zerwürfnisse zwischen ihm und dem letztüberlebenden Erblasser geschaffen

1993, S. 185-186; Beschluss des OLG Köln vom 16. März 1994 - 19 U 159/93, OLGR-Köln 1995, S. 43-45; Urteil des OLG München vom 16. Oktober 1998 - 21 U 2489/98, OLGR-München 1999, S. 107-108; Urteil des OLG Hamm vom 15. Oktober 1999 - 34 U 185/98, NJW-RR 2000, S. 1389-1391; Beschluss des OLG Frankfurt vom 7. November 2000 - 13 W 46/00, OLGR-Frankfurt 2001, S. 37-40.

930 Siehe u.a. OLG Düsseldorf, NJW-RR 1986, 806, 807; OLG München, NJW-RR 1987, 1484; OLG Düsseldorf, OLGR-Düsseldorf 1993, 185; OLG Köln, OLGR-Köln 1995, 43, 44; OLG Köln, OLGR-Köln 1999, 344, 345.

931 Siehe u.a. OLG Frankfurt, OLGR-Frankfurt 2001, 37, 40; OLG Hamm, NJW-RR 2000, 1389, 1391; OLG München, OLGR-München 1999, 107, 108; OLG Köln, OLGR-Köln 1995, 43, 44; OLG München, NJW-RR 1987, 1484 f.

932 Siehe u.a. OLG München, NJW-RR 1987, 1484; OLG Koblenz, OLGZ 1991, 235, 238; OLG Köln, NJW-RR 1992, 200; OLG Köln, OLGR-Köln 1995, 43, 44; OLG Köln, OLGR-Köln 1999, 344, 345.

hat. In diesem Fall müsse die Funktion des § 2287 BGB zugunsten der uneingeschränkten Verfügungsmöglichkeit zurücktreten[933]. Diese Auffassung hat - soweit ersichtlich - weder in der Rechtsprechung der Instanzgerichte noch im Schrifttum Zustimmung erhalten. Rechtsdogmatisch dürfte der Sachverhalt auch eher unter die Frage einzuordnen sein, ob der Vertragserbe durch die Schenkung objektiv beeinträchtigt ist. An einer objektiven Beeinträchtigung könnte es nämlich fehlen, wenn der Erblasser zum Zeitpunkt der Schenkung gemäß §§ 2294, 2333 BGB wegen einer Verfehlung des Vertragserben zum Rücktritt vom Erbvertrag berechtigt gewesen wäre. Ob in dem vom Landgericht Gießen entschiedenen Fall die Voraussetzungen des § 2333 BGB erfüllt waren, muss jedoch aufgrund der anderweitig gelagerten Entscheidungsgründe bezweifelt werden.

Das OLG Düsseldorf stellte sich in dem Urteil vom 22. Januar 1993 auf den Standpunkt, die Sorge einer Erblasserin um die wirtschaftliche Zukunft ihrer Kinder könne im Einzelfall gegen eine Beeinträchtigungsabsicht sprechen[934]. Die Besonderheit der Entscheidung lag darin, dass die Erblasserin mit der Schenkung an ihre Kinder zwei Motive verfolgte. Zum einen wollte sie ihre eigene Versorgung nach ihrer Aidserkrankung sicherstellen. Zum anderen beabsichtigte sie eine gewisse Absicherung ihrer Kinder. Obwohl es sich bei der Absicherung Dritter sprachlich nur um ein lebzeitiges Fremdinteresse handeln kann, erblickte das OLG Düsseldorf in diesem Motiv eine Rechtfertigung für die Schenkung zu Lasten des Vertragserben. Dass das OLG insoweit von der ständigen Rechtsprechung des Bundesgerichtshofs abweicht, kommt in den Entscheidungsgründen nicht zum Ausdruck.

15. Vergleich mit der Literatur

Die herrschende Lehre hat sich den Überlegungen des Bundesgerichtshofs überwiegend angeschlossen. Ebenso wie der Bundesgerichtshof fordert das Schrifttum nunmehr als ungeschriebenes Tatbestandsmerkmal für

---

933 MDR 1981, 582.

934 OLGR-Düsseldorf 1993, 185, 186.

§ 2287 BGB die objektive Beeinträchtigung berechtigter Erberwartungen[935]. Keine Beeinträchtigung liege vor, wenn der Beschenkte als Miterbe ausgleichspflichtig wird und der vorhandene Nachlass den völligen Ausgleich gewährleistet[936]. Eine Beeinträchtigung entfalle ferner bei Schenkungen an einen Pflichtteilsberechtigten, sofern die Schenkung den Pflichtteil nicht übersteigt[937]. Schließlich sollen die Fälle aus dem Anwendungsbereich des § 2287 BGB ausscheiden, in denen die Nachlassverbindlichkeiten so hoch sind, dass sie den Wert des verschenkten Gegenstandes aufgezehrt hätten, wenn er zum Zeitpunkt des Erbfalls noch im Nachlass gewesen wäre[938]. Neben diesen vom Bundesgerichtshof entwickelten Fallgruppen verneint die herrschende Lehre eine objektive Beeinträchtigung, wenn der Erblasser zum Zeitpunkt der Schenkung anfechtungsberechtigt gewesen ist[939].

Wie der Bundesgerichtshof spricht sich das überwiegende Schrifttum gegen eine restriktive Auslegung des Tatbestandsmerkmals der „Beeinträchtigungsabsicht“ aus[940]. Es klärt aber nicht, was unter Beeinträchtigungsabsicht im

---

935 Palandt-Edenhofer, 61. Auflage, § 2287 Rn. 5; Reimann/Bengel-Mayer, 3. Auflage, § 2287 Rn. 33; MüKo-Musielak, 3. Auflage, § 2287 Rn. 10; Erman-Schmidt, 10. Auflage, § 2287 Rn. 2; Staudinger-Kanzleiter, 13. Auflage, § 2287 Rn. 7; Soergel-Wolf, 12. Auflage, § 2287 Rn. 9; Lemcke, Ansprüche des Vertragserben wegen beeinträchtigender Schenkungen, S. 44 m. w. N.

936 Soergel-Wolf, 12. Auflage, § 2287 Rn. 10; Lemcke, Ansprüche des Vertragserben wegen beeinträchtigender Schenkungen, S. 44; Kuchinke, JuS 1988, 853, 855.

937 Reimann/Bengel-Mayer, 3. Auflage, § 2287 Rn. 37; MüKo-Musielak, 3. Auflage, § 2287 Rn. 10; Erman-Schmidt, 10. Auflage, § 2287 Rn. 2; Staudinger-Kanzleiter, 13. Auflage, § 2287 Rn. 7; Lemcke, Ansprüche des Vertragserben wegen beeinträchtigender Schenkungen, S. 44.

938 Unter Hinweis auf BGH, NJW 1989, 2389, 2391: Reimann/Bengel-Mayer, 3. Auflage, § 2287 Rn. 40; Lemcke, Ansprüche des Vertragserben wegen beeinträchtigender Schenkungen, S. 44 f.; Palandt-Edenhofer, 61. Auflage, § 2287 Rn. 5.

939 Reimann/Bengel-Mayer, 3. Auflage, § 2287 Rn. 40; Lemcke, Ansprüche des Vertragserben wegen beeinträchtigender Schenkungen, S. 44 f.; Spellenberg, NJW 1986, 2531, 2535; Soergel-Wolf, 12. Auflage, § 2287 Rn. 17; Remmele, NJW 1981, 2290, 2291; a.A. Strunz, Der Anspruch des Vertrags- oder Schlusserben wegen beeinträchtigender Schenkungen - § 2287 BGB, S. 121 ff.

940 Siehe u.a. Soergel-Wolf, 12. Auflage, § 2287 Rn. 11; Palandt-Edenhofer, 61. Auflage, § 2287 Rn. 6; Reimann/Bengel-Mayer, 3. Auflage, § 2287 Rn. 43; Lange/Kuchinke, Erbrecht, 4. Auflage, § 25 V.

Einzelnen zu verstehen ist. Größere Aufmerksamkeit schenkt die herrschende Lehre dem Begriff des „lebzeitigen Eigeninteresses". Zur Präzisierung des Eigeninteresses bedient sie sich den vom Bundesgerichtshof entwickelten Fallgruppen. Über die beiden Fallgruppen „Sicherung der Altersversorgung" und „Dank für geleistete Dienste" hinaus nehmen Teile des Schrifttums ein lebzeitiges Eigeninteresse an, wenn der Erblasser mit Schenkungen an Stiftungen und Organisationen kulturelle oder wohltätige Zwecke verfolgt[941].

In welchem Verhältnis die Begriffe „Fehlen eines lebzeitigen Eigeninteresses" und „Beeinträchtigungsabsicht" zueinander stehen, wird im Schrifttum unterschiedlich beantwortet. Einige Autoren fordern im Einklang mit der Rechtsprechung des Bundesgerichtshofs, beide Merkmale müssten nebeneinander vorliegen[942]. Die Anhänger dieser Gruppe verstehen die Beeinträchtigungsabsicht als Wissen von der Beeinträchtigung. Andere schließen erst aus dem Fehlen eines lebzeitigen Eigeninteresses auf die Beeinträchtigungsabsicht[943]. Die Vertreter dieser Meinung, definieren die Beeinträchtigungsabsicht rein negativ. Wiederum andere nehmen an, das lebzeitige Eigeninteresse schließe eine Beeinträchtigungsabsicht aus[944]. Trotz dieser Differenzen ist sich die herrschende Lehre insofern einig, als dass sie dem Begriff „Beeinträchtigungsabsicht" keine entscheidende Bedeutung neben dem Begriff des „lebzeitigen Eigeninteresses" zukommen lässt[945].

Die vom Bundesgerichtshof entwickelten Beweiserleichterungen hinsichtlich der Tatbestandsmerkmale „Schenkung" und „Fehlen eines lebzeitigen Ei-

---

941 Lange/Kuchinke, Erbrecht, 4. Auflage, § 25 V; Reimann/Bengel-Mayer, 3. Auflage, § 2287 Rn. 60; vgl. MüKo-Musielak, 3. Auflage, § 2287 Rn. 16.

942 Reimann/Bengel-Mayer, 3. Auflage, § 2287 Rn. 43 f.; Soergel-Wolf, 12. Auflage, § 2287 Rn. 12; Lange/Kuchinke, Erbrecht, 4. Auflage, § 25 V.

943 Michalski, BGB-Erbrecht, Rn. 311; Leipold, Erbrecht, 14. Auflage, Rn. 525; Kipp/Coing, Erbrecht, 14. Auflage, § 38 IV 2 a.

944 Palandt-Edenhofer, 61. Auflage, § 2287 Rn. 6; Hk-BGB-Hoeren, § 2287 Rn. 7.

945 Für eine Auslegung der Beeinträchtigungsabsicht im rechtstechnischen Sinne sprechen sich neuerdings aus: Erman-Schmidt, 10. Auflage, § 2287 Rn. 4; Staudinger-Kanzleiter, 13. Auflage, § 2287 Rn. 13; Lemcke, Ansprüche des Vertragserben wegen beeinträchtigender Schenkungen, S. 44 f.

geninteresses“ haben in der Literatur ebenfalls Zustimmung gefunden[946]. Auch der Auskunftsanspruch des Vertragserben gegen den Begünstigten ist im Schrifttum mittlerweile anerkannt[947].

VI. Schlussbetrachtung

Die höchstrichterliche Rechtsprechung zum Schutz des Vertragserben vor lebzeitigen Verfügungen hat im 20. Jahrhundert mehrere Entwicklungsphasen durchlaufen. Das Reichsgericht hielt bis zum Ende an seiner restriktiven Handhabung des § 2287 BGB fest. Im Einklang mit den Normvorstellungen des historischen Gesetzgebers legte es den Begriff der „Beeinträchtigungsabsicht“ eng aus und entwickelte schon in den ersten Jahren nach Verkündung des BGB die Formel vom treibenden Beweggrund. Das Reichsgericht schwächte den Vertragserben zusätzlich, indem es ihm bei gemischten Schenkungen keinen Herausgabeanspruch, sondern nur einen Geldanspruch zubilligte. Der Bundesgerichtshof versuchte in den fünfziger und sechziger Jahren, dem Vertragserben über das Institut der Aushöhlungsnichtigkeit mehr Schutz vor lebzeitigen Verfügungen zu gewähren. Rückwirkend betrachtet ist ihm dies nicht gelungen. Eine theoretische Stärkung erfuhr der Vertragserbe in dieser Phase aber dadurch, dass ihm der Bundesgerichtshof nunmehr bei gemischten Schenkungen bei Überwiegen des unentgeltlichen Teils einen Herausgabeanspruch zubilligte. Während sich die Literatur zunächst der Rechtsprechung des Reichsgerichts und des Bundesgerichtshofs angeschlossen hatte, übte sie seit Beginn der 1960iger Jahre zunehmend Kritik an der Rechtsprechung. Das Schrifttum sprach sich einerseits für die Aufgabe des Instituts der Aushöhlungsnichtigkeit aus. Andererseits forderte es eine erweiterte Auslegung der Beeinträchtigungsabsicht. In der Entscheidung vom 5. Juli 1972 hat der Bundesgerichtshof die Kritik der Lehre aufgegriffen und

---

946 Siehe u.a. Palandt-Edenhofer, 61. Auflage, § 2287 Rn. 5, 9; Reimann/Bengel-Mayer, 3. Auflage, § 2287 Rn. 101 f.; MüKo-Musielak, 3. Auflage, § 2287 Rn. 26; Soergel-Wolf, 12. Auflage, § 2287 Rn. 20; Olzen, Erbrecht, Rn. 550; Lange/Kuchinke, Erbrecht, 4. Auflage, § 25 V 7.

947 Lange/Kuchinke, 4. Auflage, § 25 V 7 b; Soergel-Wolf, 12. Auflage, § 2287 Rn. 26; Staudinger-Kanzleiter, 13. Auflage, § 2287 Rn. 25; Erman-Schmidt, 10. Auflage, § 2287 Rn. 11; Palandt-Edenhofer, 61. Auflage, § 2287 Rn. 14; Reimann/Bengel-Mayer, 3. Auflage, § 2287 Rn. 103; MüKo-Musielak, 3. Auflage, § 2287 Rn. 23.

sowohl das Institut der Aushöhlungsnichtigkeit aufgegeben als auch den Anwendungsbereich des § 2287 BGB neu gezogen. Das Tatbestandsmerkmal der „Beeinträchtigungsabsicht" hat er seit dem praktisch aufgegeben. Entscheidend solle vielmehr sein, ob der Schenkung ein lebzeitiges Eigeninteresse des Erblassers zugrunde lag. Als weiteres ungeschriebenes Tatbestandsmerkmal hat der Bundesgerichtshof das Merkmal „objektive Beeinträchtigung" eingeführt. Die neue Linie des Bundesgerichtshofs hat im Ergebnis zu einer Aufwertung der Stellung des Vertragserben geführt. Die Lehre hat sich den Überlegungen des Bundesgerichtshofs weitestgehend angeschlossen. Aus Gründen der Rechtsklarheit würde es sich empfehlen, den Wortlaut des § 2287 Abs. 1 BGB an die Vorgaben der herrschenden Meinung anzupassen.

Literaturverzeichnis

Albrecht, Wilhelm Eduard, Die Lehre von den Erbverträgen von Georg Beseler (Rezension), in: Kritische Jahrbücher für deutsche Rechtswissenschaft, Jahrgang 6 (1842), S. 321-353

Andres, Ingrid, Der Erbrechtsentwurf von Friedrich Mommsen: Ein Beitrag zur Entstehungsgeschichte des BGB, Berlin 1996

Apfelbacher, Gabriele, Ehebedingte Zuwendungen und Ehegatten-Eigenheimgesellschaft, Bielefeld 1993

Appell, Wilhelm, Auswirkungen des Beurkundungsgesetzes auf das Familien- und Erbrecht, in: FamRZ 1970, S. 520-527

Bähr, Otto, Gegenentwurf zu dem Entwurfe eines bürgerlichen Gesetzbuches für das deutsche Reich, Kassel 1892

Battes, Robert, Gemeinschaftliches Testament und Ehegattenerbvertrag als Gestaltungsmittel für die Vermögensordnung der Familie, Bielefeld 1974

Benkö, Marietta, Zur Aushöhlung bindender Verfügungen von Todes wegen, Köln 1974

Beseler, Georg, Die Lehre von den Erbverträgen, 1. Theil: Die Vergabungen von Todes wegen nach den älteren deutschen Rechten, Berlin 1835; 2. Theil, 1. Band: Der Erbeinsetzungsvertrag im Allgemeinen, Göttingen 1837, 2. Theil, 2. Band: Besondere Arten des Erbeinsetzungsvertrages, Berlin 1840

ders., System des gemeinen deutschen Privatrechts, 3. Auflage, Berlin 1873

Binder, Julius, Die Rechtsstellung des Erben nach dem deutschen bürgerlichen Gesetzbuch, I. Teil, Leipzig 1901

Bluntschli, Johann Caspar, Deutsches Privatrecht, 3. Auflage, besorgt von Felix Dahn, München 1864

ders., Die Lehre von den Erbverträgen von Georg Beseler (Rezension), in: Hallische Jahrbücher, Band II (1938), Sp. 1309-1312

Böhm, Jacob, Das Erbrecht des Bürgerlichen Gesetzbuchs, 2. Auflage, Hannover 1900

Brox, Hans, Erbrecht, 1. Auflage, Köln 1966; 3. Auflage, Köln 1974; 11. Auflage, Köln 1988; 19. Auflage, Köln 2001

Buchholz, Stephan, „Einseitige Korrespektivität", in: Rpfleger 1990, S. 45-53

ders., Zur bindenden Wirkung des Erbvertrags, in: FamRZ 1987, S. 440-445

Bund, Elmar, Die Bindungswirkung des Erbvertrages - BGHZ 31, 13, in: JuS 1968, S. 268-274

Burkart, Aushöhlung gemeinschaftlicher Testamente durch den überlebenden Ehegatten, in: NJW 1956, S. 1501-1505

Coing, Helmut, Wie ist die bindende Wirkung von Erbverträgen zu ermitteln?, in: NJW 1958, S. 689-692

Conrad, Hermann, Deutsche Rechtsgeschichte, Band 1, 2. Auflage, Karlsruhe 1962

Cosack, Konrad, Lehrbuch des Deutschen Bürgerlichen Rechts, Band 2, Das Sachenrecht, das Recht der Wertpapiere, das Gemeinschaftsrecht, das Familienrecht, das Erbrecht, Jena 1900

Crome, Carl, System des Deutschen Bürgerlichen Rechts, Band 5: Erbrecht, Tübingen 1912

Dernburg, Heinrich, Deutsches Erbrecht, 2. Auflage, Halle 1905

Dilcher, Hermann, Die Grenzen erbrechtlicher Bindung zwischen Verfügungsfreiheit und Aushöhlungsnichtigkeit, in: Jura 1988, S. 72-79

Dingerdissen, Hans Albrecht, Pflichtteilsergänzung bei Grundstücksschenkung unter Berücksichtigung der neueren Rechtsprechung des BGH, in: JZ 1993, S. 402-404

Dittmann, Othmar, Aushöhlung des gemeinschaftlichen Testaments, in: DNotZ 1958, S. 619-631

Draschka, Matthias, Unbenannte Zuwendungen und der erbrechtliche Schutz gegen unentgeltliche Vermögensverfügungen, in: DNotZ 1993, S. 100-106

Duden, Das große Wörterbuch der deutschen Sprache, hrsg. und bearb. vom Wissenschaftlichen Rat der Dudenredaktion, 3. Auflage, Band 1 und 7, Mannheim 1999

Duhn, v., Die Lehre von den Erbverträgen von Georg Beseler (Rezension), in: Neue Jenaische allgemeine Literatur-Zeitung, 2. Jahrgang (1843), S. 1057-1068

Ebenroth, Carsten Thomas, Erbrecht, München 1992

Eckert, Jörn, Der Kampf um die Familienfideikommisse in Deutschland, Frankfurt a.M., 1992

ders., Der „objektive Beobachter“ in der Rechtsprechung des Bundesgerichtshofes in Zivilsachen, Kiel 1982

Eichhorn, Carl Friedrich, Einleitung in das deutsche Privatrecht mit Einfluß des Lehensrechtes, 5. Ausgabe, Göttingen 1845

ders., Deutsche Staats- und Rechtsgeschichte, Theil 1, 2. Auflage, Göttingen 1818

Endemann, F., Einführung in das Studium des Bürgerlichen Gesetzbuches, 3. Band: das Erbrecht, Berlin 1899/1900

Erman, Walter, Handkommentar zum Bürgerlichen Gesetzbuch, 2. Auflage, Aschendorff 1958; 2. Band, 3. Auflage, Aschendorff 1962; 6. Auflage, Aschendorff 1975; 8. Auflage, Aschendorff 1989; 10. Auflage, Aschendorff 2000

Ferid, Murad/ Firsching, Karl, Internationales Erbrecht, Quellensammlung mit systematischen Darstellungen des materiellen Erbrechts sowie des Kollisionsrechts der wichtigsten Staaten, Band II, III, 47. Ergänzungslieferung, München 2002

Finger, Peter/ Füser, Ralf/ Hamm, Axel/ Weber, Ursula, Ende der „Aushöhl-ungsnichtigkeit“?, in: FamRZ 1975, S. 251-258

Finke, Das Gesetz zur Wiederherstellung der Gesetzeseinheit auf dem Gebiet des bürgerlichen Rechts, in: DNotZ 1953, S. 174-184

Frank, Rainer, Erbrecht, München 2000

Frommhold, Georg, Das Erbrecht des Bürgerlichen Gesetzbuches, Berlin 1900

Gengler, Heinrich Gottfried, Das Deutsche Privatrecht, 4. Auflage, Erlangen und Leipzig 1892

Gerber, C. F. v., System des Deutschen Privatrechts, 16. Auflage, Jena 1890

Gruchmann, Lothar, Die Entstehung des Testamentsgesetzes vom 31. Juli 1938: Nationalsozialistische „Rechtserneuerung und Reformkontinuität“, in: ZNR 1985, S. 53-63

Haegele, Karl, Beurkundungsgesetz, 1. Teil: Allgemeine Fragen, in: Rpfleger 1969, S. 365-371 *ders.*, Beurkundungsgesetz, 2. Teil: Einzelfragen, in: Rpfleger 1969, S. 414-419

Hagemann, H.-R., Art. Erbrecht in: Handwörterbuch zur deutschen Rechtsgeschichte (hrsg. von Adalbert Erler und Ekkehard Kaufmann), Band 1, Berlin 1971, Sp. 971-977

Hk-BGB, Bürgerliches Gesetzbuch: Handkommentar, 1. Auflage, Baden Baden 2001

Harder, Manfred, Zuwendungen unter Lebenden auf den Todesfall, Berlin 1968

Harrer, W., Der Testamentsvollstrecker und das Recht des Vertragserben, in: LZ 1924, Sp. 214-223

Hartmann, Bernhard, Gesetz betreffend die Anfechtung von Rechtshandlungen eines Schuldner außerhalb des Konkursverfahrens, Berlin 1880

Hartmann, Gustav, Zur Lehre von den Erbverträgen und von den gemeinschaftlichen Testamenten, Braunschweig 1860

Häsemeyer, Ludwig, Die Abhängigkeit erbrechtlicher Verträge von Verkehrsgeschäften, Göttingen 1966

Hasse, J. C., Über Erbvertrag, Vertrag über eine fremde Erbschaft, Schenkung todeshalber und wechselseitiges Testament, in: Rheinisches Museum für Jurisprudenz, 2. Band, Bonn 1828

Hattenhauer, Hans, Die Entdeckung der Verfügungsmacht, Hamburg 1969

ders., Zur Dogmengeschichte des Erbrechts, in: Jura 1983, S. 9-16

ders., Grundbegriffe des Bürgerliches Rechtes, München 1982

Hausmaninger, Herbert/Selb, Walter, Römisches Privatrecht, 7. Auflage, Wien 1994

Hayler, Peter, Die Drittwirkung ehebedingter Zuwendungen im Rahmen der §§ 2287, 2288 II 2, 2325, 2329 BGB - Problemlösung durch Rückgriff auf Wertungen des Güterrechts?, in: FuR 2000, S. 4-10

Hedemann, Justus Wilhelm, Wiederherstellung der Gesetzeseinheit auf dem Gebiet des Bürgerlichen Rechts, in: JR 1953, S. 117-118

Hellwig, Konrad, Verträge auf Leistung an Dritte, Leipzig 1899

Herlitz, Oliver, Abänderungs- und Rücktrittsvorbehalt beim Erbvertrag, in: MittRhNotK 1996, S. 153-164

Heusler, Andreas, Institutionen des Deutschen Privatrechts, Zweiter Band, Leipzig 1886

Hohmann, Klaus, Rechtsfolgen von Störungen im Rahmen eines entgeltlichen Erbvertrages und Sicherung der Rechte der Vertragsparteien, Amorbach 1993

Hübner, Rudolf, Die donationes post obitum und die Schenkungen mit Vorbehalt des Nießbrauchs im älteren deutschen Recht, Breslau 1888, zit.: Hübner, donationes

ders., Grundzüge des deutschen Privatrechts, 5. Auflage, Leipzig 1930

Hülsmeier, Rudolf, Die bindende Wirkung des Erbvertrages, Münster 1985

ders., Die Abwertung der Rechtsstellung des Vertragserben, in: NJW 1981, S. 2043-2044

ders., Der Vorbehalt abweichender Verfügungen von Todes wegen beim Erbvertrag, in: NJW 1986, S. 3115-3118

Jaeger, Ernst, Die Gläubigeranfechtung außerhalb des Konkurses, Berlin 1905

Jauernig, Othmar, Bürgerliches Gesetzbuch, 1. Auflage, München 1979; 4. Auflage, München 1987; 9. Auflage, München 1999

Jörs, Paul/ Kunkel, Wolfgang/ Wenger, Leopold, Römisches Privatrecht, 3. Auflage, Berlin 1949

Johannsen, Kurt, Erbrecht in der Rechtsprechung des Bundesgerichtshofes 1979-1981, in: WM 1982, Sonderbeilage Nr. 2, S. 3-24

ders., Der Schutz der durch gemeinschaftliches Testament oder Erbvertrag berufenen Erben, in: DNotZ 1977, Sonderbeilage, S. 69-98

ders., Anmerkung zum BGH-Urteil vom 26. November 1975, in: LM Nr. 6 zu § 2301 BGB

Kanzleiter, Rainer, Bedarf die Zustimmung des bindend bedachten Erben zu einer ihn beeinträchtigenden Schenkung der notariellen Beurkundung?, in: DNotZ 1990, S. 776-781

Karow, Oliver, Die Sittenwidrigkeit von Verfügungen von Todes wegen in historischer Sicht, Frankfurt a.M. 1997

Kaser, Max, Das römische Privatrecht, 2. Abschnitt, 2. Auflage, München 1975

Kayser, Paul, Das Erbrecht nach den Edikten der langobardischen Könige, in: Zeitschrift für Rechtsgeschichte, Band 8, Weimar 1869, S. 466-481

Kern, Bernd-Rüdiger, Georg Beseler- Leben und Werk, Berlin 1982

Keim, Rüdiger, „Zuwendungsausgleich durch Erbverzicht“, Leverkusen 1979

ders., Der Wegfall des vertragsmäßig eingesetzten Erben und seine Auswirkungen auf beeinträchtigende Verfügungen von Todes wegen des Erblassers, in: ZEV 1999, S. 413-416

Enneccerus, Ludwig/ Kipp, Theodor/ Wolff, Martin, Lehrbuch des Bürgerlichen Rechts, Band 5: Erbrecht, 3. Auflage, Marburg 1919; 8. Auflage, Marburg 1930 (bis 8. Auflage bearbeitet von Theodor Kipp); 10. Auflage, Tübingen 1955; 11. Auflage, Tübingen 1960; 12. Auflage, Tübingen 1965; 13. Auflage, Tübingen 1978 (seit 10. Auflage bearbeit von Helmut Coing)

Kipp, Theodor/ Coing, Helmut, Das Erbrecht, 14. Auflage, Tübingen 1990

Klingelhöffer, Hans , Zuwendungen unter Ehegatten und Erbrecht, in: NJW 1993, S. 1097-1103

Köbler, Gerhard, Lexikon der europäischen Rechtsgeschichte, München 1997

Kohler, Jürgen, Erblasserfreiheit oder Vertragserbenschutz und § 826 BGB, in: FamRZ 1990, S. 464-467

Kohler, Rudi, Die schuldrechtlichen Ersatzansprüche wegen der Aushöhlung des Nachlasses, in: NJW 1964, S. 1393-1398

*Kollhosser, Helmut ,*Ehebezogene Zuwendungen und Schenkungen unter Ehegatten, in: NJW 1994, S. 2313-2318

Kreittmayr, Wigulaeus Xaverius Aloysius, Anmerkungen über Codicem Maximilianeum Bavaricum civilem, Dritter Theil, München 1768

Kretzschmar, Ferdinand, Das Erbrecht des Deutschen Gesetzbuchs, 2. Auflage, Leipzig 1913

Kues, Bernd, Anmerkung zum BGH-Urteil vom 27. November 1991, in: FamRZ 1992, S. 924-926

Küster, Otto, Grenzen des Rücktrittsvorbehaltes im Erbvertrag?, in: JZ 1958, S. 394-395

Kuchinke, Kurt, Enttäuschte Erwartungen eines Schlußerben - BGHZ 82, 274, in: JuS 1988, S. 853-856

ders., Zum Auskunftsanspruch des Vertragserben gegen einen vom Erblasser zu dessen Lebzeiten bedachten Dritten und zu den Voraussetzungen einer Schenkung bei Aufnahme eines Mitgesellschafters in eine Personengesellschaft (f), in: JZ 1987, S. 252-254

ders., Beeinträchtigende Anordnungen des an seine Verfügungen gebundenen Erblassers, in: Tradition und Fortentwicklung im Recht 1991, S. 283-290 (Festschrift zum 90. Geburtstag von Ulrich von Lübtow)

Kugelmann, Georg, Gemeinrechtliche Begründung des partikulären Erbvertrages, Erlangen 1877

Kummer, Joachim, Anmerkung zum Beschluss des OLG Zweibrücken vom 4. März 1999, in: ZEV 1999, S. 440-441

Lange, Heinrich, Lehrbuch des Erbrechts, München 1962

ders., Bindung des Erblassers an seine Verfügungen, in: NJW 1963, S. 1571-1579

Lange, Heinrich/ Kuchinke, Kurt, Lehrbuch des Erbrechts, 3. Auflage, München 1989; 4. Auflage, München 1995

Langenfeld, Gerrit, BGH-Rechtsprechung aktuell - Der BGH - Schutzpatron der pflichtteilsberechtigten Abkömmlinge?, in: NJW 1994, S. 2133-2135

ders., Handbuch der Eheverträge und Scheidungsvereinbarungen, 2. Auflage, München 1989

Leipold, Dieter, Erbrecht, 7. Auflage, Tübingen 1988; 9. Auflage, Tübingen 1991; 14. Auflage, Tübingen 2002

Lemcke, Thomas, Ansprüche des Vertragserben wegen beeinträchtigender Schenkungen, München 1997

Leonhard, Franz, Kommentar zum Bürgerlichen Gesetzbuch und seinen Nebengesetzen, Buch 5: Das Erbrecht, 2. Auflage, Berlin 1912

Leske, Franz, Vergleichende Darstellung des Bürgerlichen Gesetzbuches für das Deutsche Reich und des Preußischen Allgemeinen Landrechts, Zweite Hälfte: Familienrecht, Erbrecht, Erste und Zweite Auflage, Berlin 1903

Loritz, Sabine, Freiheit des gebundenen Erblassers und Schutz des Vertrags- und Schlusserben vor Zweitverfügungen, Berlin 1992

Mattern, Friedrich, Die Aushöhlung von Testamenten und Erbverträgen, in: MDR 1960, S. 1-45

ders., Über den Entwurf eines Beurkundungsgesetzes, in: Rpfleger 1969, S. 37-40

Mayer, Jörg, Der Änderungsvorbehalt beim Erbvertrag – erbrechtliche Gestaltung zwischen Bindung und Dynamik, in: DNotZ 1990, 755, 774

Mayer-Maly, Theo, Römisches Privatrecht, Wien 1991

Meincke, Jens Peter, Vorteile und Nachteile von Ehegatten- Testamenten und Erbverträgen, in: DStR 1981, S. 523-529

Michalski, Lutz, Erbrecht, 2. Auflage, Heidelberg 2001

Miller, H., Das langobardische Erbrecht, in: Zeitschrift für Rechtsgeschichte, 13 Band, Weimar 1878, S. 38-104

Mittermaier, G.T.U., Grundsätze des gemeinen Privatrechtes mit Einfluß des Handels-, Wechsel- und Seerechtes, Zweiter Band, 7. Auflage, Regensburg 1847

Mommsen, Friedrich, Entwurf eines Deutschen Reichsgesetzes über das Erbrecht nebst Motiven, Braunschweig 1876

Motive, zu dem Entwurfe eines Bürgerlichen Gesetzbuches für das deutsche Reich, Band V, Berlin 1888

Mühlenbruch, Christian Friedrich, Glücks Pandekten, 38. Band, Erlangen 1835

Münchener Kommentar, Kommentar zum Bürgerlichen Gesetzbuch, Band 6, Erbrecht (§§ 1922-2385), 1. Auflage, München 1982; 2. Auflage, München 1989; Band 9, Erbrecht (§§ 1922-2385), 3. Auflage, München 1997

Münzenberger, Die Aushöhlung des § 2286 BGB – eine Entgegnung auf BWNotZ 58, 265 und DNotZ 58, 619, in BWNoTZ 1959, S. 1-9

ders., Die „Aushöhlung der Testamente“ und die Aushöhlung der Rechtssicherheit, in: BWNotZ 1958, S. 143-147

Musielak, Hans-Joachim, 23. Deutscher Notartag Frankfurt 1989 - Dritte Arbeitssitzung Podiumsgespräch - , in: DNotZ Sonderheft 1989, S. 149-156

ders., Zu den Voraussetzungen des BGB § 2287 (f), in: FamRZ 1989, S. 176-177

Nolting, Claus, Inhalt, Ermittlung und Grenzen der Bindung beim Erbvertrag, Bielefeld 1985

Nolting, Dietmar, Der Änderungsvorbehalt beim Erbvertrag, Passau 1994
Olzen, Dirk, Erbrecht, Berlin 2001
ders., Vorweggenommene Erbfolge in historischer Sicht, Berlin 1988
Palandt, Otto, Bürgerliches Gesetzbuch, 15. Auflage, München 1956; 27. Auflage, München 1968; 31. Auflage, München 1972; 33. Auflage, München 1974; 48. Auflage, München 1989; 51. Auflage, München 1992; 61. Auflage, München 2002
Pappenheim, Max, Launegild und Garethinx, Breslau 1882
Petersen, Julius, Die Berufung zur Erbschaft und die letztwilligen Verfügungen überhaupt nach dem Entwurfe eines Bürgerlichen Gesetzbuches für das Deutsche Reich, in Beiträge zur Erläuterung, Heft 16, S. 64-81, Berlin 1889
Pfizer, Das Erbrecht nach dem Entwurf des bürgerlichen Gesetzbuches für das Deutsche Reich, in: DNotZ 1889, S. 41-70
Piper, Henning, Testament und Vergabung im braunschweigischen Stadtrecht, Braunschweig 1960
Planck, Gottlieb, Kommentar zum Bürgerlichen Gesetzbuch, Band V, Erbrecht, 1./2. Auflage, Berlin 1902; 4. Auflage, Berlin und Leipzig 1930
Protokolle, der [1.] Kommission zur Ausarbeitung des [1.] Entwurfs eines Bürgerlichen Gesetzbuches (1881-1889), zit.: Protokolle I
Protokolle, der [2.] Kommission für die zweite Lesung des Entwurfs des Bürgerlichen Gesetzbuches, Band V, Erbrecht, Berlin 1899, zit. Protokolle II
Quantius, Markus J., Die Aufhebung des Erbverzichts, Berlin 2001
Rechenmacher, L., Das Gesetz zur Wiederherstellung der Gesetzeseinheit auf dem Gebiet des bürgerlichen Rechts vom 5.3.1953, in: NJW 1953, S. 768-770
Reimann, Wolfgang/ Bengel, Manfred, Testament und Erbvertrag: Handkommentar mit Gestaltungsvorschlägen für die kautelarjuristische Praxis, 3. Auflage, Neuwied 2000
Remmele, Wolfgang, „Lebzeitiges Eigeninteresse" bei Schenkungen zugunsten des zweiten Ehegatten?, in: NJW 1981, S. 2290-2291
Reubold, Ludwig, Die Aushöhlung des Erbvertrages und des bindend gewordenen gemeinschaftlichen Testaments, Ebersberg 1970

RGRK, Das bürgerliche Gesetzbuch mit besonderer Berücksichtigung der Rechtsprechung des Reichsgerichtes, 3. Band: Familienrecht, Erbrecht, 2. Auflage, Berlin 1913; 5. Auflage, Berlin/Leipzig 1923; Band 5: Erbrecht, 6. Auflage, Berlin 1928; 8. Auflage, Berlin 1935; 9. Auflage, Berlin 1940; Band 5, Teil 2: Erbrecht §§ 2147-2385, 11. Auflage, Berlin 1961; 12. Auflage, Berlin 1975

Runde, Justus Friedrich, Grundsätze des allgemeinen deutschen Privatrechtes, Göttingen 1791

Sandweg, Hans-Eberhard, Ehebedingte Zuwendungen und ihre Drittwirkung, in: NJW 1989, S. 1965-1974

Scherer, Stefan Friedrich, Grenzen der Auslegung bei Verfügungen von Todes wegen, Hannover 1999

Schiffner, Ludwig, Der Erbvertrag nach dem Bürgerlichen Gesetzbuche für das deutsche Reich, Jena 1899

ders., Erbverträge zu Gunsten Dritter nach dem BGB für das Deutsche Reich, in: Jherings Jahrbücher XL, S. 88-108

Schlüter, Erbrecht, 14. Auflage, München 2000

Schmidt, Richard, Die Affatomie der Lex Salica, München 1891

Schmitt, Gottfried v., Die Vorlagen der Redaktoren für die erste Kommission zur Ausarbeitung des Entwurfs eines Bürgerlichen Gesetzbuches, Erbrecht Teil 1, hrsg. von Werner Schubert, Nachdruck der als Manuskript vervielfältigten Ausgabe aus den Jahren 1876-1886, Berlin, New York 1984

Schmidt-Kessel, Alfred, 23. Deutscher Notartag Frankfurt 1989 - Dritte Arbeitssitzung Podiumsgespräch - , in: DNotZ Sonderheft 1989, S. 158-165

Schröder, Richard, Art. adfatimire in: Deutsches Rechtswörterbuch (Wörterbuch der älteren deutschen Sprache), hrsg. von der preußischen Akademie der Wissenschaften, Erster Band, Weimar 1914-1932

ders., Lehrbuch der deutschen Rechtsgeschichte, fortgeführt von Eberhard Frh. v. Künßberg, 6. Auflage, Berlin/Leipzig 1922

Schubert, Werner (Hrsg.), Das Familien- und Erbrecht unter dem Nationalsozialismus, Paderborn 1993 *ders. (Hrsg.),* Akademie für Deutsches Recht 1933-1945, Protokolle der Ausschüsse, Band III, 8: Erbrechtsausschuß und Ausschuß für Schadensersatzrecht (Nachtrag), Berlin, New York 1996

ders., Zur Frage, wie weit der Erblasser bei bindend gewordenem gemeinschaftlichen Testament im Wege der vorweggenommenen Erbfolge und durch Teilungsanordnung noch über sein Vermögen verfügen darf (f), in: JR 1982, S. 155-156

ders., Zum Umfang der Spezialitätswirkung von BGB § 2287 (f), in: JR 1990, S. 159-161

Schubert, Werner/ Jakobs, Horst Heinrich (Hrsg.,), Die Beratung des Bür-ger-lichen Gesetzbuchs in systematischer Zusammenstellung der unver-öf-fentlichten Quellen, Erbrecht, 1. und 2. Teilband, Berlin und Ney York 2002

Schultze, Alfred, Die langobardische Treuhand und ihre Umbildung zur Testamentsvollstreckung, Breslau 1895

Schwind, E., Deutsches Privatrecht, Wien und Leipzig 1921

Sellert, Wolfgang, Art. Erbvertrag in: Handwörterbuch zur deutschen Rechtsgeschichte (hrsg. von Adalbert Erler und Ekkehard Kaufmann), Band 1, Berlin 1971, Sp. 981-985

Sengteller, Otto, Das gemeinschaftliche Testament und der gemeinschaftliche Erbvertrag mit beiderseitigem Rücktrittsvorbehalt, Breslau 1905

Siebert, Wolfgang, Die Bindungswirkung des Erbvertrages, in: Recht und Wirtschaft: Festschrift für Justus Wilhelm Hedemann, Berlin 1958, S. 237-266

Soergel, Hans Theodor, Bürgerliches Gesetzbuch, Band 1, 2. Teil, 4. Auflage, Stuttgart 1929; Band 5, 9. Auflage, Stuttgart 1961; Band 6, 10. Auflage, Stuttgart 1974; Band 7, 11. Auflage, Stuttgart 1982; 12. Auflage, Stuttgart 1992

Speckmann, Werner, Die Aushöhlung gemeinschaftlicher Testamente durch Rechtsgeschäfte unter Lebenden, in: NJW 1968, S. 2222-2228

ders., Aushöhlung von Erbverträgen und gemeinschaftlichen Testamenten, in: NJW 1971, S. 176-178

ders., Zur Frage der Beeinträchtigungsabsicht in § 2287 BGB, in: JZ 1974, S. 543-545 *ders.*, Aushöhlungsnichtigkeit und § 2287 BGB bei Erbverträgen und gemeinschaftlichen Testamenten, in: NJW 1974, S. 341-344

Spellenberg, Ulrich, Die sogenannte Testamentsaushöhlung und die §§ 2287, 2288 BGB, in: FamRZ 1972, S. 349-356

ders., Anmerkung zum BGH-Urteil vom 5. Juli 1972, in: FamRZ 1973, S. 136-138

ders., Verbotene Schenkungen gebundener Erblasser in der Rechtsprechung, in: NJW 1986, S. 2531-2540

Staudinger, Julius, v. ,Kommentar zum Bürgerlichen Gesetzbuch und zum Einführungsgesetze, V. Band: Erbrecht, 3./4. Auflage, München 1909; V. Band: Erbrecht, 7./8. Auflage, München 1914; V. Band: Erbrecht, 9. Auflage, München 1928; V. Band 2. Teil, 10./11. Auflage, Berlin 1960; Fünftes Buch, Erbrecht §§ 2229-2264, Beurkundungsgesetz, §§ 2265-2385, 12. Auflage, Berlin 1983; Fünftes Buch, Erbrecht §§ 2265-2338a, 13. Auflage, Berlin 1998

Stobbe, Otto, Handbuch des Deutschen Privatrechts, 5. Band, erste und zweite Auflage, Berlin 1885

Strätz, H.-W., Anmerkung zum BGH-Urteil vom 5. Juli 1972, in: JR 1973, S. 244-245

Strohal, Emil, Das deutsche Erbrecht auf der Grundlage des Bürgerlichen Gesetzbuches, 1. Band, 3. Auflage, Berlin 1903/1904

Stumpf, Cordula, Wirksamkeit und Formbedürftigkeit der Einwilligung des bedachten Erbvertragspartners in eine ihn beeinträchtigende letztwillige Verfügung, in: FamRZ 1990, S. 1057-1060

Strunz, Dorothee, Der Anspruch des Vertrags- und Schlusserben wegen beeinträchtigender Schenkungen - § 2287 BGB, München 1989

Stürner, Rolf, Die Aufklärungspflicht der Parteien im Zivilprozeß, Tübingen 1976

Teichmann, Arnd, Die Gesetzesumgehung, Göttingen 1962

ders., Anmerkung zum BGH-Urteil vom 5. Juli 1972, in: JZ 1974, S. 32-34

ders., Die „Aushöhlung" erbrechtlicher Bindungen als methodisches Problem, in: MDR 1972, S. 1-8

Tilch, Horst/ Arloth, Frank (Hrsg.), Deutsches Rechtslexikon, Band 1 und 3, 3. Auflage, München 2001

Titze, Anmerkung zum RG-Urteil vom 21. März 1927, in: JW 1927, S. 2573

Ubbelohde, A., Kritische Beiträge zum Zivilgesetzbuch, AcP Band 75 (1889), S.36-67

Unger, Joseph, Das oesterreichische Erbrecht, 2. Auflage, Leipzig 1871

Vogels, W., Der Stand der Vorarbeiten zur Erneuerung des deutschen Erbrechts, in: ZakDR 1937, S. 743-744

ders., Das neue Testamentsrecht, in: DJ 1938, S. 1269-1274

Weiler, Frank, Änderungsvorbehalt und Vertragsmäßigkeit der erbvertraglichen Verfügung, in: DNotZ 1994, S. 427-440

Wesener, Gunter, Zur Lehre vom Erbvertrag im deutschen Usus modernus pandectarum und im Naturrecht, in: Wege zur europäischen Rechtsgeschichte: Festschrift zum 60. Geburtstag von Kroeschell, S. 607-622, Frankfurt a. M. 1987

Weyer, Bindung durch Erbvertrag, in: DNotZ 1938, S. 366-369

Windscheid, Bernhard/ Kipp, Theodor, Lehrbuch des Pandektenrechtes, Dritter Band, 8. Auflage, Frankfurt a.M. 1900

Winkler v. Mohrenfels, Peter, Die Auskunfts- und Wertermittlungspflicht des vom Erblasser Beschenkten, in: NJW 1987, S. 2557-2560

Zorn, Phillip, Das Beweisverfahren nach langobardischem Recht, München 1872

Zawar, Rolf Dieter, 23. Deutscher Notartag Frankfurt 1989 - Dritte Arbeitssitzung Podiumsgespräch - , in: DNotZ Sonderheft 1989, S. 157-159

www.ingramcontent.com/pod-product-compliance
Ingram Content Group UK Ltd.
Pitfield, Milton Keynes, MK11 3LW, UK
UKHW021912290926
8980IPUK00015B/1210

9 783631 523698